56
55
54
53
44
2
19
13
17
14
3
36

Tagebuch eines Augenzeugen 1683

Tagebuch eines Augenzeugen 1683

Die
Aufzeichnungen des
Freiherrn von P.

erstmals
gesichtet und herausgegeben
von
Kurt Eigl

Edition Tusch

Druck: Tusch-Druck, Wien

ISBN 3-85063-129-X

Auf den Spuren eines bemerkenswerten Mannes

Anselm von P., der Verfasser des durch einen Zufall wiederentdeckten Tagebuches aus dem Sommer 1683, das hier zum erstenmal im Druck erscheint, war niemandem mehr bekannt. Erst jetzt, dreihundert Jahre nachdem er sein Diarium schrieb, erfährt man wieder von ihm und seinem Leben, da sich bei den Wiener Erben außer dem Tagebuch und einigen Familiendokumenten auch ein Bündel Briefe fand, die der Freiherr an seinen Halbbruder, einen Großgrundbesitzer in Schwaben, zu schreiben begonnen hatte, als das Wiener Türkengewitter noch ein Wetterleuchten war. Aufschlußreich sind auch die an das Manuskript des Tagebuches angefügten Notizen, die wir einem jungen Mann namens Felix Prämer verdanken, dem Sohn einer Wienerin, die der Freiherr nach dem glücklichen Ende der Belagerung heiraten wollte.
Aus einer unergründlichen Laune heraus hat Anselm von P. sich stets nur so unterschrieben, auch auf dem Deckblatt seiner Aufzeichnungen, und wir möchten seine Paraphe respektieren, obwohl der volle Name des Autors ohnehin bald bekannt sein wird. – Die nicht unbedeutenden Männer, mit denen Anselm Umgang hatte, würdigten ihn anscheinend keines biographischen Vermerks, was der bescheidenen Rolle entspricht, die der Freiherr in seiner 1683 schwergeprüften Wahlheimat spielte. 1667/68 auf Kreta, in der von den Türken unerbittlich berannten, von den Venezianern verbissen „defendirten" Festung Kandia, war sein Alltag dramatischer gewesen, eine wahre Heldenzeit des damals Zweiundzwanzigjährigen.
Als Ende Mai 1667 Achmed Köprülü, Großwesir und Heerführer, mit den Truppen der Pforte das nach viereinhalb Jahrhunderten letzte in venezianischer Hand verbliebene kretische Bollwerk Kandia, heute Iraklion, zu belagern begann und dreihundert Kanonen gleichzeitig losfeuerten, focht auf seiten der Republik des hl. Markus in einem französischen Regiment ein Leutnant aus Schwaben. Der „ehrenwerte Alemanne" galt bei seinen Vorgesetzten als ein Vorbild für jeden abendländischen Soldaten. Ob auf der Kurtine (Hauptmauer), auf der Bastei oder außerhalb des Walles im zerwühlten Gelände rund um die Stadt, immer war er vorne dabei, der permanente Freiwillige, auch wenn es um eines der unterirdischen Gefechte ging, gnadenlose

Duelle in den stockfinsteren Minenstollen, die immer häufiger wurden, da die Venezianer im Minieren und Sprengen keine geringeren Meister waren als die Mineure und Pioniere des Köprülü.
Ende August hatten der Großwesir und der Beglerbeg von Rumelien – es umfaßte das alte Thrakien und Teile Makedoniens – in die westseits am Meer gelegene Sant' Andreal-Bastion eine fünf Klafter breite Bresche geschossen, Kandias Todeswunde bis zum Endkampf; man setzte zum Sturm an. Anselm nahm an der erfolgreichen ersten Abwehraktion teil, wurde an Kopf und Hüfte verletzt, ließ sich verbadern und beteiligte sich mit seinem Fähnlein sofort an dem Ausfall, den die Belagerten kurz darauf aus der Lücke heraus unternahmen. – Vor dem östlichen Gegenstück der Sant' Andrea-Bastei befand sich das umwallte Lager des Kaimakam Kara Mustafa; er war Köprülüs Schwager und hatte bisher, außer durch seine Goldgier, nur dadurch bei den Eingeschlossenen von sich reden gemacht, daß er Kriegsgefangenen niemals das Leben schenkte.
Sechs Monate später, am 3. März 1668, die See um Kreta wogte noch winterlich, wurde Anselms Tatendrang plötzlich gestoppt; für immer. Ein mit ausgesuchten venezianischen, italienischen und französischen Truppen bemanntes, aus sieben Galeeren bestehendes Geschwader steuerte von der nördlich vorgelagerten Insel Standia, heute Dia, auf die kretische Küste zu, zwölf vom Pascha von Athen befehligten Galeeren entgegen, die aus einem Hinterhalt hervorkamen. Das mörderische Treffen, es begann zwei Stunden vor Mitternacht und dauerte bis vier Uhr früh, wurde für die Christen dadurch entschieden, daß die aus Kandia heranrudernde Hauptflotte in das Inferno aus Bordgeschützen, Brandbomben, Raketen, Pfeilen, Pistolengebell und dem Krachen gerammter Schiffe mitten hineinstieß.
In dieser Schlacht verlor Anselm von P. durch Granatsplitter den rechten Fuß unterhalb des Knöchels und das rechte Auge. Ein geistesgegenwärtiger Konstabler (Büchsenmeister, Artillerist) band das blutende Bein mit einem Stück Schiffstau ab, sonst wäre Anselm verblutet. Eine Feluke (kleines, schwach armiertes Kriegsschiff) der päpstlichen Hilfsflotte fuhr den Ohnmächtigen zur Festung zurück, wo es einem alten Feldscher gelang, die furchtbare Wunde, die immer wieder brandig zu werden drohte, in wochenlanger Pflege so zu sanieren, daß sie zu heilen begann. Bis man es eines Tages wagen durfte, den noch Fiebernden einem eskortierten Frachtschiff anzuvertrauen, das ihn mit anderen Krüppeln nach Venedig brachte.
Hier, in der sommerlich warmen Stadt, erholte sich Anselm rasch.

Die Republik nahm sich seiner an, schickte ihm einen Arzt, und dieser begleitete den an Krücken humpelnden „honorable Aleman“ zu einem deutschen Schuster, einem wahren Künstler, der dem Landsmann einen Stiefel anfertigte, in welchen allerhand Stützen und Spangen eingebaut waren. Die Prothese erwies sich als so gut, daß Anselm bald die Krücken in den Winkel stellen und fortan am Stock über die Plätze und Brücken hinken konnte. Die Krücken brauchte er nur mehr zu Hause, wenn er den Stiefel abgeschnallt hatte. Sein erster Weg führte ihn zu einem Bankier, der ihm eine vom Bruder überwiesene Geldsumme aushändigte. Bald darauf lernte er den Diplomaten Domenico Contarini aus der berühmten Familie des regierenden Dogen kennen. Domenico hatte von Zeit zu Zeit bei der venezianischen Botschaft in Wien zu tun, wo er später (1681) selber die Republik, die treueste Verbündete des Kaisers, vertrat. Unser Freiherr schloß sich diesem weltgewandten Gentiluomo enger an.
Bei einem Händler am Rialto ersteht Anselm ein teures Fernrohr aus einer Pariser Werkstatt, und sooft ihn sein schmerzendes Bein an die Herberge fesselt, setzt er sich dort ans Fenster und genießt durch sein perspectivo von oben das Menschengewimmel der Stadt mit dem Schauspiel der anlegenden und auslaufenden Schiffe. Er konnte nicht ahnen, was für Schlachtenszenen, welche Not, welches Elend, wieviel Tod und Todesverachtung ihm fünfzehn Jahre später durch dieses Rohr in Auge und Seele dringen und in welch ruhmreiche Hand das kunstvoll ziselierte Instrument eines Tages gelangen würde – in Wien, wohin Freund Contarini ihn immer dringender mitzukommen bat: er werde einen Diplomaten aus ihm machen, man brauche einen Mann seines Renommees, die Republik von San Marco sei ihm gewogen, er habe auch schon in Wien vorgefühlt, „ich werde dich beim Oberststallmeister Harrach und beim Grafen Kollonitsch, Bischof von Neutra, einführen, die haben das Ohr des Kaisers. Du bist in mehreren Sprachen bewandert, aus bester Familie, jung, frei, gesund, bis auf das bißchen Fuß und das mit dem Auge . . .“
Anselm dürfte ein schöner, stattlicher, möglicherweise blonder Mann gewesen sein. Daß er außer seinen körperlichen Schäden auch einen seelischen davongetragen hatte, stellte sich erst später, während der Belagerung Wiens, heraus. Er hatte nämlich in jenem Seegefecht unmittelbar neben seiner Galeere ein türkisches Schiff sinken gesehen und die an ihre Bänke angeschmiedete „Schiurm“,

wie man das Rudervolk nannte, gellend aufschreien gehört; die meisten dieser Christensklaven rüttelten in ihrer Sterbensangst an den Ketten, manche riefen Jesus und die Jungfrau um Hilfe, um Sündenvergebung an, andere fluchten gottslästerlich. Der letzte geballte Schrei, als nur mehr die Köpfe aus dem Wasser schauten, war der gräßlichste. Seither konnte Anselm Waffenlärm und Kampfgeschrei ertragen, auch das Brüllen, Quieken oder Blöken auf einem Schlachthof, selbst die schrillen Wehlaute todwunder Pferde, aber nicht mehr das Schreien gequälter, gezüchtigter oder vom Tod bedrohter Menschen. Auch nicht die Klagelaute gezüchtigter Soldaten oder Kinder. „Da muß ich wegrennen", schrieb er an den Bruder, „muß die Fäuste an die Ohren pressen, und stürzen mir die Tränen herfür, kann sie nit einhalten . . ."
Als Contarini das nächste Mal nach Wien abreiste, fuhr Anselm mit. „Ich mach einen homo politicus aus dir", beteuerte der Freund von neuem, „da erwirbest du dein Brod auf agreable Art; mit dem Soldatenleben ist's ja doch vorbei."
Auch mit dem Reiten war es vorbei, trotz des Wunderstiefels: „Mein Bein bleibet dünn, hat nur mehr halbe Kraft" – schlimm für einen, den Vater und Bruder zum Pferdenarren erzogen hatten. Also werd ich in Gottes Namen Diplomat, dachte er und bestieg Contarinis Kutsche.
Aber es kam anders. –
Seine wie auch seines 1585 geborenen Vaters und des um dreiunddreißig Jahre älteren Halbbruders Heimat war Pfullingen an der Echaz; es liegt am Steilabfall der Reutlinger Alb im Schwarzwaldkreis und war im Mittelalter Hauptort des Pfullinger Gaues. Das Herrenhaus, in welchem Anselm zur Welt kam, ist bis auf Mauerreste verschwunden, das Gut in anderen Besitzungen aufgegangen oder zu Baugrund und Gartenland geworden.
Anno 1634 nahm der jugendliche württembergische Herzog Eberhard III. auf seiten Schwedens an der Schlacht von Nördlingen teil, und Anselms Vater Joachim, tüchtiger Landwirt und nicht minder tüchtiger, schneidiger Kavallerist, zog mit seinem 1612 geborenen Sohn Armin an der Spitze seiner eigenen Kürassiere für die protestantische Sache ins Feld. Nach dem unglücklichen Ausgang der Schlacht folgten Vater und Sohn dem flüchtenden Landesherrn ins Exil nach Straßburg. Vier Jahre später kehrte das Paar nach Pfullingen zurück. Um diese Zeit heiratete der verwitwete Vater zum zweitenmal, und 1645, als die Kaiserlichen, die „Papisten", beim

selben Nördlingen von den Franzosen geschlagen wurden, kam Anselm zu Welt.

Von Straßburg aus dürften Herr Joachim und Armin im nahen Frankreich mit anderen Landadeligen verkehrt, ja Freundschaften geschlossen haben, die den späteren Eintritt Anselms in ein französisches Regiment erklären könnten. Aus Frankreich hatte der Vater Ardenner Pferde eingeführt, mit denen er in Pfullingen eine ertragreiche Zucht gründete; es war Ruhe eingetreten, der Herzog hatte im Frieden von Münster (1648) sein Land zur Gänze wiederbekommen, wenn auch fast entvölkert und arg verlottert. Die Ardenner, halbschwer, aber ungemein wendig, waren, wie ein Zeitgenosse schreibt, „eine Wonne for jeden Stückknecht (Kanonenpferd-Reiter)". Als Anselm sich dann, nach seinem venezianischen Jahr, in Wien niederließ, gründete er mit solchen Pferden ein kleines Gestüt auf dem Schottenbühel, östlich der Währingerstraße.

1661 starb Herr Joachim, und Armin übernahm die Familiengüter, die er gemeinsam mit dem Vater mit viel Wagemut und unter großen Anstrengungen wieder hochgebracht hatte; und bei allen diesen Arbeiten ist Klein-Anselm stets dabei gewesen.

Mit der Diplomatenlaufbahn in Wien wurde es nichts; nur zu bald fühlte Anselm sich durch eine heftige Liebe zu einer jungen Frauensperson dazu gedrängt, seinen Lebensunterhalt auf handfestere Art zu bestreiten. Der Landwirt erwachte in ihm. Er wollte es dem Vater, dem Bruder gleichtun, wollte wohlhabend werden, Weib und Kind – er rechnete mit beidem – sollten es gut bei ihm haben. Bruder Armin half großzügig mit Darlehen aus, und so finden wir den jugendlichen Kreta-Veteranen im Frühling 1669 als Pächter zweier Landgüter des Wiener Schottenstiftes, einer der reichsten Grundbesitzer im Umkreis. Das eine Gut, eine veritable Latifundie, nahm einen Teil des weitläufigen Lerchenfeldes westlich von Wien ein, das andere war das schon genannte Areal auf dem Schottenbühel (auch Schottenpoint, gesprochen wie geschrieben) zwischen Währinger Straße und Neuburgerstraße, nunmehr Liechtensteinstraße. Zu diesem gehörten auch einige Felder, Gartenland und Weideflächen nördlich des Fischerdörfls am heutigen Schottenring. Im Gutshaus auf dem Schottenbühel verlebte Anselm seine schmerzlich kurze Ehezeit.

Seine Frau – er heiratete sie unmittelbar, nachdem er seine Pachtverträge im Stift unterschrieben hatte – lernte Anselm wahrscheinlich durch den mit der Familie befreundeten Bischof Graf Kollonitsch kennen, den Generationen von Schullesebüchern als Retter jener Scharen elternloser Kinder feierten, die der abziehende Feind im September 1683 zurückgelassen hatte. Anselm wird dem aus Komorn an der Donau gebürtigen Mann wohl viel von Kandia erzählt haben, da auch Kollonitsch als Malteserritter dereinst auf Kreta üppige Kriegslorbeeren erfochten hatte. Wieder daheim (1659), hatte Kollonitsch sich vom Ordensritter zum Kirchenfürsten entfaltet, und nun kämpfte er, der als protestantischer Knabe gemeinsam mit dem Vater zum Katholizismus übergetreten war, so fanatisch wie als Soldat für den „rechten Glauben", unerbittlich gegen jeden „Lutherischen". Doch war dieser Eiferer angesichts des veränderten Zeitgeistes und der tödlichen politischen Gefahren des Jahrhunderts allmählich duldsamer geworden. Im Westen bedrohte „der Kirche ältester Sohn", der „allerchristlichste" Franzosenkönig, seit Jahren das Reich, es lüstete ihn nach dem fruchtbaren Elsaß, nach Rheinfranken, nach der Pfalz, und im Osten wollte „der verflucht Halbmondkaiser", Sultan Mehmet IV., ganz Ungarn haben und wer weiß was noch alles. Der nach dem Türkendebakel bei St. Gotthard-Mogersdorf (1664) in Eisenburg (Vasvár) geschlossene Friede taugte so viel wie eine Handschelle aus Spinnweben, und im Ernstfall war Leopold I. hier wie dort auf die Waffenhilfe der Reichsfürsten angewiesen, zum Beispiel auf die des protestantischen Herzogs von Württemberg.

Anselm konvertierte zum katholischen Glauben. Aber nicht dem älteren Kretahelden und Kirchenmann zuliebe, sondern wegen der frommen, angesehenen Familie seiner Braut Barbara; er hätte sie anders nicht bekommen. Bei den Schotten trat er mit ihr vor den Altar. Einer der Trauzeugen war Medard, der Pater Ökonom des Stiftes. Mit diesem verband den Freiherrn von der ersten Fühlungnahme an eine sogleich erwiderte Sympathie.

Wie schön Frau Barbara war, dafür gibt es einen lebensvollen Zeugen: das 1670/71 in Augsburg von Joachim Sandrart geschaffene, heute in den Prälatensaal verbannte Hochaltarbild der Schottenkirche, betitelt „Himmlische Glorie", ein europaweit bewundertes Meisterwerk. Unter den Heiligengestalten, die es versammelt und von denen ein Teil zu der in den Himmel aufgenommenen Maria emporblickt, begegnet man im Zentrum der weiblichen Gruppe rechts einer nach abwärts, aber zugleich wie ins eigene Innere schauenden vornehmen, dunkelgekleideten und dunkelhaarigen Dame von südländischem Typ. Als Attribut hält sie einen goldenen

Kelch in der Rechten, während die andere Hand in anmutiger Meaculpa-Gebärde die Brust berührt. Diese Heilige, so gibt Anselm zu verstehen, habe seiner Gemahlin so ähnlich gesehen wie eine Zwillingsschwester, „nein, leibhaftig wie sie selber, mein Bruder. Nur kurios, daß mir noch keiner hat sagen können, wen die edle Nothelferin vorstellt! Selbst der hochwürdige Herr Schottenabt weiß noch nit recht, wer sie sei, hat mir aber versprochen, es ausfindig zu machen. So nenn ich sie derweil insgeheim die Heilige mit dem Kelch." Als er das schrieb, war Anselm zwar beileibe noch kein waschechter Katholik geworden, aber er hatte sich in den Geist, der ihm hier entgegenwehte, doch schon eingelebt.

Im Herbst 1671 – es war das Jahr, in welchem die Rädelsführer eines Giftmord-Komplotts gegen Leopold I., ungarische Magnaten, öffentlich enthauptet wurden – ist in der Schottenkirche Sandrarts Kolossalgemälde aufgerichtet und eine erste Messe davor gelesen worden. Der Freiherr wohnte ihr bei. Seine Barbara war damals schon tot, sie war im Jahr zuvor bei der Geburt eines Knaben gestorben; das Kind überlebte die Mutter nur um wenige Tage. Anselm empfand das Gemälde wie einen Gruß der Geliebten aus einer anderen Welt. Er hat es immer wieder aufgesucht, besonders 1683 während der Belagerung, deren Beginn er in dem für Mietparteien, Gäste und gehobenes Personal bestimmten Schottenhof erlebte. Dieser an das Stift angebaute schmucke Trakt lief an der heutigen Schottengasse bis vor das Schottentor; entlang der Helferstorferstraße erstreckten sich die Wirtschaftsgebäude mit Stallungen, Schuppen, Schüttböden, Räucherkammer, Weinkeller usw.; anschließend erhob sich der weitläufige Bau des Kaiserlichen Zeughauses (in der Renngasse). Die südliche Schmalfront des Miettraktes blickte zur Kirchenfassade und zum Friedhof (auf der Freyung). Im Schottenhof hielt Pater Medard ein Kämmerchen für den Freiherrn reserviert, damit dieser, wenn es bei Freunden und beim Wein spät geworden war, hier übernachten konnte und nicht mehr über den stockdunklen Basteigraben und die Kontreskarpe (den äußeren oder Gegenwall) in sein Haus auf der Schottenpoint kutschieren mußte.

Barbara hatte als Mädchen Frauenhofer geheißen. Sie war die jüngere Schwester der verstorbenen Elisabeth Entzbaum, Gattin des Georg Ehrenreich Entzbaum, Senior des Inneren Rates. Er amtierte im Rathaus, einem spartanisch einfachen Gebäude in der Salvatorgasse (heute Eingang Wipplingerstraße 8), meistenteils jedoch erledigte er seine Agenden wie die anderen Ratsherren der Stadt und auch der

Bürgermeister im eigenen Wohnhaus am Kienmarkt, dem Platz um die romanische Ruprechtskirche hoch über dem Donaukanal.
Entzbaums Testament im Archiv der Stadt Wien weist ihn als einen begüterten Mann aus. Er besaß in der Brigittenau unweit des Augartens mit der Alten Favorita (dem Vorgängerbau des heutigen Augartenpalais) ein zweites, größeres Haus, dazu einige Landwirtschaft. Dort draußen verbrachte seine ältere Tochter Maria Magdalena Prämer mit Mann und Kind den Sommer; die jüngere Tochter, Anna Maria, verehelichte Eilers, floh am 7. Juli 1683, dem Tag der Flucht des Kaiserhofes aus Wien, mit ihrem Gatten gleichfalls westwärts. Das Ehepaar blieb verschollen. – Im Untern Werd (Leopoldstadt) hatte Entzbaum einen Nutzgarten, den er seinem Sohn Johann Franz, einem Justitiar, vererbte.
Maria Magdalenas Mann, Justus Prämer, war Kürschner, „Wiltwercher", die Wipplingerstraße heißt nach diesen Gewerbetreibenden. Justus besaß im Hühnergäßchen beim Hohen Markt ein Gewölbe samt Stadtwohnung. Angrenzend an das Brigittenauer Sommerdomizil der Familie erstreckte sich ein Schottengrund, den Anselm als Ochsenweide gepachtet hatte; auf sein Drängen hin brachte Justus Prämer 1683 Familie und Dienstboten ins Hühnergäßchen zurück, gerade noch rechtzeitig, um auch Kleidung und Hausrat in die Stadt zu „salviren".
Justus Prämer fiel in einer der ersten freiwilligen Wachmannschaften auf der Bastei durch eine Janitscharenkugel, wenige Tage nach der Umzingelung Wiens durch die Türken. Von da ab hat sich Anselm um die 35jährige Wittfrau und deren Sohn Felix gekümmert, der Jahre später auf Grund von Erzählungen älterer Leute den Anhang zum Tagebuch des Großonkels abfaßte. Er vermerkt dort: „Unser liebwerter Herr von P. hätte bei günstigerer Fügung meine Frau Mutter gewißlich geehelicht, sie hätte ihm nach geziemender Frist das Jawort gegeben." –
Anselm hatte sich bald nach Beginn seines Pächterdaseins einen Esel zugelegt, genau: eine Eselin. Er wollte für seine Güterbegehungen und die Kommissionen in der Stadt nicht jedesmal anspannen lassen, sich nicht in den engen Gassen mit der Kutsche abquälen; er wollte beweglich sein wie als Gesunder, aber zugleich den Fuß schonen. Also setzte er sich mittels eines bequemen Tragsattels quer, mit herabbaumelnden Beinen bzw. im Damensitz auf das Tier und ritt dahin wie Jesus am Gründonnerstag. Das „stattliche Grauohr" hörte auf Suleika, er hatte den Namen von einem syrischen Teppich-

händler mitgekauft, der mit anderen karawansierenden Handelsleuten nach Wien gekommen war. Der Syrer war nicht der einzige zugereiste Handelsmann, der sich in der kosmopolitischen Luft der Kaiserstadt wie zu Hause fühlte, es wimmelte von Griechen, Armeniern, Raizen (Serben), Italienern, Ungarn, Polacken und Slowaken, lauter rührigen Leuten.

Frau Barbara nahm an allen Arbeiten und Sorgen ihres Mannes den tätigsten Anteil, wurde vom Gesinde nicht nur geachtet, sondern verehrt. Sie liebte auch ihres Mannes Reittier und setzte sich zuweilen für einen kurzen Spazierritt freizügig zu ihm hinten auf. In die Stadt wird Anselm sie so wohl nicht mitgenommen haben . . .

Mit Leopold I. geht Anselm in einem Brief vom September 1669 an Bruder Armin hart ins Gericht. „Seine tägliche Verdauungsfahrt absolviret er, immer streng nach spanischer Mod mit hoher Allongeparucken gekleidet, gemeinsam mit seiner blutjungen Gemahlin, der spanischen Margarita Teresa, einer hübschen Larve, die öffentlich niemalen lächelt. Der Aufwand bey sotanen Ausfahrten ist extraordinär, unser Herr Herzog würde ihn sich nit am höchsten Feiertag leisten können noch wollen: 300 Mann zu Fuß und Pferd, dahinter mehrere Dutzend schwarzer adliger Kutschen als cortège, Mißwirtschaft und Verschwendung, wohin du blickest. Acht Schimmel ziehen den rotgepolsterten Wagen des Kaisers durch alle Straßen, damit ein jeder seine gigantesque Unterlippe und die verfaulten Zähnt anschauen kann, wenn er einmal ein Wort sagt; aber er sagt fast nie eins. Für seine wochenlange Hochzeit vor drei Jahren hat er auf der Kurtine (der Wallmauer am heutigen Burggarten) von einem gewissen Burnacini ein riesenhaft Komödihaus für wällische Operas bauen lassen, ganz aus Holz. Man gab eine Musik-Allegorie auf das Allerhöchste Paar, Il pomo d'Oro, mit Schauschlachten, Schwertkämpfen und stücker sechzig Verwandlungen. Tausend Sänger, Tänzer, Musikanten hänt (haben) gesungen, gehoppset, gefiedlet, geblase, einhunderttausend Gulden hat der Jahrmarkt verschlunge und alls ausm gemeinen Säckel. Aber er lässet zum wenigsten die Basteyen immer eynmal verstärken, auch die bloßen Erdwäll mit Rasenstück festigen oder von Mauerwerck umkleiden; haltet auch Ausschau nach immer mehr Waffenhülf aus dem Reich, ist klüger, als eins meinen möchte und kann mehr als nur Musi machen (musizieren, komponieren).“

Aus dem Pestjahr 1679 gibt es keinen Brief, aber das Tagebuch läßt an einer Stelle durchblicken, daß sich Kollonitsch – er war seit neun

Jahren Bischof von Wiener Neustadt – während der Schreckensmonate freiwillig in Wien aufhielt und hier unermüdlich seinen Seelsorgepflichten nachging, wobei ihm Anselm zeitweilig als eine Art Laienhelfer und als Krankenpfleger zur Seite stand. Seine Bekanntschaft mit dem Stadtrichter Liebenberg, seit 1680 Bürgermeister, und dem berühmten Pestarzt Dr. Paul Sorbait rührte aus dieser Zeit her.

Mit den Jahren urteilte Anselm über Leopold I. gerechter; gerechter auch über die Kirche, der er jetzt angehörte und der er wachsende Zuneigung entgegenbrachte, zumal ihm die Hartnäckigkeit imponierte, mit welcher der Papst die Abwehrfront gegen den Islam vergatterte, sie moralisch, diplomatisch, vor allem aber finanziell aufrüstete, noch dazu zinsenfrei. In einem Brief vom Herbst 1682 erzählt Anselm dem Bruder, was ihm Freund Contarini, der im September des Vorjahres endlich als venezianischer Botschafter in Wien eingezogen war, über Innozenz XI. zu berichten wußte. „Seine Korrespondenz läuft durchs ganze Italien und Deutschland, nach Frankreich, Spanien, Böhmen, Mähren, Kroatien, nach Münster, nach Breslau, zum Sobieski nach Warschau, zu jedem Fürsten und Kardinal, zu allen Klöstern, Stiften, Bischöfen, auch zum stinkgeizigen Fürstbischof nach Salzburg. Lässet keynen aus, tuet bitten, mahnen, schmeicheln, tadeln, fordert, lobt und segnet's am End alle mitsambt. So züchtet sich der Papst seine Millionen zusammen, und heißt's einmal: Kara ante Portas, wird er St. Petri eigenen Säckel auch nit schonen und wir haben so viel Geld, daß wir gar nit unterliegen *können.* Corrigiret der Kollonitsch allbereits das heilig Evangelium zeitgemäß, prediget: Selig sind die emsig Rüstenden, spricht der HERR, und wer das Schwert *nicht* nimmt, kommt um!"

Im August 1683 waren die Subsidien aus Rom endlich da: 400.000 Dukaten für Leopold, 500.000 für Sobieski, 300.000 für den Bayern, schwindelerregende Beträge. Eine Schwadron Kosaken für den Polenkönig hat der Heilige Vater aus eigenem berappt.

Die tödliche Bedrohung naht unabwendlich. Wo die religiösen Gegensätze nicht durch die Gegenreformation neu angefacht wurden, beruhigen sie sich wenigstens zeitweise; vor allem in den Seelen großer Persönlichkeiten. Bei seinem Landsmann Ulrich Megerle aus Kreenheinstetten, dem wortgewaltigen, scherz- und herzfrohen Augustiner Abraham a Sancta Clara, findet Anselm nichts, was „einen rechtschaffenen Evangelischen zu kränken vermöcht". Aus

des Predigers Flugschrift „Auf, auf, ihr Christen“, erschienen im Juni 1683, zitiert das Diarium mit Behagen, das vergilbte Broschürchen ist mit der bescheidenen, aber doch vielseitigen Handbibliothek des Freiherrn auf uns gekommen, er wird seinen zahlreichen Bekannten einen recht anregenden, interessierten Gesprächspartner abgegeben haben.
Die erste Tagebucheintragung macht Anselm am Abend des 5. Juli 1683. Von seinem „hochverehrlichen“ Freund, dem Grafen Ferdinand Bonaventura Harrach, weiß er, daß Graf Philipp von Thurn und Taxis, Generalpostmeister in Spanien, „heute nach Warschau abgereist ist, den succurs zu solicitiren“; gemeint ist das Hilfskorps, das König Sobieski auf seinem Reichstag (31. März) dem Kaiser zugesagt hatte. Ankunft und Einsatz der 60.000 Polen, deren Ausrüstung Leopold mit enormen Beträgen im voraus bezahlen mußte, wurden während des Belagerungssommers sehnlich erwartet und vom Kaiser immer wieder urgiert. „Ob der Mustafa zuerst die Feste Raab belagern oder sich dran vorbei gleich nach Wien bewegen wird“, schreibt Anselm, „kann noch niemand sagen; vor Raab hat es unter den Stücken (d. h. in Kanonenschußweite) Scharmützel gegeben; unsere Kavallerie ist hernach vor dem Feind bis Kittsee zurückgewichen, hat sich ihm dort aber wieder gestellet, Auersperg, der Generaladjutant des Herzogs (von Lothringen) ist selber in die Burg es melden gekommen. Die Infanterie und Artillerie haben sich auf die kleinere Schütt-Insel retiriret, vor Komorn ist das.“ Er notiert dann kurz, daß Bruck an der Leitha brennt, daß der Wienerwald „verhauen“ wird (man machte aus Bäumen Barrikaden, um dem Feind das Vordringen zu erschweren und den Flüchtenden den Rücken zu decken); er vermerkt, daß Graf Pálffy die heilige Stephanskrone aus der Krönungsstadt Preßburg nach Wien gebracht und der Kaiser sie hier übernommen hat; daß die Gräfin Harrach und die Kinder „am Nachmittag (des 5.) flüchtig abgereist, mit vier von meinen Ardennern als Vorspann“; daß um Parndorf und den Neusiedlersee „der rote Hahn kräht“ und man die streifenden Tataren auf zwanzigtausend schätzt.
Plötzlich steigt in Anselm die Sorge um die ferne Heimat auf, genau wie 1681, nachdem Ludwig XIV. Straßburg annektiert hatte. „Vom Elsaß übern Rhein und Main ist's nur ein Sprüngl ins Schwäbische“, schrieb er damals, „und wer weiß, was dem Hundsfott in Deutschland noch alles gefällt und zufällt.“ Die franzosenfreundliche Gesinnung des Elternhauses ist längst ins Gegenteil umgeschlagen.

Im Juni 1682 ist Anselm mit Imre Tököly, dem „Häuptling" der Kuruzzen (Kreuzeskrieger), ins Gericht gegangen, jener ungarischen Adeligen, die gegen Habsburg rebellierten. „Schickt nit die doppelzüngige Verrätersau, so sich itzt durch den Kaschauer Reichstag Fürst von Ungarn schimpfen darf, zwo Abgesandte samt Gefolg anher zum Kaiser, wohnen beim Grafen Daun fürnehm, trumpfen in brillanter Rüstung auf und dürfen gewappnet, den Sabel zur Seiten, vor Seiner Majestät erscheinen; ist eine unerhörte Gnad, wird ihm aber einen Dreck nutzen! Und dieweil die zwo Deputirten dem Kaiser eins vorschwatzen von den pacificationibus sinceris (den redlichen Friedensvermittlungen) ihres Tököly, pirscht einer von der Suite um die Burg- und Löbelbastei herum, auch um den Burg-Ravelin, und zeichnet sie mit Seelenruh in ein Skizzenbuch hinein, Du greifst Dir an den Kopf, ich auch. Keinen stört's, haben ihm sogar eine Guardia beigegeben! Ich hab den Kerl selbsten gesehen, ja gesprochen, er tat sehr höflich auf Französisch, und weiß ich neuerdings von eim armenischen Makler, Stofftandler und Kahvéci (Kaffeesieder und -händler), so zwischen Constantinopolis und Neuhäusl die Minaretten, Schlösser, Palanken (Palisadensiedlungen) und Schafpferch sämbtlich in und auswendig kennet, daß die zwo Tököly-Kreaturen Szirmay und Jánoky heißent, selbiger Basteien-Abzeichner aber ein entlaufener französischer Kapuziner ist, itzt jedoch zum Allah bettet, sich Achmed Bey nennet und im Stab des Großwesirs dienet, von Metier aber, halt Dich an, ein Festungsbaumeister und Artilleriste sey. Hätt ich's gewußt, ich hätt ihme eigenhändig die ungewaschne Gurgel zugedruckt, da hätt ich beides zugleich unter den Fingern gehabt, einen Franzosen und einen Türken, parbleu."

Seinen vielleicht köstlichsten Brief schreibt Anselm Ende Juni 1683: „Sie haben in der Stadt Bretter hingelegt, da geht die Kaiserin drüber von einer Kirchen zur andern betten, der Türcken wegen, und hinterdrein die Minister sämbtlich im Gänsemarsch. Vom gesicherten Frieden reden noch viele, aber insgeheim förchten sich doch alle, man bricht schon die näheren Gebäu überm Basteigraben drüben ab, damit der Feind kein Stützpunkt nit fände. Die Armee in Gran und Neuhäusl unten, auch die Kaiserlichen in Preßburg klagen über das miserable Kommißbrot aus Wien, fordern Zwieback gegen die Dünnschiß vom ungrischen Brunnenwasser. Seind zu Wien neuerdings processiones und ein Vierzigstundengebett im Schwange wegen der Gefahr, hab selber schon etlich Flüchtling vors

Kärntnertor kommen und herumlungern sehen mit abgeschnittene Nasen und Ohren. Gestern hört ich im Vorbeigehen ein Stückl Predigt von einem Milchbart von Jesuiter: Die Protestanten, schreit er von der Kanzel, seind gleich den heidnischen Baals-Anbetern zu ästimirn, müssten all ausgerottet seyn, ehender würd der Kaiser kein Kriegsglück nit haben! Bin traurig weg, hätt nit gedacht, daß ich auf Kreta als ein Heid gekämpfet. Itzo gibt es alle Botlang von St. Stephan ein „Türkengeläut" mit der großen Angstern-Glock, da fallen beym ersten Ton die Frommen mitten in der Straß aufs Angesicht, fangen ins beten an, und brauchest nur ein Teppich unterschieben, so wär der Moslem fertig, ist eine gute Vorübung für den Tag, wann etwan der Mustafa siegreich einziehet."

In seiner ersten Tagebucheintragung vom 5. Juli kommt Anselm im Zusammenhang mit den Fortifikationen wieder auf den Kaiser zu sprechen. „Er tut und tat, was er kann, läßt die Gräben tiefer, die Böschungen steiler machen, und alle Adeligen und Hofbefreiten müssen seit Monat März Mundvorrat für ein Jahr in denen Häusern lagern, fürnehmlich Mehl; seit damals, meint der Contarini, hat der Hofkriegsrat endlich begriffen, was die Uhr schlagt, und zu rüsten begonnen. An der Wasserfront (den Donaukanal entlang) ist die Festung wohl beschaffen, nit nur mit Bastionen, auch die Kurtin (Hauptmauer) dorten ein Riesending, kreneliret (mit Schießscharten versehen); sonsten scheinet sie mir umb die Stadt her minder bollig, obgleich sechs und eine halbe Klafter hoch (zirka 12 Meter). Der Graben mißt an den Torbrucken wohl seine fuffzig Klafter, ist aber stellenweis arg schmal, will mich dünken, grad noch 15 Klafter breit, und die Kontreskarpe (der äußere Wall) strafbar verludert durch Abrutsch, manchenorts nur bei drei Klafter tief, statt vier oder vierthalb, und invitando obliquo (einladend schräg); hat auch zu wenig gedeckten Gang noch fürs Fußvolk und nirgend reichlich Palisaden (Pfahlzäune). An Waffen mangelt's nit, eher am Pulver: wir werden Stollen treiben müssen wie vor Kandia. Doch was heißt wir? Ich kann bloß mit dem Maul mittun. – Ob der Kaiser den Ingenieur Rimpler Georg anher bekommen könnt? Der hat im Festungsbau und als Mineur-Kommandeur vor Kandia Wunder gewirkt, war immer guter Ding, hört ich, ein Kerl zum Pferdestehlen."

Schon Jahre zuvor hatte sich Anselm zum Bruder über die Festung Wien verbreitet. „In Candia", schrieb er, „hatten wir sieben Bastionen zu verteidigen, im Dreieck vom Meer herein; war

Basteien

1 Biberbastei
2 Hollerstauden-(Dominikaner-) bastei mit Kavalier
3 Braunbastei
4 Wasserkunstbastei mit Kavalier
5 Kärntnerbastei mit Kavalier
6 Burgbastei mit „Spanier"
7 Löbelbastei
8 Mölker- oder Schottenbastei mit Kavalier
9 Elendbastion
10 Neutor- oder Münchbastei
11, 12 Große und kleine Gonzagabastei

Vorwerke

a Judenschanzel
b Biberschanzel
c Stubenravelin
d „Im Dachsloch"
c Kärntnerravelin
f Augustinerravelin
g Burgravelin (Burgschanze)
h Ziegelschanzel
i Schottenravelin
k Neutorravelin
l Wasserschanzel

Tore

A Stubentor
B1 Älteres Kärntnertor
B2 Jüngeres Kärntnertor
C Burg-(Widmer-)tor
D Schottentor
E Neutor, nächst dem Arsenal (Kaiserliches Zeughaus)
F Schanzeltor
G1 Oberer Fall oder Fischertor
G2 Wassertor (nächst dem alten Rotenturmtor)
G3 Unterer Fall oder neues Rotenturmtor
G4 Laurenzertor
H1 Maria-Theresientor
H2 Mauttor

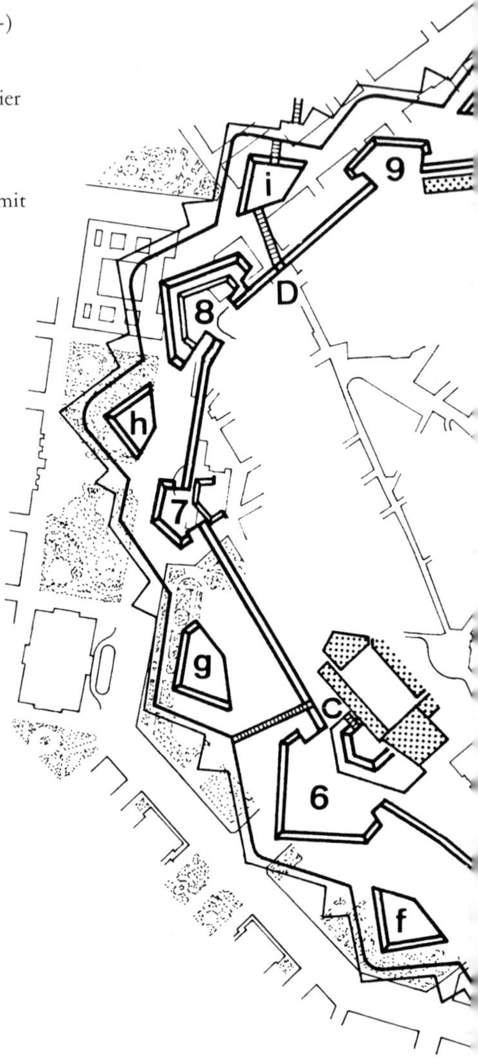

Die Darstellung bietet das Bild der Fortifikationen nach ihrer Wiederherstellung, genau um 1780, eignet sich jedoch vollauf zum Verfolgen der kriegerischen Ereignisse von 1683.

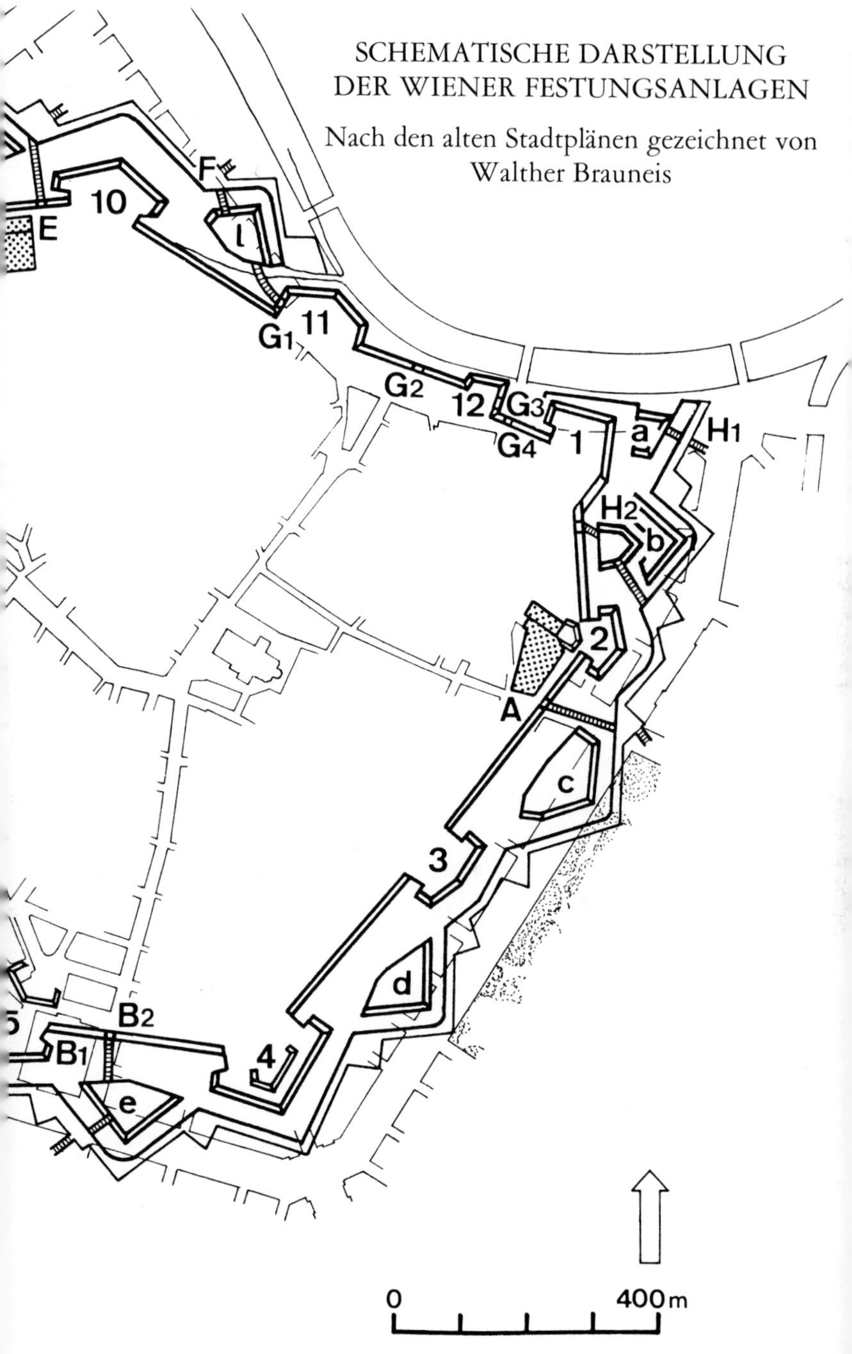
SCHEMATISCHE DARSTELLUNG
DER WIENER FESTUNGSANLAGEN
Nach den alten Stadtplänen gezeichnet von
Walther Brauneis
10
11
12
1
2
3
4
5
E
F
G1
G2
G3
G4
H1
H2
A
B1
B2
a
b
c
d
e
l
0
400 m

gewaltiglich anzuschauen. Doch hier sind's ihrer zwölf, manche mit einer Katze (Oberwerk mit Plattform) und mit eilf Ravelins (Vorwerken, Schanzen); leider seind sie inwendig bloß aus gestampftem Erdreich, hinten offen, dafür gut begehbar, ziehet man die Stuckh (Geschütze) leichtlich hinauf und herab." Auf den Wällen und unterhalb dran imponieren ihm die „wuselig vielen Hüsli, da die Herren Stadtguardisti drinnet hausen, immer ihrer zweye sambt Gesponsin und Brut, halten die Waffen in der Stuben, betreiben jeder ein Handwerck, schenken Brantwein aus und machen occasionell ausm eigenen Domizil ein profitabel Hurenhauß. Die Eheliebsten aber verhökern aufm Markt oder vor der eigenen Bud Gemüs, Obst und allerhand Trödel, den elenden Sold aufzubessern. Obenaus aber, ragend über die Dächer, grüßen St. Stephan, St. Peter, St. Michael, St. Johann Baptist, St. Laurenz, Maria am Gestad und wie sie alle heißen; hat jeder bessere Heilige hier seinen Turm."

Was Anselm an dem Abend des 5. Juli, zuletzt mit schon recht müder Hand, mehr für sich hinkritzelt, sind ein paar lückenhafte historische Randbemerkungen. So hält er fest, daß „bei der großen Mai-Parad (unter Karl von Lothringen in Kittsee vor Leopold I. und Kurfürst Max Emanuel von Bayern) der Herr Oberbefehlshaber dem Kaiser knapp 11tausend Mann zu Pferd und bei 22tausend zu Fuß hat vorzuführen gehabt, dazu an 60 Kanonen unter Graf Rüdiger Starhembergs Kommando. Daß dies alles Vorhandene sey, ist keinem ein Geheimnis; von den ungrischen Magnaten seind 6000 Mann includiret, haben die Waffen mit Gold und Edelstain besatzt! Der Kara Mustafa aber kömmt von Griechisch Weißenburg (Belgrad) mit 150tausend oder gar zwomalhunderttausend herauf und mit 300 oder mehr Columbrine-Geschützen (schwere Feldartillerie). Unsere zwo Regimenter Stadtguardia plus den loco stehenden 5 Compagnien vom Fußregiment Kayserstain machen auch nit mehr als lumpige zwotausend."

Daß Georg Christoph von Kunitz, kaiserlicher Resident (Botschafter) bei der Hohen Pforte, trotz der ganz offenen gigantischen Kriegsrüstungen alles unternahm, um den Frieden zu retten, weiß Anselm von Contarini. Daß er jedoch als ehrenvoll und großzügig behandelte Geisel sich beim Heer des Großwesirs befindet und den ganzen Feldzug von Adrianopel bis Wien mitmachen muß, davon steht nichts zu lesen, Anselm wird es wohl erst während der Belagerung erfahren haben, als Kunitz samt Dienerschaft sein Zelt in der

Vorstadt Laimgrube aufschlug und von dort – unfaßbar für heutige Begriffe – immer wieder Boten mit Nachrichten und militärischen Ratschlägen an die Belagerten in die Stadt oder durch den Wienerwald zur Armee jenseits der Donau sandte.
Auch in Anselms letztem Brief vom selben 5. Juli an den Bruder wird Contarini zitiert. „Er ärgert sich", heißt es da, „weil eine Menge kluger Köpf noch immer wie der Stallhas auf die Schlang westwärts glotzt, was der glorreich Ludwig dort etwan tuet oder plant, als stünd der Haupträuber am Rhein oder Main, derweil rennet und brennet er allbereits die Donau herauf, vom roi Soleil fleißig herbeigeködert. Und euer Leopold verstopft sich die Ohren, sooft ihm wer meldet, die Tartern (Tataren) brenneten schon über der Leitha, man sehe die Feuer bis auf St. Stephans Turm, alles in Angst und Aufruhr und Flucht. Er aber traut und baut auf den Tököly oder hofft auf ein Wunder – wie hätt er sonst vor zwei Täg (das war am 3.) nach Petersdorf (Perchtoldsdorf, ein Städtchen südlich von Wien) zur Jagd fahren und daselbst nach vollbrachtem Gejaid in befreundtem Haus höchlich schmackhaft speisen mögen, Wachtelpasteten, Weinbergschnecken gefüllt, Wildschweinfilet in Rahm mit heißen Himbeeren und – Tafelmusik, buongustaio (Feinschmecker)! Ich war ja dabei! Ihr wart geladen? frage ich auf Deutsch. Ja, antwortet er, das war ich, und blitzet mich an. Der Tököly hat sich längst dem Sultan gantzer an den Hals geworffen, sich vom Großwesir im Feldlager zum König ausrufen lassen und fordert Hülf gegen den Kaiser, seinen Herrn – musica negli orecchi del Signor Mustafa! Und wie hat es zuvor immer geheißen, so oft der Kerl mit den meuternden Nobilitäten in Habsburgisch-Ungarn eingefallen und Dörfer, Felder, Palanken verwüstet hat? Chè fedeltà! Wie treu er doch ist, macht den Türken das Anrücken sauer – wer gibt dem Kaiser solliches ein?"
Was sich nach dem Ausstecken der Roßschweife als Zeichen des begonnenen Krieges beim osmanischen Heer begab, konnte in Wien so bald keinem „wissend werden", auch nicht Contarini, und schon gar nicht Anselm. In seinem Buch über „Venedig, Wien und die Osmanen" hat Ekkehard Eickhoff die Ausfahrt der Türken ins „Reich des Goldenen Apfels der Deutschen" – so hieß bei ihnen Wien mit seinem berühmten Dom – farbig und schwungvoll zusammengefaßt; es sei gestattet, die Passage hier einzublenden.
„Im März", erzählt der Historiker, „wurde mit selbst in den türkischen Annalen nie verzeichneter Pracht über die Truppenmas-

sen Heerschau gehalten. Darauf setzte sich die Armee in Marsch. Hundert Wagen allein führten den Harem des Sultans mit, die Sultanin Chasseki und ihr Gefolge reisten in silberbeschlagenen Wagen mit silbernen Speichen. Ähnlichen Aufwand zeigte Kara Mustafas riesiger Troß. In gefährlicher Überheblichkeit überbot der Großwesir sogar den Prunk des Padischah selbst. Voraus marschierten die Janitscharen, dem Heere folgte ein riesiger Troß; die Zünfte von Istanbul waren aufgeboten, es zur Versorgung mit allen Handwerksarbeiten ins Feld zu begleiten. Ein langer Winter erschwerte den Marsch; in Schnee und Kälte ging es über das Rhodope-Gebirge nach Sofia, wo sich der gesamte Hofstaat zusammenfand. Erst nach längerer Rast brach man nach Belgrad auf . . . Am 3. Mai erreichten Sultan und Großwesir die Stadt. Hier übergab der Padischah die grüne, wahrhafte Standarte des Propheten dem Kara Mustafa und erhob ihn in feierlicher Zeremonie zum Seraskier (Generalissimus). Säbel, Pelz und Turbanbrosche mit Federbusch wurden ihm als Zeichen seiner unbeschränkten Befehlsgewalt angelegt. Am folgenden Tag geleiteten ihn der Großmufti und der Aga der Janitscharen unter den Akklamationen der Soldaten durchs Lager. In Belgrad unterrichtete Caprara, der Sonderbotschafter Leopolds I., die Pforte vom Abschluß des Bündnisses zwischen dem Kaiser und Polen. Der Sultan blieb in Belgrad zurück, während die Armee unter Kara Mustafas Kommando aufbrach."

Contarini vertraut dem Freiherrn an, er gedenke bei unmittelbarer Gefahr die Stadt ebenso unmittelbar zu verlassen, und ermuntert ihn mitzukommen, er sei doch „un uomo senza famiglia", und das Angebot, aus ihm einen Diplomaten zu machen, gelte nach wie vor. Aber Anselm dankt dem Venezianer und bleibt.

Dem Freiherrn Armin im fernen Pfullingen hat er in seinem letzten Brief das Diarium angekündigt, ein am 6. Juli an Herzog Eberhard Ludwig abgehender Kurier nimmt ihm das Schreiben nach Schwaben mit. Es enthält die Zeilen: „Kämpfen, so es zur Schlacht kömmt, was ich vor gewiß erachte, kann ich nimmer, mein Aug ist zum Schießen zu schwach, und der lädirte Fuß bricht mir zuweilen auf. Sollt ich aber sterben müssen, so sollst Du es schwarz auf weiß haben, daß ich mich nit auf die faule Haut geleget, mich gerührt und zugepackt hab, wie und wo es ging, zum Handlanger reicht's. Und Abend für Abend will ich den Chronisten machen: [. . .] Ich will schließen, es hat eilf geschlagen, sie rufen's aus, mein Talglicht brennt herunter, leb wohl, Bruderherz."

Hier beginnt
der Abdruck des Diariums
oder Tagebuches
aus der Feder des Freiherrn von P.

ANNO MDCLXXXIII

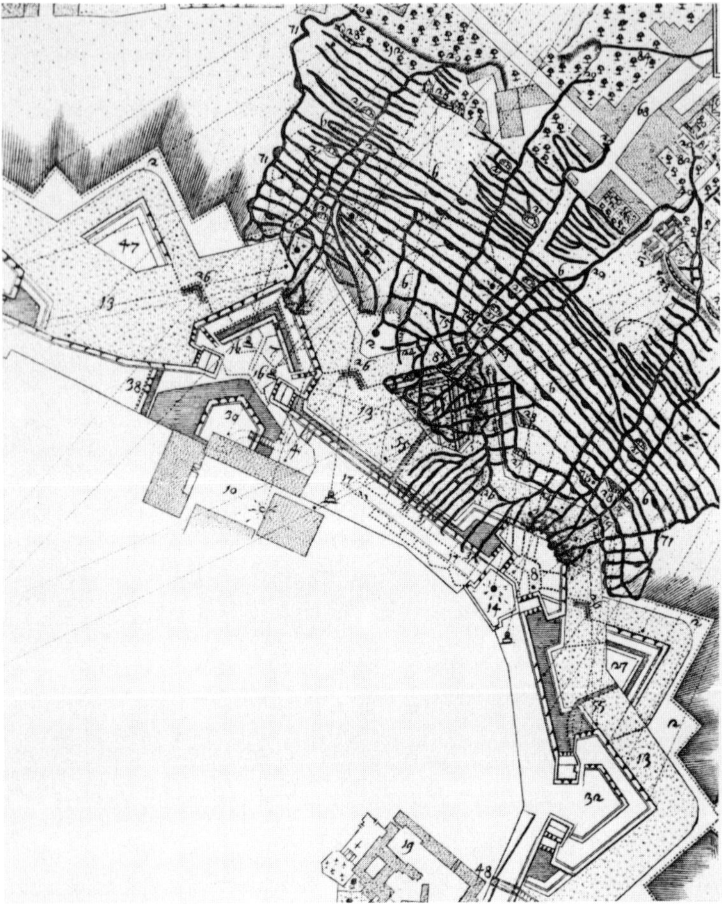

Die türkischen Laufgräben und Minenstollen aus der Vogelschau. Rechts die geborstene Löbel-Bastei, in der Mitte der von Explosionen völlig zerwühlte Burg-Ravelin, links davon die bereits stark angeschlagene Burgbastei. Ausschnitt aus der von Daniel Suttinger um 1684 geschaffenen Vogelperspektiv-Ansicht von Wien während der Belagerung.

Dienstag, 6. Juli

Um ein Haar, und der Kaiser wär selber den Tartern in die Händ gefallen! Nit auszudenken die Blamasch, der Skandal, das Gelachter, Zorn, Ratlosigkeit wie in eim Bienenvolk ohne Weisel! Und der Hohn und das Sieggeschmetter zu Versailles und das Allah-Allah-Heulen in Konstantinopel! Nit auszudenken auch die Belohnung, wann die Mordbrenner ihn dem Kara Mustafa toter ins Zelt oder vor die Kutschen gelegt oder gar die römische Majestät lebender abgeliefert hätten.

Der Tag hätt für mich friedlich begonnen, hat sich aber dann gewendet. Hab auf dem Bühel draußen meinen Leuten noch unterschiedliche Ordres gegeben und hernach selber die zwo letzten Milchküh, meine besten, zum Schottenhof hergetrieben, die Agnes und die Svizzera. Der Suleika han ich meine Literatur, Leibwäsch und Gewand aufgepackt. Wie ich in den Stall hinein bin, kommt der Pater Medard hinterdrein und saget mir, sie hätten gestern nachts, derweil ich bei meiner Schreiberei gehockt, dem Bischof Emmerich im Palais die Fensterscheiben eingeworfen und gerufen: Du Schuft, du Schinder, du Schweinsknochen! Sind ihrer viele, die glauben, er und seine Jesuiten seien schuld am dermaligen Unheil: die Ungarn hätten den Türken ins Land gerufen, weil man sie katholisch machen will, wollen aber protestantisch bleiben um jeden Preis und nimmer bei Habsburg. Sie gedenken des Bauernkriegs, seufzen unter Zehent und Fron, auch bei uns im Österreichischen. Sie hassen die Grundherrschaft, Adelsleut wie Klöster. Tut mir leid um den Bischof, ist ein aufrechter Mann und ein redlicher Geist, voller Starkmut wie der Kollonitsch. Itzt empfiehlt er allen Ordensleuten, sie möchten Zivil anlegen und aus der Stadt hinaus. Der „Schweinsknochen" wird denen Randalirern nit von ohngefähr aus dem Mund gefahren sein, weiß ein jeder, daß des Bischofs Vater der Fleischhauer Sinelli zu Komorn gewesen.

Mittags hat mich der Graf Harrach vom Essen beim Pater Ökonom weg in den palazzo vis-àvis holen lassen und bittet mich, ich soll ihm um Gottes und Geldes willen meine Pferde sämtlich verkaufen, er hätt seit Sonnenaufgang keine Ruh nit von Nobilitäten um Pferd, Wagen oder Schiff zu einer Flucht, hätt aber schon alles fürsorglich sperren lassen und itzo selber nit genug, will sagen, nit genug *starke* Pferd für den Hof. Würden mir gut bezahlt, und so willig ich ein. Sonderbar, als ging's an ein Abschiednehmen für immer, zieht er mich mehr dann sonst ins Vertrauen; gestehet mir, der Kaiser sei in

aller Herrgottsfrüh wiederum zur Jagd, ostwärts, wiewohl die Vorhuten (Tataren) schon herenter der Leitha schwärmen sollen. Der Ibrahim Pascha von Ofen (Budapest) haltet Raab mit mäßigen Kräften nur blockirt, nit eigentlich belagert, und der Mustafa zieht, scheint's, mit der Armee gegen Ungarisch-Altenburg. Ein Glück, denk ich, für die Festung Raab, hätten dort alle ins Gras beißen müssen.
Vom Auersperg sei bei Hofe zu erfahren gewesen, daß die kayserlichen Truppen sich noch immer auf der Schütt-Insel und bei Kittsee befinden, man sähe von fern die riesige Türken-Armada, herrlich beritten, gekleidet in Gold und Silber, und mit Zelten von aller möglichen Farb und Form. Der Kaiser hat den Herzog von Croy als Kommandanten nach Raab abkommandiret, ist aber nunmehro ein sinnlos Kommando geworden, also bleibet der Herzog da. Den Grafen Rüdiger Starhemberg hingegen hat er zur rechten Stund vom Festungskommando in Raab abgezogen und in sein altes Stadtkommando nach Wien eingesetzt, er muß bald kommen, ist noch bei der Infanterie. Die Ungarn stünden unter Esterházy sambt zugeteilten Regimentern im Waagtal (Slowakei).
Wie ich abends noch zur Stallburg (Reitschulgasse) hinüber bin, meine lieben Rösser auch dort zu verabschieden, rollen auf einmal mit viel Rumor und Gefuchtel die Jagdwagen herein, auf und auf voller Dreck. Die Leut auf der Gassen wissen's bereits: der Kaiser war zur Jagd in Halbthurn, gut vier Wagenstunden weit, auf Rebhendl oder Feldreh oder Trappen, weiß der Kuckuck. Hat sich die Majestät sambt der Suite verwundert, daß ihr das Wild heut so haufenweis vor den Lauf rennet. Auf einmal aber rennen auch die Treiber herzu, kalkweiß im Gesicht, und ein paar Steinwürf weiter sprengt ein Trüpplein Tataren aus einem Waldschüpfl im Acker heraus, schickt seine Pfeil und formiret sich zu einer Attacken. Gleichzeitig kömmt vom Jagdschloß der Koch und ein paar Lakeien mit den Essenskörben daherkutschirt, alle schlotternd; die Jagdwagen folgen, und hinterbei schlagen schon die Flammen aus dem Schloßdach – Tartern auch dort, und nit zu wenig! Die Eskorte ist zur Stell, reitet dem Trupp entgegen, feuert, schießt zwei aus dem Sattel, setzt nach, ersticht noch einen, die andern nehmen Reißaus. Die Majestät sambt denen Gästen herunter von der Schützentribün, hinauf auf die Reitpferd und dahin geht's über Stock und Stein. Hinter der Allerhöchsten Kavalkad im Galopp die leeren Kaleschen in Kolonne, als letztes die mit dem Koch. Über der Leitha drüben,

es dunkelt bald, wechseln die Cavaliers vom Pferd in die Kutschen, und weiter geht's per Eilpost bis in die Burg. Und überall verzweifelte Bauern, flüchtende Händler und Handwerksleut, die auch gern hinter die Mauer möchten. So aufgeregt die Kutscher waren, sie haben mir dannoch alles ordentlich erzählt. Verfluchte, dreimal verfluchte Jagdlust! – Jetzt werden sie wohl die armen Gäuler noch immer abreiben, sind ganz schweißnaß und schaumig gewesen.
Mehr gibt's von heut nit zu resümiren, ist genug. Gut Nacht. – Noch einen Blick, bevor mir die Funzel ausfluscht, ins Büchl vom Pater Abraham (a Sancta Clara), wie's der Finger grad erwischt; ist ein rechtes Orakelbüchl. Da steht per exemplum: „Was führet unser Allergnädigster Kaiser in seinem Schild oder viel mehr in seinem Herzen? Ich glaub wohl jenen Trost, den GOTT einmal dem Abraham gegeben: Ego protector tuus sum – förchte dir nicht, ich bin dein Schutzherr . . . Es drohet der Erbfeind, die österreichischen Lerchen in sein Netz zu jagen, wir aber erschrecken nicht. Der HERR ist mit uns. Die orientalische Bestia ist ganz begierig die occidentalische Nation zu beißen, aber wir zittern nicht."

Mittwoch, 7. Juli

Der Tag, einer der wüstesten, hat zwei Brennpunkt gehabt, wahrhaft brennende: ein Unglücksgefecht bei Petronell oder Regelsbrunn oder Ungarisch-Altenburg oder gar Maria Ellend, was weiß ich, und die Flucht des Kaisers. Von dem Gefecht Genaues zu notieren, ist mir bis zur Stund so unmöglich wie den Ort der Schlappe; was man sagen hört von sollichen, die nit selbst dabey gewesen und nit einmal Soldaten sind, bleibt allemal ein abstractum, ob sich auch noch so viele concreta darum scharen. Nach allem scheinen die Kaiserlichen sich nördlich wie südlich der Donau auf Wien zurückzuziehen; den Kaiser ärgert's, aber der Lothringen [1] weiß, was er tut, gegen zehnfache Übermacht hilft nur geschmeidig sein.

[1] Herzog Karl V. von Lothringen, geboren 1643 in Wien, gestorben 1690 in Wels, war ein Neffe Herzog Karls IV. und wurde gemeinsam mit dem späteren Kaiser Leopold I. erzogen; er wurde der Großvater Franz Stephans von Lothringen, des Gatten Maria Theresias. Seine Eltern waren aus dem von französischen Intrigen gequälten Land geflohen, lebten mit dem Kind teils in Wien, teils in Brüssel oder Paris. Die Quertreibereien des eigenen regierenden Onkels gegen seine Nachfolge als Herzog von Lothringen veranlaßten Karl zu politischen Reisen nach Rom, Venedig, München, doch erhielt er nirgends wirksame Hilfe. 1664 übergab ihm Leopold I. ein Kürassier-Regiment und machte ihn zum „wirklichen

Bei Petronell etc. also muß unsere Nachhut und Troß von ein paar 1000 Tataren überfallen und die Regimenter-Bagage geraubt worden sein. Die Truppe wehrt sich tapfer und hätt den Feind auch geschlagen, aber die Bagage-Fuhrleuth und anderes Troßvolk rennet kopflos die eigenen Streiter über den Haufen. Werden mehr unnütze Tote gehabt haben als die Mongolenhunde, so mit der Beute eskappieren. Bis Fischamend klaubt sich der verworrene Haufen wieder zusammen und rastet; der Schaden – bis auf die beklagenswerten Soldaten und Officiers, so tot geblieben – wird gering gewesen seyn, die Confusion gewaltig.
Noch gewaltiger aber war das Geschrey (Gerücht), so am Nachmittag zu uns nach Wien geflattert: Kavallerie und Artillerie geschlagen, die Infanterie aufgerieben, die Reste vom Feind im Eilritt auf Wien her verfolgt, der Kaiser darf nimmer mit denen rechnen, Herzog Karl (von Lothringen) gefallen, Raab erobert, die Wienerisch Neustadt in Flammen. Morgen ist alles aus. Was morgen? Heut noch! Fliehe, wer kann. Dabei ist seit gestern durch Rats-Ediktum das Verbreiten von schlechten Meldungen in der Stadt bei hoher Straf verbotten.
Es ist halb 10 Nacht. Der Türck müßt nach allem längst da sein und den Nachtwächter köpfen. Der Aufruhr ist allgemein, aber Turban läßt sich noch keiner blicken.
Um 4 Uhr nachmittags hat es plötzlich geheißen, die Infanterie sey noch wohlbehalten auf der der Schütt-Insel, dafür soll der Blitz in die Schiffsbrucken eingeschlagen und sie verbrunnen haben, so kann

Oberst"; als solcher focht er bei St. Gotthard gegen die Türken, eroberte persönlich eine Standarte, bewarb sich 1668 erfolglos um die polnische Krone, wurde 1670 Kavallerie-General, kämpfte 1673/74 am Rhein und in den Niederlanden gegen Frankreich und erlitt eine schwere Kopfverwundung. Sein Land war französisch besetzt, er bekam es nie zu Gesicht, Frankreich verweigerte ihm nach dem Tode seines Oheims Karls IV. jede Anerkennung seiner Herrschaftsrechte. Auf Vorschlag des großen Feldherrn Montecuccoli machte Kaiser Leopold ihn trotz seiner Jugend 1675 zum Feldmarschall „über alles Kriegsvolk zu Roß und Fuß", 40.000 Mann unterstanden seinem Befehl. Er kämpfte hartnäckig und nicht ohne militärischen Erfolg um sein Land, wurde jedoch von Ludwig XIV. vor unannehmbare Bedingungen gestellt, worauf er 1676 alle lothringischen Streitkräfte (6000 Mann) der „kayserlichen Armada" einverleiben ließ. Zwei Jahre später heiratete er die Witwe des Königs von Polen, eine Schwester Kaiser Leopolds, und verlebte mit ihr, bis zu seiner Berufung an die Kriegsschauplätze von 1683, in Innsbruck die fünf glücklichsten Jahre seines Lebens. Der Ehe entsprossen fünf Söhne und eine Tochter.

Leopold I. Die Legende präsentiert ihn nicht nur als römischen Kaiser, sondern auch als deutschen, ungarischen und böhmischen König, als Erzherzog von Österreich, Herzog von Burgund, Grafen von Tirol etc.

sie nit über die Donau und dem Kaiser zur Hülf kommen; neue Schiffe sind dort nit aufzutreiben, Leopold soll nur schleunigst fliehen. Und schon lauffen die Rumorknecht durch die Stadt und außen herum, treiben alle Schiffsleut und Zimmerer zusammen, stoßen sie beim Roten Turm in die Kähne, und die Flotte hetzt stromab; wie ich hinreit, kann ich grad noch der letzten Ruderer Ärsche erspähen. Die Gaffer am Ufer, dicht gerottet und wild gestikulirend wie immer bei derlei Occasion, melden, die armen Teufel hätten nit einmal ihren Weibern Bescheid sagen und ein solid Gwand anlegen dürfen, nein, wie sie gingen, standen oder lagen, so haben sie fort und zu die Schiff gemußt, nit wenige in Hemd und Hosen und barfuß. Aber schon zwo Stunden nach Sonnenuntergang hat's in der Stadt geheißen, auf der Schütt sey alles in der Ordnung gegangen, die Infanterie habe sich selber helfen können und rücke baldigst herauf.

Mach mir Sorge um die Prämerischen (Entzbaums Tochter und Schwiegersohn in der Brigittenau), besuch den Schwager am Kienmarkt. Er war in der Ratssitzung gewesen, Bürgermeister Liebenberg hat einen Aufruf abgefaßt: Der Kaiser geht nach Linz, Stadt und Vorstadt sollen Lebensmittel innert der Mauern einlägern, jeder Hausherr muß einen Mann abstellen zum Schanzen auf dem Wall. – Der Kaiser, erzählt mir der Schwager, hat noch zuvor den gesambten Stadtrat[2] zu sich beordert und dem Liebenberg zweimal unter Tränen befohlen, ihm die Stadt in Treuen zu erhalten, hernach allen die Hand zum Kuß gereicht und verkündet, daß er die Residenz niemalen im Stich lassen werde, auch wenn er sie noch heut verlassen müßt.

Gegen sieben war ich daheim in meiner Klosterstuben; will mich setzen und die Feder zur Hand nehmen, da bittet mich der Harrach zu sich hinüber. Vor seim Palast – mein Gott, aus vier alten Häusern

[2] Zu den prominenten Mitgliedern des Rates (Magistrats) der Stadt Wien, von welchem, im Gegensatz zur ersten Türkenbelagerung, niemand die bedrohte Festung verließ, gehörten: Stadtanwalt Johann Heinrich Sickmann, Bürgermeister Johann Andreas Liebenberg, Stadtrichter Simon Stephan Schuster, Oberstadtkämmerer Daniel Focky, Stadtschreiber und Syndikus Dr. Nicolaus Hocke, Johann Franz Peikhard, Jakob Daniel Tesper, Dr. Jakob Loehr, Georg Ehrenreich Ennsbaum (Entzbaum), Johann Martin Drach, Johann Nicolaus Ruckepaum, Wolfgang Bernhard Puchenegger, Emmerich Kassmann, Augustin von Hierneys, Daniel Lazarus Springer, Johann Georg von Haerditsch. Die meisten dieser Bürger trugen zum Titel Senior auch noch den eines Kaiserlichen Rates.

bescheyden zusammengemauret – und im Hof wuseln schon seit Stunden Kutschen und Dienerschaft. Der Graf hat sich grad umgezogen, sitzet im Reitkleid auf einer Truchen, ziehet sich die Stiefel höher; der Leiblakai legt Reisemantel und Hut zurecht. Harrach erhebt sich, geht auf mich zu und umarmt mich, lässet Kerzen und ein Nachtmahl bringen. Er hat den Pferdkauf mit der Hofkammer reguliret, überreicht mir die Geldanweisung und dankt mir nochmals für die Ardenner. Ich brauch sie alle für den Hof, sagt er, sie sind die besten. In der Burg würde nur noch gepackt, Ihr glaubet gar nit, was man itzt für einen Gaul zahlt; Herr Passer (Justus Eberhard), herzoglich-hannoverischer Abgesandter, hat den Morgen seinen Kanzleipaß abgeholet, möcht mit Pferd und Wagen heim, gelingt ihm aber nit, ob er gleich das Dreifache bietet! Nun will er ein paar Träger mieten, die ihm die Akten seiner Fürstin ein paar Meilen weit aus der Stadt schleppen helfen, und dann zu Fuß weitergehn, bis ihn wer aufklaubt und mitnimmt; ich kann ihm nit helfen. Ein Leiterwagel kostet mehr dann eine Staatskarosse, und was für feine Matronen und Jüngferlein sich heut von Pferden davonziehen lassen, die sie noch gestern keines Blicks gewürdigt hätten und itzo streicheln, ist fürwahr ein Miraculum. Erstaunlich auch, in was für Kobelwägen sie sich hineinsetzen. Manche wenden sich ins Steirische und fallen den Tartern in die Krallen, verlieren alles, auch Leben und Unschuld, so vorhanden. Ein Elend! – Der Graf war zu Mittag mit seiner Schwester zu Tisch beim Grafen Königsegg, zusammen mit Waldstein und Kinsky. Plötzlich schickt der Kaiser um mich, erzählet der Harrach mir, und ich find in der Antecamera Auersperg und den Rittmeister Töring mit Nachrichten, was sich zu Ungarisch-Altenburg (Petronell) begeben; jammerschad um jeden Gefangenen und Blessirten bei so mediokrem Anlaß. Jetzt marschire die Kavallerie auf Fischamend, hör ich noch, da ruft Seine Majestät mich herein, will von mir wissen, was ich denk. Der Bischof war bei ihm. Ich sag: Nit einkerkern lassen, nur fort von hier. Unterweilen treffen Neuigkeiten ein: die Tataren hätten bei Fischamend den Troß neuerdings überfallen, die ganze Bagasch vom Regiment Croy, Montecuccoli und Sachsen-Lauenburg weggeschleppt. Und dann kömmt noch, gleichsam als letzter impetus, General Rabatta herein, vom Lothringen direkt aus dem Gefecht zum Kaiser geschickt, er solle sich um Gottes Willen salviren und Wien stante pede verlassen, er, Rabatta, habe sich samt seiner Eskorte mit Not durch Tataren und brennende Dörfer durchschla-

gen müssen. Itzt dringt auch General Zdenko Kaplirs, treuer Nestor, zur Flucht. Der Kaiser hat schon den Tag über viel Dutzend Brief nach Deutschland um Succurs (militärischen Beistand) abgesandt, Kurire an die Fränkischen Ständ und den Bayernfürsten, Europas Heil hinge von ihnen allen ab. Berlin, das vermaledeite, tuet nit mit. Dann habe – nach des Harrach Weggang – Leopold ein Geheimb Deputirten-Collegium eingesetzt: Feldzeugmeister Hofkriegsrats-Vicepräsident Graf Kaplirs – Vorsitz und Politisches, Feldzeugmeister Graf Starhemberg – Stadtkommando und Militärisches, dazu Graf Mollard, niederösterreichischer Landmarschall, Herr Oswald Hartmann von Hüttendorf, niederösterreichischer Regimentskanzler, als Beysitzer die Herren Hofkammerrät Aichpüchler und Belchamps. Denen seid ihr nun untertan, Gott befohlen. Dann ließ ihre Mayestät die wartenden Ratsherren eintreten. Vor einer Stund waren dann wieder wir beim Kaiser in der Retirada, sagt der Harrach, ihme den Fluchtweg zu raten. Linzerstraß? Oder übers Gebirg nach Heiligenkreuz? Nein, nit durch den Wienerwald, da tummeln sich schon die Vorhuten – über die Donau nach Korneuburg, ist die resolutio.
Hat sich der Harrach den Mund gewischt, war auf einmal ganz pressirt, steht auf und sagt: Hab dem Futtermeister Befehl gegeben, alle Landkutscher und schweren Wägen bereitstellen, den Sattelknechten aber das Equipagen-Einspannen befohlen. Lebt wohl, Freiherr Anselm, und nochmals Gott befohlen. Er gibt mir die Hand, aber mehr obenhin, als wär er schon nimmer präsent.
Ich geh heimwärts, wend mich aber hinab zum Neutor, will doch des Kaisers Ausfahrt mit ansehen. Die Stadt ist in totaler Confusion, hat noch jeder den Kopf auf dem Hals, aber keiner gebraucht ihn. Sie laufen aus den Vorstädten zum Tor herein, der mit seim Bettzeug, der mit eim Kindl im Arm, schleppen Geschirr und Leinwand, auch allerhand unsinnigs Zeug, legen es innen nieder, setzen Kinder oder einen Greis als Wächter dazu und lauffen wieder hinaus um neue Sachen. Mancher sinkt in die Knie, hebt die Händ oder tuet sie in den Straßendreck und schluchzt: Ach, ich armer Mann, ach, ich armes Weib, ach, mein Hausrat, ach, meine Kinder, o Gott, was haben wir nur verbrochen?
Versprengte Armeesoldaten kommen herein, schreien: Um Mitternacht haben wir den Feind in der Stadt, er sticht den Kindern die Augen aus, macht denen Frauenzimmern Löcher in die Titten, den Mannsbildern in die Ohren, fädeln sie auf und führen sie in ewige

Knechtschaft usw. In Kandia hätt ich solchen den rechten Botenlohn verpaßt: kömmt mich auch itzo die Lust an, meinen Stecken auf ihren Leibern tanzen zu lassen. Aber sonderbar, wie ich's denk, schießen mir widerwillig die Tränen ein.
Bin dann inmitten der Leut am Tor gestanden, hübsch gepfercht, und hab den Kaiser noch einmal gesehen, kurz nach 8 Uhr seind die Hofwägen dahergerasselt. Bin mir im Schauen zum ersten Mal inne worden, wie viel Hoheit doch vom Leopold ausgehet und daß ich ihm in Gedanken und Reden wohl zu mehreren Malen unrecht getan. Traurige große Augen wie eines Träumers; sie gleiten über die Köpf hinweg, und die Leut dringen dicht herzu, rufen: Ach, Ihro Majestät, bleiben doch hier! Verlassen uns nit! Manche schluchzen wie rechte Narren: Seelenblum! Augenstern! Lustkron! Gottesschwert! Die minder Exaltirten flennen: Herzkönig Poldl, rett uns, bleib! – Sie können nit denken. Wie soll er sie retten, wann er sambt ihnen in der Mausfall hockt? Er muß weg!
Die Trabanten fällen den Spieß, wollen die Leut verjagen, aber der Kaiser hebt die Hand: Laßt doch die Armen, sagt er, und so lässet man sie drängeln und quengeln. – Kann mir den Ton ausmalen, wie er zum Harrach am Nachmittag noch gesagt hat: Mein armes Wien. – Seltsam, gestern noch zur Jagd in Halbthurn, heut zum Tor hinaus, nur schwach bedeckt; sollen ihm erst morgen früh 200 Mann Kavallerie aus Preßburg und 100 Mann Stadtguardisten nachreiten bis Korneuburg, da wird Nachtlager gehalten.
Hab auch die alte Kaiserin-Mutter Eleonora, des dritten Ferdinandus Wittib, mit dem kleinen Kronprinzen und Geschwistern dahinfahren sehen hinter Ihrer schwangeren Majestät, die Fleisch gewordene Aschermittwoch-Frommheit[3], und allesamt leichenblaß. Und erst die Kammerfräuleins und die Hofdamen! Kaum recht coiffüret die Menscher, nit sonderlich präsentabel, wie sie halt auf die Wägen gesprungen, nachdeme sie in der Burg Hals über Kopf alles in die Truhen geschmissen und den Deckel zu. Die Hartschirer (Leibwächter) und Kammerherren aber auch nit viel schöner, schief zu Pferd und voller Mißmut. Und hinterdrein, wen seh ich da? Freund Contarini und den spanischen Ambassador, vierspännig beyde, die Karossen hoch aufgepackt mit Missionsgepäck; möcht nit wissen,

[3] Leopolds dritte Gemahlin Eleonora Magdalena, Tochter des Kurfürsten Philipp Wilhelm von Pfalz-Neuburg, eine allem Prunk und Wohlleben abholde strenggläubige Dame. Der Kronprinz, der spätere Kaiser Josef I., war damals fünf Jahre alt.

was da alles drinn. Wolken steigen auf mit Wetterleuchten. Hinaus, nix wie hinaus und hinab zur Schlagbrucken und hinüber zur Donau.
Das Rollen der Frachtwägen nimmt kein End, auch nit der Zug der Bürgerwägeli mit ihrn Bündeln; wie die Zigeuner. Werden wohl noch viel tausend hinter dem Kaiser ausfahren.
Bin heim ins Stift. Kommt mir ein Trupp Handwerkskerle und Studiosi entgegen, untermischt mit billigen Nymphen, verheult und verbeult, ohne Busenlatz; wollen mit Stecken, Degen und Flinten zur Stadt hinaus, bleiben ja die Tore mehrstenteils offen heut nacht. Ich hör sie reden, Fischamend und Schwechat brenneten bereits, man röch's bis auf St. Stephans Türmerstub. Ich, wenn ich der Kara Mustafa wär, ich ließ alle Tartern von der eigenen Soldateska ohne Gnad niederhauen, seind die blödeste Vorhut auf der Welt: verbrennen Brot, Korn, Mehl, Fleisch, Heu, Stroh, Holtz, alles; machen die Armee vom Nachschub aus Hungarn abhängig oder noch viel weiter her. Aber ha no, dr Allah muaß seine Feldherrn nemme, wie er's gschaffe hät, was bekümmert's uns? Hauptsach, mr wisse, was der Himmel wöll, wann's oin Himmel gibt.
Ist weit nach Mitternacht, bin todmüd. Rasch noch den Blick ins Sancta-Clara-Orakel – was schreibt denn mein Megerle, etwan hier: „Von vielen Jahren hero ist das Römisch Reich ein Römisch Arm worden durch stete Krieg; von etlichen Jahren her ist Niederland noch niederer worden durch lauter Krieg; Elsaß ist ein Elendsaß, der Rhein-Strom ein Pein-Strom und andere Länder in Elender verkehrt worden durch lauter Krieg; Ungarn führt ein doppelt Kreuz im Wappen und hat bishero viel tausend Kreuz ausgestanden durch lauter Krieg . . ."

Donnerstag, 8. Juli

Wie ich in der Fruh in den Stall komm, sagen mir die Fütterer, man hätt zur Nacht nördlich einen Feuerschein wahrgenommen, und am Morgen hat sich's erwiesen, daß die Eremitage der Camaldulenser auf dem Sauberg (Kahlenberg) und die Leopoldskapelle auf dem Berg daneben, so der Kaiser zum Dank nach der Pest (1679) hat verbauen lassen, ganz abgebrennt; hat weithin den Himmel rot gemacht, so wird man's gewiß auch zu Korneuburg gesehen und die Hofleut kapiret haben, wie nah daß die Tartern gestern schon gewesen und wie gut des Kaisers Beratung, er solle den Wienerwald meiden.

Bin um 7 Uhr auf den Kienmarkt, von da in die Schotten-Au (Brigittenau) hinüber, nach meine Ochsen und zu denen Prämerischen schauen. Hab vom Entzbaum erfahren, daß der General-Feldzeugmeister (Starhemberg) des Nachts von der Armee hereingekommen, muß also dem kaiserlichen Wagenzug begegnet sein; sollen mehr dann 300 Wägen mit mehr dann einem Halbtausend Rössern gezählet worden sein. Die Ausfahrt sambt und sonders mit die Civilsleut durchs Rote-Turm-Tor hinter dem Kaiser drein habe 7 Stunden gedauret; erst ums Morgengrau sey Ruh geworden, da habe man die Tor für eine Weil geschlossen. Itzt seind sie wieder offen und die Ausfahrt gehet weiter; wer Geld hat, eilet weg und was bleibt, weiß sich vor Angst und Gram nit zu fassen. Ist gut, daß der Starhemberg da ist, das wird die Herzen heben, meint der Schwager. Ja, ja, volle Straßen, leere Paläst, offene Türen und was Kostbars zurückbleibt, ist bald in fremder Schützerhand. Ein Jammer, greint der Entzbaum, wie viel hundert starke, wohlgenährte Lakayen und Gardisten, in Waffen geübt, gestern und heut weg sind, und statt ihrer lauter Elendsfiguren verblieben. Und wie viel satte Rösser im Glanzfell fort und dahingetrabt, und die verhungerten Schindgulren – aber nein, sind ja auch die um ein vielfach Geld herdenweis verkauft worden, damit die Bagasch nur ja zum Tor hinausfindt und zum Teufel, hoff ich. Hab den Schwager noch nie so erzürnt gesehen.
Der Entzbaum hat dann mächtig gegähnt, ist ja schon um 4 Uhr zum Syndikus Dr. Hocke ins Rathaus gerufen gewesen, weil um 3 Uhr der Hofkriegsrat getagt hat, mit dem Markgrafen von Baden, mit Starhemberg, Kaplirs, Graf Daun und Serény (zwei Generälen), dazu Bürgermeister Liebenberg und Ratsherr Peickhardt. Haben allesamt befohlen gekriegt, alles aufzubieten: genug Essen, Wein, Werkzeug, Schanzarbeiter, Munitionschlepper, Wachdienst. 3 Uhr früh! Das muß Starhembergs Stunde sein, so bald kriecht sonst keiner aus den Federn. Hernach hat der Markgraf mit hochadeliger Officierssuite den Magistrat in toto vor sich geladen und ihm eröffnet, daß ab nun Starhemberg und Kaplirs allein für Lenkung und Defens (Verteidigung) der Stadt verantwortlich wären, habe ihnen ein jeder zu gehorchen, auch der Stadtrath. Wir haben ihm, sagt der Schwager, Gut und Blut versprochen und gebeten, er möge den Kaiser um rasche Hülf bitten, auf daß Wien nit in des Erzfeindes Hand fiele. – Um 8 Uhr Ratssitzung bei Liebenberg; Entzbaum mußte hin.

Bin fort. Durch den Roten Turm konnt ich mich neben deme vielen Fluchtgefährt grad durchschmiegen zur Schlagbrucken hin, über die aber hätt ich heil nit auf die Insul hinüber mögen, ist da stundenlang die kayserlich Kavallerie vom Lothringer von St. Marx her übern Rennweg und die Stubentorbrugg an der Stadt vorbey zur Tabor-Au ins Lager eingeruckt. 10.000 Mann! Das schreibt sich so hin, aber man mueß das sehen und hören: die Gäuler mit denen Dragonern und Kürassiren sanft auf und ab in gutem Ritt, den Lanzenwald mit blitzende Spitz, die eisenschwarzen Helm und Küraß, Stegreif und Sporen, die Kartuschen und Musketenschlösser funkelnd, dazu das Wiehern und das Trappeln; aus alle Gassen, Türen und Fenster überm und unterm Wall vielhundert lugende Augen und winkend Händ, und ein herzerhebend Gedröhn und Geschrill: immer noch hellere Trompetter, noch lautere Pfeiffer und Trummler. Ich halt am Ufer unweit der Brucken, sitz auf meiner Suleika wie der Papst im Fauteuil und schau mich nit satt, vergeß schier, daß es ernst ist und brennt. Aber mir klopft das Herz in den Hals bei der Reiterparad mit den vielen Lanzenfähnlein, und ist mir weh, daß ich kein Soldat mehr bin. Das ist ein andres Aufziehen, als wann unsere Rumorwachter oder die Stadtguardia ausrucken oder das müde halbe Kayserstainsche Garnisons-Regiment, so bloß vom Exerciren lebet; man merkt's auf den Blick, die da kommen aus dem mouvement (Kampf und Marsch), und so geht's durch Staub und Glut in die Au hinüber, den vollen Tag lang.

Itzt kann ein jeder sehen, daß die Unsrigen bei Petronell oder sonstwo nit geschlagen worden – aufrecht rucken sie an, komplet und unbesiegt. Mir ist zu Mut wie in Kandia; und wär ich da gefallen oder gestorben, ich würd die Zeit noch in alle Ewigkeit preisen.

Die Leut winken dem Defilé aus Häusern und Läden, holen ihr Herz, so ihnen gestern hineingefallen, wieder aus den Hosen herauf, vertrauen den Kayserlichen, hoffen auf Succurs und Sieg. Arme Ludern, die am Abend zu schwer aufgepackt und itzt draußen im Land mit gebrochenem Rad liegen, von den Tartern oder den Eigenen geplündert und mit Tod bedroht. Wären besser dageblieben. Will sehen, ob auch ich zu schanzen vermag, trotz dem Fuß.

Hab den Lothringer nit sehen können, soll, heißt's, per Equipage von der Tabor-Au in die Stadt herein sein zum Stadtkommandanten, Rat zu halten.

Will meine Ochsen herantreiben, weiß nit, wie's werden soll. Den

Ernst Rüdiger Graf Starhemberg (1635–1701), der heldenmütige Verteidiger Wiens Anno 1683.

Prämerischen ins Gewissen geredet, sie sollten morgen aus ihrem Buen Retiro herein. Auf dem Rückweg mich ein Stückl durch die Stadt beweget, ein wenig mit Starhembergs Augen zu schauen. Auf der Kontreskarp (Gegenwall) miserable Palisaden, zahnluckert rundum; keine Faschinen (Reisigbündel für Schanzbauten), keine Körb (Schanzkörbe), ganz wenig Kanonen[4]; wird viel zu befehlen haben, der Starhemberg. Der Basteigraben, halb Mauerwerck, halb Laim (Lehm), westseitig trocken, gut zum Miniren, donauseitig aber mit reichlich Wasser. Hinter der Kontreskarp ziehen viel Berittene auf, tummeln die Pferd, schätz auf zwo Regimenter.
Zu Mittag trummeln sie aus: Alles Brenn- und Bauholz vorm Neutor in die Stadt hereintragen, jeder packt an! Auf jeden Dachboden einen Bottich voll Wasser! Die Bäcker sollen stante pede zum Kommißbrotbacken schauen! Item sind alle Ochsenhäut in der Stadt zu belassen, wer eine auswärts bringt oder verkaufft, hat hohe Straf! Hausbesitzer müssen vors Tor einen Wachter stellen! Bewacht seind ab sofort: Rathaus, kayserlich und bürgerlich Zeughaus (Renngasse; Am Hof 10), ingleichen der städtische Pulverturm (entweihte Philipp- und Jakob-Kapelle auf der heutigen Freyung, damals Friedhof), ingleichen das Magazin im Werdertor (etwa Ecke Concordiaplatz-Börsegasse). Jeder Bürger muß sich bis 1 Uhr bey seinem Fähnlein melden, ledige Gesellen ins Rathaus zu Belehrung und Einteilung. Itzo merk ich, was der Schwager um 8 Uhr beim Liebenberg hat mit beraten; riecht alles stark nach Starhemberg und Kaplirs.
Auf den Basteien wimmelt's, sie graben und füllen die Schubkarren, dann warten sie. Was gibt's? Ich war auch oben mit meiner Schaufel und zwei Knechten vom Stall. Auf einmal ist der Liebenberg da, lupft als erster eine Scheibtruhen und stoßt sie, wohin man ihm's anzeigt, kippt sie aus zu einer Bettung. Alle freuen sich, klatschen, rufen und spucken in die Händ. War ein gestus vom Bürgermeister, aber ein guter; reden alle davon. Ist ein Eifer in sie gefahren, gleich als ob ihnen die Feuer im Umland in den Arsch brenneten. Im Februar, was hat der Contarini auf die Faulpelz geschimpft, hat

[4] Nur ständig bedrohte und entsprechend kampfbereite Festungen an den Reichsgrenzen hatten ihre Geschütze ständig in den Bettungen auf dem Wall, wo sie freilich mit der Zeit in Regen und Schnee verrotteten; die Festung Wien hatte, wie andere auch, ihre „Stücke" und den Vorrat an Palisaden in den trockenen Zeughäusern aufbewahrt, aus denen man sie erst bei unmittelbarer Gefahr hervorholte.

keiner mehr ein Werkzeug oder ein Stück Holz anrühren wollen, hat ihnen der Frost zu arg in die Finger gebissen. Es mangelt am Werkzeug, die Schmied haben alle Händ voll zu tun. Die Roß ziehen schon die ersten Kanonen den Wall hinauf. Gesehen haben den Starhemberg noch keine 200, aber spüren tut ihn ein jeder. Ist wie der lieb Gott.

Apropos: der Bischof Emmerich hat allen Geistlichen streng befohlen mitzuschanzen, und seind richtig schon etlich Dutzend bei der Arbeit zu sehen. Wien darf nit muslimisch werden, ruft er ihnen zu! Hat doch auch schon der Kollonitsch gesagt: Wer das Schwert *nicht* nimmt, kommt um – durch den Türkensabel, ein jeder weiß es.

Zum Abendbrot beim Entzbaum. Um drei war Ratssitzung im Zeughaus: Bis 4 in der Früh müssen 500 gesunde Inwohner vom alten Stuben- und Kärntnerviertel auf die Basteien zum Schanzen, alle Rösser seind zum Kanonenziehen abzustellen, der Rumormeister Motz übernimmt sie am Schweinemarkt (vor dem heutigen Palais Lobkowitz). *Auch* um 3 Uhr hat der Syndikus Hocke vom Steinernen Gang (einer Art Viadukt) im Rathaus herunter ein orationem an die Ledigen gehalten, was ihre Pflichten wären; stünden jedem täglich anderhalb Maß Wein und zwo Pfund Brot zu. Seind auch zu Devotion gegen den Kayser ermahnet worden, ihro Majestät würd ihrer nie vergessen.

In der Leopoldstadt, sagt der Schwager, wartet der Lothringen auf die Fußtruppen, General-Feldzeugmeister Graf Jakob Leslie führet sie, seind aber langsam. Schnell seind nur die Flüchtenden, das Rollen und Rasseln reißt nit ab. Fort mit Schaden, wer nit verteidigen will, soll gehen; mit halben Herzen stopft man keine Breschen, hat's in Kandia geheißen.

Muß mich schlafen legen. Zwei von denen Fensterdemolirern am Bischofspalais haben sie gefaßt, hatten sich beim Wein gebrüstet, itzt schanzen sie unter Aufsicht, daß ihnen das Bluet aus den Nägeln spritzt, der Bischof wollt sie nit härter bestrafft wissen.

Nun sitzen wir alle im selben Karren, müssen durch die nämliche Scheiße. Dominus nobiscum.

Freitag, 9. Juli

Dieser Tag ist für den Freiherrn persönlich durch zwei Fakten wichtig gewesen, die in der Vorbemerkung erwähnt sind und deshalb hier weggelassen werden: die Übersiedlung des Ehepaares Prämer aus der

Brigittenau in die Stadt und den Verkauf seiner Ochsenherde an die kaiserliche Kavallerie des Herzogs von Lothringen in der Leopoldstadt. Das Diarium notiert beides gleich zu Beginn und setzt dann fort:

Konnt's nit unterlassen, nachdem der Fourage-Meister mit mir beim Zahlmeister gewesen, mich auf der Suleika ein Weilchen durchs Lager zu bewegen; sie haben mit mir ihren Spaß gehabt, die Herren Dragoner und Kürassire, mir aber auch Respect erwiesen: hab ihnen den Ort wohl angesagt, da ich Aug und Fuß verloren. Tat mir gut, den Odeur von Pferd und Gezelt zu schnuppern, das Gemeng aus Leder, Stroh und Harn, dazu den Geruch von Eisen, Glut und rauchendem Huf bei denen Schmieden, den gustiösen Dunst um die Feldküch; item dem Lärm bei den Bagagewagen gelauschet, dem Gelachter in denen Kantinen und Marketendereyen, dem groben Geruff der Reiter und Stallknecht beim Waschen und Striegeln – han schier nimmer weg wölln.
Vor der Schlagbruggn eim Major ausm Schwarzwald begengt und mit ihme kritisch discurriret über der Stadt Chancen heut und morgen; sagt mein Landsmann am End: So einer was Geheimbes wölle geheimb halten, so dürft er's grad nur oim Officier anvertraue, alle andern, zufürderst die Herre Ziviliste, schwätzent alles glei us. Er hat nit unrecht, aber wann sie nit schwätzten, ha no, so fiel mei Chronica do um a Gutteil kärger us. Freue Dich also, Bruderherz, der lugenden Fenster, lauschenden Kellerlucken oder aufgesperrten Tormäuler, allwo die neuesten Zeitungen (Neuigkeiten) aus und ein flattern, gehet nix über eine gsunde Neugier, bsunders die meinige. Anders freylich hätt ich auch wieder nit Abend für Abend so viel klamme Finger vor lauter Federnhalten, und weniger Tintenfleck dran.
Sonst vom heutigen Tag wenig zu notiren. Vom Salzburger Bischofsfürsten 1000 Zentner Pulver zu Schiff angelangt, Geld schickt er keins, nit ums Verrecken. Im Basteigraben, im ausgedürrten Teil, machen sie über der Sohl neue caponnièren (gedeckte Laufgänge), die türckische Infanterie besser abzuwehren; tun auch fleissig Hütten und Häuslein vom Glacis wegputzen, wir brauchen frei Feld bis zur Vorstadt. Der Feind muß weggehalten werden von der Kontreskarp, und bricht er ein, muß man ihme von den caponnièren unterm Außenwall in den Buckel schießen, und macht er kehrt, in die Visage, und so auch aus den Laufgräben vor Kurtin und Bastion.
Unzählig viel Flüchtling, kaum daß die Tor frühmorgens aufknar-

ren. War ein Alarm heut: von der Wienerisch Neustadt her brennet schon alles bis zum Wienerberg (Spinnerin am Kreuz). Sind 200 Reiter auf die Höhen hinaus, recognoscendi causa, hernach noch 700; der Feueralarm war übertrieben, haben aber zwo Trupps Tataren und Türken gesichtet, sie bis gegen Neustadt gejagt und da glücklich niedergemacht, gottlob: der Kollonitsch will ja noch durchkommen mit seinem Troß.
Han es mit Schaufel und Karren versucht, vermocht's aber nit länger dann eine halbe Stund; muß auf was andres sinnen. In den Pulvermühlen würd mir die Arbeit auch bald zu hart, widerrät man sie mir, und im Zeughaus ist mir's zu langweilig. Bleibt nur Wache schieben; das kömmt noch. Han derweil mit der Suleika drei Faß Haustrunk (gewässerten Wein) auf den Wall vor den Mölkern (Melker Hof) hinauf und den Schanzern ausgeschenkt, ist aber kein Geschäft für mich, kommen genug Weibsleut, stehet denen solliches besser an.
Der Liebenberg ist noch einmal auf die Bastey, hat ein Stündle lang wacker mitgeschauflet, unweit von ihme der Augustiner-Provincial. Prälaten, Patres und Fratres geben ein gut Beispiel; nit alle freilich, murren oder seufzen etliche oder seind gar nit da, tun lieber daheim bußbeten. Im Kreuzgang bey den Augustinern aber knallt's und kracht's bis in die Vesperstund von der Mönchsbrüder Scheibenschießen. – Gestern war Parol: Leopold und Wien. – Seltsam, itzo schanzen auch schon Frauen und Maidlein mit denen Mannsleuten, ist als wär bereits die ganz Inwohnerschaft auf der Bastei; täuschet aber, sie müssen um Mittag schon wieder die Bürger mit Ober- und Untergewehr bei Straf zum Fähndl rufen und 1200 Ledige auf 2 Uhr ins Rathaus befehlen. Die Handelsgehilfen wollen eine eigene Compagnie, so kriegeten sie mehr zum essen; seyn arme Teufel: ihre Principale haben sie ohne jegliches Salär entlassen, weil sie schanzen gehen; der Dr. Hocke macht von ihnen eine Lista und der Stadtrat kömmt für sie auf. Jedes weltlich und geistlich Hauß muß mindest einen Mann zum Schanzen stellen und Palisadensetzen, sonst hohe Straff. Morgen 4 in der Früh alle Bürger vom Schotten-, Widmer- und Stubenviertel zum Schanzen! Ist rein, als wollt der Starhemberg das Versäumte in etlich Täg nachholen. Nachts schanzen sie im Fackelschein. Heut, hör ich, hat unser Stift (Schotten) einen Beschluß zu 4000 Gulden Verteidigungsbeitrag gefaßt. Ist ein Beispiel für die säumigen andern. Gut Nacht.
Itzt fällt mir's ein! Im leeren Stall beim Harrach drüben haben die

Zimmerer und Stellmacher (Wagner) zu Mittag Sagböck und Hackstöck aufgestellt, allerhand Leut zusammenbracht, die richten dort Holz auf Palisaden zu wie auch sonst in der Stadt, man braucht die Pfähl zu tausend und tausend. Da will ich mich dazueschlagen gleich morgen früh und auch mit dem Beil Pfähle spitzen. Da kann ich hocken und doch was tun. So will ich einschlafen, ob auch das ganze Wien nächtens brodelt, ruefft, haut, scharrt, rollt und trappelt; die einen schanzen, die andern fliehen. Sollen schon an die 60.000 aus der Stadt geflüchtet sein, scheint mir übertrieben. Wär schon die Halbscheid (Hälfte) traurig genug.

Samstag, 10. Juli

So bin ich denn seit der fünften Morgenstund im Harrachschen Stall vorm Hackstock gehocket und han Pfähl gespitzt, daß die Scharten davon geflogen. Ist zu Anfang ein lustige, nach ein paar Stunden aber saure Arbeit: einer stehet höher und satzt den Pfosten lotrecht auf den Stock, haltet fest, und der Sitzende führt das Beil. Sind unser dreißig, haben bequemlich Platz und singen ab und zu eins, trutzig und nit sehr fein. Der Krug mit Haustrunk gehet um, Pater Medard laßt uns nit dürsten, schickt auch einen Brotkorb herüber. Der Herzog von Lothringen, sagt mir einer von der Stadtguardia, so vorbeikömmt, seye mit der Armee von der Schütt-Insel herunter; die Infanterie marschire drenter der Donau auf Wien, so still sie nur kann, damit der Türckh sie ja nit spürt, soll nahe, teilweis schon da sein; hat den Kara Mustafa abschneiden wöllen, der aber ruckt westlich der Donau schnurgrad auf uns her. Hoffentlich merkt er nit, daß das Gros noch aussteht, befiehlt etwan Gewaltmärsch und kömmt an, bevor es da ist! Die Stadt könnt sich nit verteidigen mit kaum 40 Stuckh (Kanonen) in den Bettungen, und die Kontreskarp ohne Wert, der Pfähl ermangelnd. Oh, daß jedem von uns zwo Paar Händ wüchsen!

Parol ist heut: St. Nikolaus und Leitha. Über *den* Fluß soll vor zween Tagen ein Sultan Nureddin mit 15.000 Tataren den marschirenden Kayserlichen mit Höllengebrüll in den Hintern gefahren sein (bei Petronell), ist aber glücklicherweis auf Distanz gebracht und verjaget worden.

Um Mittag muß ich mich ein halb Stündle bewegen, wird mir sonst der Buckel steif. Bin das Mal hinum zum Starhemberg seim Palais (heute Ministerium für Unterricht, Minoritenplatz 5), möcht gern unsern Stadtkommandanten einmal personaliter sehen. Bin ihm lei-

der nit begegnet; aber nebenan bei den Fratres minores (Minoritenkloster), wen erspäh ich da? Den ehrwürdigen Graukopf Daniel Nessel, Hofbibliothecarius. Ist ein Freund von denen Schotten, also hab auch ich ihn kennen gelernt, ihm zuweilen einen Korb Obst oder ein Stück Schwarzwurzen (Rauchfleisch) übergeschickt, war immer recht dankbar. Itzt schnauft er reisefertig um einen Leiterwagen mit zwo Gäulen herum; ein Häuflein Novizen, so ihm mannshohe Kisten aufladen geholfen, gehet grad ins Kloster zurück, darin die kaiserliche Bibliothek einquartirt, und will der Nessel die Cimelien (besonders kostbare Bücher) wegschaffen; von der Hofkammer krieget er schnell genug kein Geld darfür, also hat er Fuhrwerk und Kutscher aus eigenem gemiethet, vom Ersparten, sagt er, die guette Haut – 120 Gulden hat er bezahlt, ist ein Vermögen! Gut eine Woche würd er wohl brauchen bis Passau, meint er, und so hör ich, daß der Kaiser gar nit zu Linz residiren wölle. Ich bitt den Herrn Bibliothecarius, mit doch einen Blick auf seine Ladung zu vergönnen, eh sie entschwindet, aber er winkt ab: sei alles schon zu fest vernagelt. Was er denn in der Mappe unter dem Arm trägt, will ich wissen. Die Ladeliste nebst einigen curiosis, antwortet er. Was denn für Kuriosa, insistir ich, und er gestehet, daß ihm der Hof-Archivarius ab und zu erlaubet, von der ein oder andern Urkund ein Copey anzufertigen ad usum litteratorum (zu gelahrtem Gebrauch). Eine davon wolle er mir, dem amigo, wohl zeigen; ziehet mich in den Schatten und kramt ein Schriftstuck herfür – den Brief des Sultans vom verwichenen März oder April, und ich halt wahrhaftig die Abschrift der indictio belli (Kriegserklärung) verteutscht in Handen; ist originaliter in Italiano abgefaßt und von A bis Z eine Anmaßung. Hab sie gelesen, doch mir den Text nit gantz einprägen mögen, weiß ihn nur ohngefähr genau:
„Ich, Mehmed, allmächtiger Kaiser von Babylon und Judäa, König aller Könige auf Erden und im Himmel, Großkönig von Arabien und Mauretanien, König von Jerusalem und Gebieter über das Grab des gekreuzigten Gottes der Ungläubigen, Ich komme zu Dir, römischer Caesar, und zu Dir, Pohlenkönig, um Dein Ländchen mit Krieg zu überziehen. Mit Mir seind 13 Könige sambt einer Million Fußvolk und Reiterei, die werden Dein winzigs Reichlein gnadlos mit Hufeisen zertreten, Dir und den Deinen mit Feuer und Schwert den Garaus machen. Erwarte Uns in Deiner Hauptstadt Wien, damit wir Dich, Caesar, dort köpfen und Dich, Königlein von Pohlen, darzu. Dein Reich, Leopold, gehört schon itzt nit mehr Dir,

Ich will alle Deine Anhänger, Du Giaur, Du letztes, schmutzigstes Geschöpf Gottes, grausam quälen und dann vom Erdenrund austilgen. Nur so lang sollst Du, Caesar, und Du, Sobieski, noch am Leben bleiben, bis Ihr Euch davon überzeugt habt, daß Ich dies alles zu erfüllen vermocht. Richtet Euch darnach. Gegeben im 26. Jahr meiner glorreichen Regierung."

Er hat freylich nit „Ich" geschrieben, sondern immer nur „Wir", die römisch-deutsche Majestät und die polnische aber im ordinären Singularis gedutzet.

Ich sag zum Nessel, man müßte das trucken lassen und die Zettel auf den Basteien verteilen, würde Mann und Weib in eine sölche Wut versetzen, daß sie gleich doppelt so heftig schanzen und schauflen. Er erschrickt, nimmt das Blatt an sich und meint, der Archivar tät ihm niemals verzeihen, daß er das wem anders zu lesen gegeben, itzt gar noch trucken und unters Volk bringen! Wo denn das Archiv und der Schatz hin wären, frag ich. Sind geborgen und in Sicherheit, mehr sagt er nit.[5] Und die kaiserliche Kunstkammer? Die bliebe da, in der Obhut des Herrn Hofkapellans und Kunstmalers Jan Anton van der Baren; er sagt den Namen so feierlich, als bürge der niederländisch Klang allein für den Schutz der teuren Gemäld und Abnormitäten.

Er steigt zum Kutscher auf, und ich bitt ihn, er solle auch mich aufsitzen lassen und bis zu den Schotten mitnehmen, ich würd ihm dort 50 Gulden mit auf die Reise geben; von *meinem* Ersparten, setz ich hinzu. Er ist sprachlos, redet bis zum Abschied kein längeres Wort mehr.

Hernach sitz ich wieder am Hackstock. Der Stadtwachter schaut herein auf einen Schluck und sagt, daß itzt zwischen Kärntner- und Stubentor auch bald die letzten stadtnahen Häuser samt Gärten, Salettln (Lusthäuschen) und Schuppen demoliret wären und 7 Compagnien Scherffenbergisch Fußvolck aus der Leopoldstadt hereinquartiret würden, denen Bürgern beim Schanzen helfen.

Abends auf ein Sprüngle zu den Prämerischen ins Hühnergässl, wie es ihnen geht. Hör, daß der Liebenberg aus Stadt-Rath und Stadt-

[5] Tatsächlich wurden die wertvollsten Stücke der Schatzkammer und die wichtigsten Dokumente durch den Kanzlisten Benedikt Geiger auf der Donau nach Linz und weiter nach Passau verbracht. In Tulln entging Geiger knapp der Gefahr, von Türken überfallen zu werden, in Oberösterreich hätten Bauern den Schatz gerne geplündert und konnten nur durch gutes Zureden davon abgehalten werden.

Karl V., „von Gottes Gnaden Herzog von Lothringen und Bar“ (1643–1690), Schwager Kaiser Leopolds I., Generalleutnant (Oberbefehlshaber) der kaiserlichen Armee, durch sein Feldherrentalent, seine Tapferkeit, nicht zuletzt aber auch durch seine noble Bescheidenheit eine der sympathischesten Persönlichkeiten des barocken Österreich.

Gericht *ein* corpus machen will, sollen gemeinsam Rath halten und hülfreich sein. Recht so; zwo Pferd, aber *eine* Deichsel.
Der Kara Mustafa soll mit der Armee in Hainburg schon halb durch sein.

Sonntag, 11. Juli

Von heut ist wenig zu melden, nur daß Schwechat, Laa und Inzersdorf in Aschen liegen. War in aller Fruh mitm telescopio auf der Stiftskirchen Turm: lauter Feuersbrünst rundum. Der Kollonitsch soll des Nachts mit seim Brottroß heil herinner die Stadt sein; frische Armee-Infanterie, aber noch nit das Gros, über die äußere Donau auf einer Schiffsbruckn in die Schotten-Au und zum Tabor hergerucket. Unser Stadtwachter kündt mir später, es wären wiederumb ihrer 7 Compagnien, bey 1000 Mann, etlich davon ohne Rast gleich zum Schanzen abkommandiret.
Auf der Mauer und überm Graben ist alles *eine* wimmelnd Baustell, die Palisaden wachsen Zeil für Zeil aus denen Künetten herfür, wütig angestampft und sorgsam geböscht, mit Ruten verflochten. Auf Biber- und Burgbastei sollen die Bettungen auch bald vollzählig seyn. – Vom vielen Flüchten haben wir itzt schon mehr Wohnung für die, so ausm Niederösterreichischen in die Stadt siedeln.
Geheimes Collegium und Magistrat haben dem gemeinen Volck befohlen, das Brennholz auch vor dem Stubentor in die Stadt zu schaffen, sie packen's auf und schleppen ohne Murren. Nit befohlen worden, aber freigestellt ist einem jeden, vom Töpfermarkt außer dem Neutor ohn Entgelt zu nehmen, was und wie viel eins will. „Unter den Färbern" heißt es dort, nit weit vom Fischerdörfl, wo dahinter meine Gründ anfangen; haben die Händler da einen Haufen Irdenes angefrachtet, Tontöpf, Krüg, Teller, Weitling, Nachtscherben, gestapelt zu Pyramiden wie in Ägypterland. Itzt jammern sie, sie seien ruinirt, und sind's auch, und die Hökerweiber schütteln die Fäust, indeß jung und alt den ganzen Tag das bunte Gut eilfertig davontragen, nit wenige buttenweis, als gält's ein Eindecken auf 100 Jahr. So viel Suppen, Milch, Mehl und Schmalz, als da dreingehen, gibt's in ganz Schlauraffenland nit, auch nit soviel zu brunzen. Werden sich in der Kuchl nit mehr rühren können vor lauter Gschirr; dumme Weiber.
Bei Neuburg (Klosterneuburg) bauen sie eine Schiffsbrucken. Des Abends in der Roßau 1000 halbe Kartaunkugeln angeländet, morgen ladet man sie aus.

Nach Feierabend noch auf einen Gruß zum Pater Medard in die Ökonomie. Wie ich eintret, sitzen da mit ihm und dem Pater Johann Jakob, Verwalter vom Melker Hof vis-à-vis, noch zwo andere Patres von drüben, lang in Sorgen vermißt: der Hofmeister Bernardus Zappler und Grundschreiber Henricus Purger, sein Adjunctus. Waren mit ihrem Abt von Melk in Sachen Zehentverpachtung auf denen Stiftsgütern unterm Manhartsberg, zuletzt in Ravelsbach und Wullersdorf; dortselbst hätt sie das Gerücht vom gäntzlichen Debakel dero Kayserlichen zu Petronell erreicht und bald drauf ein andres Geschrey, daß namlich ein Beamter vom Kardinal Bonvisi aus Ungarn da her in den Mölkerhof gekommen wär mit der Anzeig, sein Herr habe nach Melk geschickt, ein Schiff für ihn zu requirirn, dieweil ein ungeheuer Türckenheer im Anzug, die ungrischen Truppen aber abgefallen und Wien in der gegenwärtigsten Gefahr. Stellet sich, was den Kardinal und seinen Emissär angehet, als pure Mystificatio herauß.
Sie seien dann beide, Bernard und Heinrich, auf des Abtes Geheiß sofort über Radelbrunn, Weikersdorf, Rußbach, Gaisruck nach Tulln und zu Schiffe Wienwärts, damit der Mölkerhof in der Gefahr nit herrenlos blieb; ist's aber gar nit, sintemalen der Pater Sollicitator (Verwalter) dageblieben, warumb auch nit? Sie lachen. Ist dannoch eine schauderbare Wanderschaft gewesen bei dem vielen Fluchtfuhrwerk auf allen Straßen. Hätten die Entgegenfahrenden sie mehr als einmal beschworen, sie möchten doch um Christi Willen umkehren und nit in der falschen Richtung reisen, Wien sei umzingelt, die Tore zu, sie liefen in den gewissen Tod. Die Bauern im Land seien allen Klosterbrüdern und Pfaffen feindlich gesinnt, gäben ihnen nichts zu essen; auch streunten kayserliche Soldaten und Polackengesindel umher, plünderten, raubten, schreckten auch vor Brandlegung und Mord nit zurück. Aber sie hätten den ganzen Weg fleißig um Mut gebetet, und nun säßen sie da, mager, kraftlos, aber froh und ohne Furcht, wie nah der Türk auch seie.
In Wien ist's nit besser, fügt der Pater Sollicitator bei, die Priester würden außerhalb der Mauern von Soldaten ums Geld angefallen, ohne Respekt mit Mord bedroht, er ließe keinen mehr hinaus, schon gar nit zur Vorstadt hin, dort hätten sie erst vor etlich Täg beim Landmarschall Mill eingebrochen und alles gestohlen, kein Haus sei mehr sicher. Er habe schon zum Lothringer geschickt, vom Adjutanten aber zur Antwort bekommen, der Herzog könne solches alles denen Soldaten nit verbieten, weil sie es „von nöten" hätten!

Überall verlange man vom Klerus zu Unrecht Wegegelder unverschämt hoch und ließe die Priester auch in bürgerlich Kleydung nit in Frieden, man erkenne sie allemal sofort; wär not, sie legten Weiberkleider an und manche tun's auch, hätten dann aber erst recht keine Ruh nit. Hätt mir nit denkt, daß unsere Welt so gäch zusammenbricht, sagt der Johann Jakob voll der Melancholey; ist aber sonsten ein mehr vergnüglicher Mensch, beinah ein Schalk.
Pater Bernard will noch diesen Abend eine Epistel an seinen Prälaten schreiben und morgen nach Melk abgehen lassen, wenn's gelingt und er genug Talglichter vorfände, sagt er. Ich geh übern Hof in meine Kammer und bring ihm welche, auch einen frischen Kiel dazu.
Im Abraham-Orakel aber les ich: „Ach, seufzet der Soldat, sollen wir denn statt der Musketen den Weihwasserwedel gebrauchen? Statt der Trommel oder Trompeten die Glocken leutten? Kriegswesen ist ein andres Wesen; ein Soldat muß die Trommel rühren, muß die Bauern abschmiren, muß das Gewissen verliehren, muß die Leut verführen. Holla! Mein lieber Soldat, an diesem Muß verbrennst du das Maul; es muß *nit* sein, weil's anderst auch seyn kan. Kein Stand, in welchem die Fromkeit nit Bestand haben könnt."
Postscriptum: Von den siegreichen Reitern, sie wollen hinterm Wienerberg (am 9. Juli) 1300 niedergemacht haben, bin ich einen um Auskunft über der Tataren Wappnung angegangen; hab ja die Bande noch nie nähender gesehen. Itzt weiß ich's, sie führen lange Lanzen, jeder eine, manche noch Bogen und Pfeil, nie keiner ein Schießgewehr, macht ihnen das Handhaben zu viel Angst. Auch Säbel führen sie keine. Brandzeug aber, Fesselstrick und Axt haben alle dabei, dazu Futtersack und Kürbisflasche. Von der Strategie ahnt keiner was, seind keine Soldaten und ausdauernd nur ihre leichten Rösselein; die freylich sollen durch jed Dickicht dringen, starke Flüß nit scheuen und übers steilste Gefels und Geröll aufwärts klimmen. Möcht wohl ihrer einiger habhaft werden, eine Zucht damit anzufangen.

Montag, 12. Juli

Die Tartern streifen vom Laaerberg bis zur Neuen Favorita (dem kaiserlichen Lustschloß auf dem Areal des heutigen Theresianums, Favoritenstraße 15); haben ihr Wesen um St. Marx (3. Gemeindebezirk), sollen auch schon ums Hundsturm-Schloß (5. Bezirk) zu verspüren seyn. Bey Nacht lodert ein Feuer nachm andern auf, kann man das Näherrucken davon ablesen.

Kara Mustafa soll mit der tête der Armee bei Petronell lagern. Bei uns stehet der General Schultz mit seinen Dragonern (jenseits der großen Donau), biwakirt neben der Brucken. Viel Fußvolckh ruckt zur Stadt her und in die Kontreskarpen ein. Die Geistlichen schanzen brav. Vom Starhemberg heißt's, er habe dem Kaiser einen elenco (Verzeichnis) nachgesendet, wie viel Munition fehle und was nötig wäre.
Die Bürger gehen zu den Fähnlein wie's befohlen, aber nit alle; lassen sich immer etwelche krank melden und warten ab. Der Liebenberg und das Collegium werden sie schon gesund machen. Rector Magnificus Domherr Laurenz Grüner, Theologiae Doctor, Titular-Obrist, hat austrummeln lassen: bey denen Jesuiten (gemeint ist das Jesuitenkolleg am heutigen Seipel-Platz) wär eine Marien-Fahn aufgepflanzet, dort sollten die Herren Studiosi sich stellen zu einer Freikompagnie; kommen auch scharenweis aus ihren Bursen herbei. Man wird sie bewaffnen und ihnen Officiers zutheilen; gehet ein Gerücht, der Dr. Sorbait wölle sich ihnen als Hauptmann anbieten, hab's vom Entzbaum, war unter Mittag bei ihm.
Stadtkommandant Starhemberg hat den Proviant-Obercommissarius Heppel durchs Marchfeld bis an die mährische Grenz in Marsch gesetzet, es müsse alles Korn von dort nach Wien zu den Müllern, so lang drenter das Land von den Kayserlichen geschützt und die Straßen von den Tartern noch frei wären; bezahlt würde später, sie müßten vor der Hand Quittungen nehmen. Itzo kommen auf einmal vom Heppel Reiter melden, die Gutsherren weigerten sich. Also muß schnelle Soldateska hin und ihnen die Frucht gewaltsam wegführen. Ließen ihr Körndl wohl lieber dem Feind, Lumpen mit der Zackenkron! Unser Vater hätt ein solch Verweigern niemalen über sich vermocht. Schlag zu, Kommandante, in Kaysers und Dreiteufels Namen!
Magistrat und Geheimb Deputirten-Collegium ordnen das Quartirwesen, halten endslange concilia, werden doch schon die Wohnplätz enger herinner der Mauer. Ansonsten auf der Tagesordnung: Mundvorrat, Wein, Ochsenhäut für Schuhwerk und Sandsäck zu Parapetten (Brustwehren); item schwarz und weiß Brot backen und Semmeln austeilen lassen für die kämpfenden Ledigen, so nit aus eigenem Haushalt versorgbar; item der Korbflechter und Faßbinder erhöhete Pflichtarbeit. Ist ein difficil Umtun geworden, das Stadtverwalten. – Vor ein jeds Haus muß ein Wasserbottich hin, voll bis oben.

Han's versucht, vom Turm hernieder die postirten Stuckh (Kanonen) abzählen, gelingt mir aber nit, lug nit genug rundum! So wir alls vorhandene kaiserliche Gschütz obe habe würde uffm Wall, werden's 260 sein, dazu stücker 50 bürgerliche, meint ein blessirter Schwabendragoner auf der Bank vor einer Schankstuben, da ich zukehr. Mag stimmen. Er will mir auch was von eim Handschreiben flüstern, so der Kara Mustafa dem Starhemberg dieser Täg vorausgeschicket, des Inhalts: der Sultan hege ein Wohlwollen gegen die Völker Österreichs, sie würden ihn noch allesamt verehren, er verspreche jedem, der ihm gehorche, Frieden und ein guet Leben, sie sollten die Stadt vertrauend dem Friedenskaiser Mehmet und seinem Seraskier (Feldherrn) Mustafa öffnen. – Ich glaub das dem Dragoner nit recht, solcherlei Korrespondenz dünkt mich doch allzu albern. Han deme Herrn Landsmann den Trunk berappet; er hat den rechten Arm in der Schlingen, ein Pflaster übers halbe Gsicht und hinket als ich; Huftritt vom eigenen Gaul. Kömmt vor. – Ausm Simmeringer Bräuhaus der ehrwürdigen Frauen vom Himmelpfortkloster sollten 38 Eimer Bier kommen, weiß mein Medard; seind aber nur 20 mit Müh und Eil herein, der Rest sambt allem Geflügel dort blieben, viel Hundert Gäns, Anten, Hühner, alles in Türkenhänd gefallen.

Dienstag, 13. Juli

Wie das regulär Fußvolk gestern von der Schütt-Insel in die Leopoldstadt einzurucken begonnen, haben alle Wienerleut aufgeatmet; heut jauchzen sie, weil der General-Feldzeugmeister (Jakob Graf) Leslie mit dem Gros nachkömmt, müssen die Nacht durchmarschiret sein, kommen kein Minütl zu früh. 6000 Mann werden über die Mauern verteilt, dürfen da ein Stündle liege und schlafe. Gott straf mich, daß ich heut beim Palisadenspitzen nit ausdaurend gewesen, mußt immer wieder mit der Suleika schauen reiten oder aufm Schottenturm 's Fernröhrl cirkulirn lassen, bin ja ein Chroniste geworden, Gott verzeih mir's. – Endlich zerren sie auch die Kanonen mit Hüh und Hott der Reih nach aus den zween Zeughäusern hinauf zu den Bettungen, 's wird Zeit fürs Batterien formiren.
Im Morgengrauen ist endlich auch der Feind auf der Bühne erschienen – Applaus, Reverenz! Ist freilich nit die Stund für Spassettln, ich spür's recht in der Seel: 's kann uns hierorts anders an den Kragen gehen als wie unten auf der Insul Candia im Meer.
Er ist da! Wienerberg, St. Marx, Niklasdorf (Nikolsdorf), Schön-

brunn, Hietzing, Penzing, Hernals – ein prasselnd Feuer am andern. Um 10, 11 des Vormittags mehren sich die osmanischen Haufen, glitzern und färbeln alles meilenweit, kommen gewaltig mit Wagenzügen, mit ganzen Herden von Rössern, Kameelen, Büffeln, Ochsen, Schafen unzählbar. Gegen eins waren die Vortrupps am Gatterhölzl und Hundsturm (im 12. bezw. 5. Gemeindebezirk), sagt mir einer, der's vom Hofburgdach gesehen; für mein Aug war der Mittag zu dunstig. Aber daß sie Front gemacht haben gegen die Stadt, das merk ich; haben windschnell die Höhen gewonnen, wohl auch schon mit Stellungbauen angefangen, weil von den Dominikanern, von der Braun-, Kärntner- und Wasserkunstbastei auf einmal die Stuckh (Geschütze) zu spielen (zu feuern) begonnen; sollen die Scharen richtig für eine Weil von den Höhen retiriren gemacht haben!

In der Roßau hat ein Vortrupp (Reiterschwarm) die ganzen Inwohner zusammengebunden und in die Gefangenschaft geführet. Im Tal von St. Ulrich (am Rand des heutigen Bezirkes Neubau, damals vom Ottakringer Bach durchflossen) haben die Tartern Mann, Weib, Kind aus ihre Häuslen gepeitscht, auch die gleich wegführen wöllen; ist aber der Markgraf Ludwig (Markgraf Ludwig Wilhelm von Baden, der „Türkenlouis") mit seine krowotischen Reiter nit weitab gewesen, werffet sich mit einer oder zween Schwadronen auf die Sklavenfanger, haut sie zusammen und eskortiret die Geretteten bis vor die Mauer. Bin um die Stund grad zu den Schanzern auf die Burgbastei hinauf – mein, war das ein Jubeln und Agitiren (Winken). Mit nichts, als was sie am Leib gehabt, seind die Ulricher durchs Tor geloffen.

Den Halbmond hat der Moslem im Wappen, itzt legt er uns einen andern um den Hals: Laaerberg, Meidling, Breitensee, Ottakring, Weinhaus, Grinzing, Sievering, überall siedelt das fremde Volck herein in Waffen und Übermut; kunnt einem schon bang werden.

Unsere Kavallerie ist vor Mittag in die Kontreskarp eingeritten, auch in die Vorstadt, jagt die Vortrupps aus den Gassen. Duelle da und dort, dann Retraite (Rückzug) auf beiden Seiten.

Retraite auch für mich: hat mich der Fuß, lang ungeschont, der Maßen zu schmerzen begonnen, daß ich von der Bastey herunter gemußt, auf den Esel und heim. Hab mich legen müssen und einen tüchtigen Schluck Wacholder nehmen. Bin eingeschlafen. Aber nach einer Weil aufgeschreckt vom Laufen und Brüllen in der Gassen. Bin hupfender zum Fenster, aber gleich wieder zurück und in mein Stiefel; am Stock zum Tor hinaus: Rauch, Gestank, Prasseln, Feuerschein vom Neutor her. Überall ein Gerenn mit Spritzen, Feuerhaken und Eimern: die Bauholzstapel hätten Feuer bekommen, schreit mir einer, und die Stadeln daneben auch, kayserlich, städtisch, stiftisch; sollen an die 1000 Klafter Brennholz und bei 100 Fuhren Heu drinliegen.

Geh zur Kurtin hinauf bis an ein Guardia-Häusl, bitt um Einlaß, lug ausm Fenster und seh erstmals den Starhemberg aus der Näh: überm Neutor steht er auf der Münzbastei mit seine Generäl und beobacht das Löschen, ist Holz zum Verteidigen bald kostbarer dann Gold. Unter den Rennenden unten mit Spritzen und Haken seh ich den Liebenberg und seine Stadtkämmerer sich in die Eimerketten fügen. Es wirbelt Funken wie im Winter die Flocken, der Wind stehet her, macht heißer als die Sonnenhitz – und itzt erst schau ich über die Brandstatt hinaus und seh gleich auch den ganzen Umkreis voller Flammen: die Vorstadt brennt! Graf Starhemberg hat's befohlen, sie anzünden, der Türk soll an ihr keine Stützpunkt nit haben. Lerchenfeld, Krowoten Dörffl (an der Stelle des heutigen Spittelberg-Viertels im 7. Bezirk), Rottenhof (auf dem Areal des heutigen Palais Auersperg im 8. Bezirk, Auerspergstraße 1, an der sogenannten Lastenstraße), Burgfeld, Buchenfeld, Alsterstraß, Wahringerstraß, Lichtenwerd, Neuburgerstraß, die Schottenpoint – o mein liebster Bühel, mein Haus, 's ist hart zu denken –, alles *eine* Feuerzeil, *ein* Prasseln. Der Großvater im Guardiahaus, er ist zum Löschenhelfen zu alt, weiß mir zu berichten: es brennet von Weißgärbern, Erdberg und Landstraß über die Wieden sambt der Neuen Favorita, Laimgrub, Im Schöff (Mariahilf), St. Ulrich und von da hinunterwärts bis zu der Roßau, zum Lichtenwerd und Nußdorf zu.

Das ist itzo *unser* Halbmond. Den Leuten rundum wird's nit leicht in den Sinn kommen, etwan noch dem Starhemberg oder ein paaren von denen laufenden Pfaffen, mir aber zuckt's durchs Herz: Es ist wie in Troia, und müßt ein Vergilius her, das Geflamm und Getümmel zu beschreiben. Werden ja sehen, Herr Kara Mustafa, wem seine Welt früher zum Grund gehet, die Eure oder die unsre, Asia oder Europa.

Mir sperrt's die Kehl zu: die vielen schönen Paläst, Kirchen, Häuser dort drüben, mit Mobiliar, Mundvorrat, Wein, Heu, Zier-, Obstbäum, alles in Glut. An den Palisaden auf der Kontreskarp Militär zum Aufpassen, daß die Pfähl nit brennend würden; und dahinter,

Johann III. Sobieski (1629–1696), König von Polen, verstärkte mit seinen Truppen, vor allem mit der schlagkräftigen Reiterei, die deutschen Entsatzheere beträchtlich und trug wesentlich zum glücklichen Ausgang der Befreiungsschlacht am 12. September 1683 bei.

zwischen der mehrstenteils schon wegreitenden Kavallerie, ein Haufen Inwohner aus der Vorstadt, so noch geblieben und nunmehro mit etwelcher magerer Hab und Hausrat übers Glacis herlaufend und gestikulirend wie ein Pinkel Narren.
Die angesengten Stapel seind bewahrt, ingleichen die Stadel teilweis errettet – aber das Troia da drüben, ob das uns was nutzt? Ist denn nit auch ein verkohlt Haus ein Stützpunkt? Nit auch ein verbrennter Garten zum Stückbetten gut?
Hab zurück müssen auf mein Lager. Wie ich zu den Schotten komm, mauern sie am Freythof grad denen zwo Pulvertürm die letzten Gitterfenster und Luftlöcher zu. Bin dann ums Dunkelwerden noch einmal auf, den Tag ins Diario zu notiren. Der Medard hat nach mir geschaut, mir einen Bissen gebracht und sich das telescopio geborgt, will auf den Turm, Abt Schmitzberger mit ihm. Um Mitternacht kömmt er wieder; Vorstadt und Türkenfeuer brenneten noch lichterloh, verzählt er, und St. Stephans Turm schauet also illuminirt her, als möcht er von einwendig glühen. Der Abt, sagt mir der Medard, weiß es vom Kollonitsch, daß die Kavallerie in der Vorstadt ein Schriftstuck aufgefunden: ein Ultimatum vom Großwesir an den Herrn Grafen Starhemberg, er soll im Namen Mohammeds, des Propheten und Sohnes beider Monde, ingleichen im Namen des großmächtigen Türkenkaisers Mehmet, Königs aller Könige, die Stadt kampflos übergeben, so werde man jedermanns Leib und Besitztum schonen. Anders müßten sie alle, vom Größten bis zum Kleinsten, über die Klinge springen. – Hat also mein Schwabendragoner doch nicht gefaslet.

Mittwoch, 14. Juli

Schlag heut früh die Augen auf, wer steht vor mir in der Kammer – mein Dragoner. Er ist nit einsatzfähig mit seiner Blessur, und so schicken sie ihn als Meldegänger von der Insel in die Stadt und zurück, setzen ihn auch zum Recognosciren ein. Er hat mich ausfindig gemacht, freut sich und gibt meim Wacholder die Ehr. Die kayserlich Infanterie und Artillerie seien bis gestern Abend über die Donau herein und teils in die Kontreskarpen eingeruckt, informiret er mich und zählt auf: das ganze Starhembergische Regiment, das halbe Kayserstainsche, das Mannsfeldische, das Scherffenbergische mit dem Grafen persönlich, item das vom Grafen Souches, item das Beckische mit dem Freiherrn von Beck persönlich, 7 Compagnien vom Pfalzgrafen Neuburg, ein Halbregiment Heistersche mit Obrist von Heister an der Spitz, 's halbe Württembergische mit unserm Herzog Friedrich Carl nadirlich – er stehet uff, präsentirt mein Schnapsglas –, und dann wären noch 3 Compagnien vom Obrist Johann von Dihm gekommen, das Dupignysche Dragoner-Regiment mit Baron Dupigny, endlich 3 Compagnien Stadtguardia, so der Armee zugeteilt gewesen; die Stadtguardia unterstehe neama, wie voreinst, dem Starhemberg, sondern dem Obrist-Lieutnant Grafen Daun und dem Obrist-Wachtmeister Marchese Obizzi.

Ich sag ihm, er soll's gut sein lassen, aber er ist ohnedem schon zu End, hat alles brav vorbeiziehen gelassen, Garnison, Bürger und Zünftler überhapps dazugeschlagen: macht 20.000, sagt er und lacht. Wie stark ist der Goliath? frag ich, und er: Beim Lothringen drüben heißt's, 200.000 Mann. Also kommen auf einen David ihrer zehn, sag ich. Ha no, meint er, kratzt sich und trinkt.[6]

Ich erbitt mir des Dragoners Begleitung auf den Turm, soll mich ein wenig stützen. Von oben erschrecken wir beide schier: die Spitzen vom Feind seind über Nacht bis auf 200 Schritt an die Contrescarpa heran. Kotz Tüfl (Gottesteufel), die grabet und schanzet flott, knurrt mein Schwab, seynd uns im Tempo über. Hernach verzählet er was von zween Briefen, wo der Feind vergeblicher Weis deme Starhemberg zugeleitet habe, des Inhalts: wir sollten allesamt Islamiten werden, dem Sultan brav fronen und tributen, so würden Allah und der Großwesir uns verzeihen. Das Deputirten-Collegium spargiret (verbreitet) solche Zeitungen (Nachrichten) absichtlich ohne Verzug, die allgemeine Wut und Mut zu schüren. Mein Begleiter lacht, er weiß noch was: Ein heidnischer Oberst sei gestern ums Dunkelwerden bis ans Neutor herangeritten. Ich hätt einen Brief für euren König, habe er geschrien, vielleicht ein Ungar, der's

[6] Obwohl dem Verfasser und seinem Dragoner keine exakten Zahlen zur Verfügung stehen konnten, kamen ihre Schätzungen der Realität ziemlich nahe. Neuere Forschungen beziffern die Stärke des eigentlichen Belagerungsheeres mit 170.000 Mann, von denen jedoch nur rund 90.000 tatsächlich einsatzfähig gewesen sein sollen – die der Besatzung Wiens mit 16.000 Mann, davon 11.200 Soldaten (10.600 Infanteristen, 600 Kürassiere). Dazu kamen rund 5000 Bürgerwehrleute und freiwillige Streiter. Die auf die vermutliche Gesamtstärke der türkischen Truppen von 230.000 (manche sprechen von 248.000) fehlenden 60.000 Mann waren die Tatarenhorden, die, für den Belagerungskampf untauglich, weiterhin unter der „Führung" ihres Khan im Land „operierten": Brandstiftung, Mord, Raub. Kara Mustafas Troß zählte gleichfalls 60.000 Personen.

Deutsche kann. Ein Krowot, der's Ungarische kann, sei auf Befehl durchs Ausfalltürl und wollt den Wisch entgegennehmen. Aber der Oberst schreit: Distanz! und retirirt einen Schritt. Sagt der Krowot auf Ungarisch: Ha Narr, unser König ischt erschtens koi König, sundern a Kayser und zweytens net dahoim, kann dir drum au koi Antwort net gäbe, gohscht wäg oder i schoiß di übern Haufen! – No, a su gschwobelet werd a grod net hobe, der Krowot, wo's Ungrische verstoht.

Parol ist heut: St. Andre und Warschau; klingt wie ein Hülfruf. Das Türkenlager ist wahrlich ein Goliath: allein von den Schotten bis zum Alserbach *eine* Stadt aus Zelten – aber sie gehet west- und südwärts weiter: Sporkenbühel (Himmelpfortgrund), Hernals, Ottakring, Gumpendorf, Im Schöff (Mariahilf), Hundsturm, Laaerhölzl. Mein Dragoner ist ein gut Stück auf den Wällen rundum gewesen, bedeut mir, der Mustafa teile seine Hauptmacht in ein Dutzend Arme wie die Donau, alles zu umfangen und überfluten. Der Belägerungshalbmonde wären übrigens, exact verstanden, ihrer zweye: der eine von den Weißgärbern bis zur Roßau, der ander von Kaiser-Ebersdorf bis Nußdorf.

Das Deputirten-Collegium habe schleuniger zu arbeiten befohlen, sintemal der Feind die Vorstadt zu löschen unternommen und Schanzen aufgericht, wozu die Brandruinen ihme trefflich Deckung, ja Vorarbeit böten. Sei auch ein Befehl vom Starhemberg ausgetrummelt worden, die Schindeldächer abzutragen; soll's hereinregnen, immer besser Wasser als Feuer. Bei seinem palazzo haben sie auf der Stell anfangen gemußt mit Schindel abreißen, und noch heut wolle er die Palisaden an der gantzen Kontreskarp geschlossen sehen und die Passagen zwischen denen Posten ausgebauet. Will de facto das jahrlang Versäumte innert zweyen Tägen nachholen und ausbögeln, die Excellenz.

Scheinet, die Türken bauen das Hauptlager mit des Großwesirs Zeltburg bey St. Ulrich (Vorstadt auf dem Areal des heutigen 7. Bezirks), unweit vom Rottenhof (Auerspergpalais); haben im Krowotendörfl eine Batterie formiret, derweil aus kleinerem Geschütz, da haben sie Burgbastei und Löbel genau gegenüber. Die Vorstadt sei dort grausig ausgeplündert, ist ja nit alles verbrunnen, waren immer noch genug Leut und Sachen drinn; in Fischamend soll alles Brennholz, Bretter, Mehl *ein* Aschenhaufen sein, die Mühlstain vom Feuer zersprungen; auch Schloß und Garten Ebersdorf bis herunter zerstöret. Nur das Neugebäu (Neugebäude,

Simmeringer Hauptstraße 337) hat der Mustafa angeschaut und verschont, dieweil Sultan Süleiman da vor Zeiten (1529) sein Lager gehabt; gefällt ihm die (damalige) Pracht, hat Wachter hinpostirt. Heut vor einem Jahr hat der Pater Marco d'Aviano aus Wien Abschied genommen und versprochen, ich komme wieder. Ist aber nit da, vielleicht bei seinen Ordens-Oberen in Venedig oder beim Kaiser zu Passau? Dem Leopold ist er von Herzen lieb, er hat den Kapuziner schon einmal vom Papst gantzer für ihme (für sich allein) nach Wien haben wöllen, die Leut zu Spanien aber und sonstwo möchten den Pater halt auch besitzen. Hab ihn eynmal predigen hören, ihn mir darbey als Kreuzfahrer ins Morgenland vorgestellet, hat genau gepaßt. Wär gut, wir hätten ihn itzt bei uns, die Leut braucheten's; ist recht ein Pfaff für Feldlager und Kriegsrat der, tät denen Generälen und Fürstlichkeiten die Leviten schon lesen, wann sie gar zu sehr untereinand eifern, statt einig zu kämpfen.[7]

In der Leopoldstadt sitzt noch der Lothringen mitm Feldmarschall-Lieutenant Schultz, halten Verbindung zur Stadt. Ansonsten seind wir umcingelt. Der Lothringen verlegt das Kavallerie-Regiment Dupigny in die Stadt, sendet auch noch 1200 Mann Fußvolck herein. Aus Ungarn, hört man, stoßen Truppen links der Donau

[7] Der Herausgeber hält es für angebracht, an dieser Stelle einen Brief des Kaisers an Marco d'Aviano vom 3. April auszugsweise zu zitieren. Leopold schrieb damals, einen Monat vor der großen Heerschau bei Kittsee, südlich von Preßburg, an den Freund: „. . . Der Krieg ist mehr als sicher, und der Türke rückt heran mit einer Macht und einem so zahlreichen Heer, daß man seit hundert Jahren kein so zahlreiches mehr gesehen hat. Ich hingegen bin allein mit meiner Macht. Ich habe keine Hilfe, weder an Leuten noch an Geld, und doch ist es eine Sache, die die ganze Christenheit angeht! . . . Ich tue, was mir möglich ist, wenn Ich ein Heer von 40.000 Streitern zusammenbringe. Ich will mich persönlich zur Heerschau nach Preßburg begeben . . . Gern würde Ich an der Spitze des Heeres verbleiben, auch würde Ich gern mein Blut zur Ehre Jesu Christi vergießen. Aber da Ungarn ganz verschieden ist vom Reich, so daß man dort nicht sicher ist, und auch die Luft(!) sehr verschieden von jener, an welche ich mich gewöhnt habe, so bezahle Ich dies immer mit einer Todeskrankheit . . . Also werde Ich, nachdem ich die Dinge geordnet habe, zurückkehren und das Kommando Unserem guten Herzog von Lothringen überlassen . . . Ich hätte auch gewünscht, daß Euere Paternität mit Mir zum Heer kommen können, um demselben Ihren Segen zu spenden, aber da die Zeit kurz bemessen ist, fürchte Ich, daß Ich diesen Trost nicht werde haben können. Ich bitte Sie aber, mir für diese Zeit Ihre Benediktion zu senden, die Ich im Namen des Heeres empfangen will."

zum Heer, gestern 7000 Mann, die Halbscheid Pohlen vom Korps Lubomirski; sollen zur Stund 18 Regimenter im Sold des Kaisers stehen. – Heut früh hat der Pater Ökonom 10 Stück Rindvieh im Höfl vom Bauhof (am heutigen Lobkowitzplatz) eingestellt, will Pöckelfleisch machen. Er verkauft die Frischmilch das Maß noch um 10 Kreutzer, und mariniret All und Hechten für die Fasttäg; die Eier aber steigen im Preis vom einen Tag zum andern.
Bin dann eine Weil zum Pfählspitzen hinüber, aber bald wieder heim, weil um Mittag zwei Küh zum Kalbern waren und ich denen Knechten dabei helfen gewollt. Itzt sitz ich und schreib auf, was mir der Morgen gebracht; muß rasten, han den Stiefel abgeschnallt, werd ihn bald wieder müssen reparirn lassen. Vom Harrach-Stall auf ein Sprüngl in die Stiftskirchen zu meiner Heiligen; ein Minütl geschaut. Das klein niedlich Standbild Unserer Lieben Frau zu den Schotten haben die Brüder an ein sichern Ort gethan; hat ihre Fürbitt, sagen sie, einstmals die Schweden in der Schotten-Au (Brigittenau) umkehren gemacht (April 1645), so hilft Sie uns, will's Gott, auch gegen den Erbfeind. Vedremo.

Donnerstag, 15. Juli

Hätt mir nimmer denkt, ich würd den heutigen Tag in einer gantz mir fremden Kammer bei denen Mölkern-Nachbarn niederschreiben müssen – was ist uns beschehen? Ei ja, gar viel Grausambs. – Bin freylich schon der Maßen rasch accomodiret, daß ich wie gewohnter Weis bin vorhin mitm Frühlicht zum Wall hinauf gehumplet, Umschau halten: ist die feindliche Zeltstadt, scheint's, komplet und voller Bewegung, aber schon fest aufm Fleck: lauter schneeweiße, rote, graue, grüne Spitzhüteln mit breiteren, viereckerten dazwischen, unzählbar im Sonnenschein wie der Sand am Meer, muß es so sagen. Die Laufgräben und festen Plätz seind manchenorts wiederum ein Stückl nähender an die Palisaden (der Kontreskarpe) heran, bei 60, 70 Schritt. Ab und zu böllert was übers Glacis her, trifft aber zu kurz und der Dreck spritzt auf; sie schießen sich ein. –
Bin dann heim, das ist anitzo da in der Mölkerbrüder Hof, und wiederumb aufs Bett, ist mir seit gestern speiübel, tu fasten, ein bißle was lesen, viel schlafe. Der Medard kömmt mich mit seim Nußschnaps kurirn.
Tritt ich einmal zum Auslüften ein Schrittl ausm Tor, ist alles ringsum *eine* rauchende, nachzüngelnde, stinkende Brandstatt: Schottenhof, Stift, Harrachhaus, Traunhaus, das Palffysche, das

Auerspergische – alles. Den Vogelsang (Freyung) hinab bis zum Heidenschuß, die Strauchgassen herüber zu der Herrengassen und herauf bis zum Landhaus nix wie geschwärzt Gemäuer, verkohlt Dachgestühl, glühend Schornstain. Hat Arbeit gekostet, den Mölkerhof vor gleichem Unheil zu beschirmen. Haben samt meiner der Medard und noch ein paar Konventualen (Schottenbrüder) da über der Straß herüben Aufnahm gefunden spätnachts; haben grad nur ihre Brevir retten mögen (können). –

Wie hat sich's bloß alles zugetragen am gestrigen Tag? Der Reih nach: Ich war beim Medard zum Mittagbrot. Wir bereden noch dies und das, auf einmal schreit es: Feuer! Feurioh! Wir aus der Tür, und da schlagen schon die Flammen aus Stadel und Meierhof und ich weiß im selben Augenblick: es ist alles verloren, mein und Medards Vieh, seine und meine Frucht, Heu, Streu, Gerät, alles. Ich schrei zwei Knechten, befehl dem einen, mir um Goldes und Gottes Lohn die Suleika zu salviren und was vom Viech etwan noch nit erstickt wär. Mit dem andern Knechtl lauff ich in die Kammer, breit das Bettuch auf die Dielen, tu Bücher, Schrift, Fernrohr, Geldbeuteln und ein weniges Gwand hinein; wir lupfen den Pinkel, und raus! Der andere Knecht hat richtig 6 Küh, 2 Kalm (Kälber) und – meine Suleika ins Freie zerren mögen; also pack ich die am Strick, und hinüber zu den Mölkern, find einen Winkel für mein Tierlein und die Sachen, und zurück!

Schlagt mir schon im Tor der Feuerwind ins Gsicht, und das Volck rennet in Confusion. Soldaten kommen vom Wall herunter, vom Ravelin herein, schleppen Wasser, Eimer, Spritzen – zu spat, der Schottenhof ist verloren. Aber 40 Schritt neben dem Stadel ist die Mauer vom Arsenal, da liegen bei 1800 Faß Pulver drin, 1000 Faß Mehl, mehr dann 1000 Klafter Buchen- und Weichholz staubtrokken von der Julihitz, vieltausend Karthaunenkugeln und andre Munition. Und nit weit davon die Pulvertürm am Neutor! Und der Rote Turm voller Pulver ist auch nit grad weit. Wenn das aufkracht, fliegt ein Dritteil von Wien in die Luft, und der Goliath braucht nur hereinspazirn und den David austilgen. Der Wind steht aufs Arsenal her, alles rennt und keuchet dortenhin, ich auch. Ein Trupp Kavallerie kommt im Galopp, voraus der andere Graf Starhemberg, des Kommandanten Bruder Guido. Der sitzt ab, packt zwo volle Wasserkübel, schütt sie eigenhändig mit Kraft auf die zunächsten Pulversäck und die brennenden Fensterleisten, seine Leut eifern ihm nach, er schreit in einem fort nach dem Zeugmeister Kunibert,

Wenzelsberg heißt er; der ist gleich da, findt aber in der Aufregung die Schlüssel zum Magazin nit, jammert, weil der Gang zum Pulverlager aus eitel Holz ist. Endlich jagt der Graf Serényi mitm Hauptmann Heistermann und dem Liebenberg eine Kompagnie Bürgerwehr daher, sie teilen Zimmerer, Maurer, Schornsteinfeger zum Löschen ein, und der Graf Guido zieht vom Leder und treibt mit der flachen Klingen alles zusammen, was Füß hat, und zum Lager hin, wo die Fensterstöck oberhalb vom Haupt-Pulvergwölb gegen die Bastei zu in Flammen stehen. Sie reißen den Gang ein, brechen das Tor auf, am Boden hin fluscht schon ein Quentl Pulver auf; sie spritzen, schlagen's und treten's aus, und der Graf Guido treibt die Leut wiederumb mit Degenhieben hinzu, und sie müssen die glosenden Fenster zumauren und zumörtln. Und was tu *ich* Krüppel? Gaffen därf ich. Erst wie zwo Soldaten im Rauch ohnmächtig hinschlagen und sich keiner drum kümmert, gibt's was: ich greif einen leeren Karren, lad die armen Hund auf und bring sie ins Hofspital (Kaiserspital, Schauflergasse); ein Bub hat mir für 2 Kreuzer schieben geholfen.
In der Roßau hat's zur gleichen Stund gebrannt, aber von dorther hat kein Fünklein herfliegen können; also war's ein gelegt Feuer, meinen die Leut; war alles wimmelschwarz vor Menschen in denen Gassen, alle halb wahnsinnig vor Zorn und Voreiligkeit; schreien und halten jeden, so ungrisch oder krowotisch gekleidet, für den Brandstifter, schlagen auch gleich ihrer zweye krumm und krank, bedrohen alle Klosterbrüder mit Totschlag, und wie itzt auf einmal der „Baron Zwiefel" dahertanzt, Thanon heißt er in Wahrheit, und Peter im Vornam, ein Spinner und Schmarotzer, so sich von einem Adels- und Bürgertisch zum andern durchfuttert und kriegt er nix, ledig von Zwiebeln lebt, sagt er – und wie alsdann der Spaßvogel sein Terzerol (Taschenpistole) zieht und in die Flammen hineinschießt, als könnt man auch auf die Weis Feuer löschen, gehen die Leut her und erschlagen ihn auf der Stell; er muckst sich nimmer. Dauert nit lang, taucht ein blutjunger rennender Mensch in Weiberkleidern auf, keiner weiß, warum und woher; war vielleicht toll oder gar einer von die Milchbart-Marketenderinnen, denen die Herren Feinschmecker gern unter den Weibskittel greifen, wohl wissend, dort ein stramm Männlein vorzufinden. Aus welchem Winkel der im Tumult entsprungen, bleibet ein Rätsel, den Rasenden aber gilt er im Nu für den Brandstifter, muß mit *einem* Hieb aufs Pflaster; er kniet, betet zu Jesus und Maria, fleht um

Papst Innozenz XI. (1611–1689) unterstützte den Kaiser nicht nur moralisch und diplomatisch, sondern auch finanziell in einem Umfang, der zum Sieg über die Türken vor Wien entscheidend beitrug. Innozenz, die Republik Venedig und der Kurfürst von Bayern zählten zu Leopolds verläßlichsten Freunden.

Gnad, beteuert seine Unschuld und schreit, wie sie ihm den Schädel einschlagen, so gräßlich, daß ich mich hab durchs Gewühl puffen und, die Händ vor die Ohren, übergeben müssen. Weiß selber nit, was mit mir los ist; würg mich halb tot.
Und noch was war: Logiret im Dreihacken-Haus am Brandort ein slowakischer Amtmann auf Reisen, Baron Zweyer mit Namen, ist aus Schemnitz; will sein Geld, Proviant, Bekleidung und sein Weibspersönchen zum Kärntnerviertel hinüber salvieren, hat aber leidergotts ein glühend Holztrumm aufs Wagendach liegen gekriegt, also muß *er* der Brandstifter seyn; ihm nach! Am Graben haben sie ihn gefaßt, das Weib vom Wagen gerissen und eingelocht, dann die Gepäckstück erst in den Dreck geschmissen, hernach gestohlen, und der Amtmann, zerkratzt und zerzaust, hat auf der Stadtguardia viel hundert Gulden hinzählen müssen zum Unschuldsbeweis.
Sonderbar: von 1 bis 4 war der Hauptbrand, und in denen dreien Stunden war nit *ein* Soldat am Schottentor. Hätt der Feind mit etlich 100 Mann Vortrupp leicht die Stadt in Verwirrnus stürzen und mitm Gros siegreich nachstoßen mögen. – Der obdachlos Abt Schmitzberger (Johannes XI.) hat bei denen Augustiner-Chorherren im Dorothea-Kloster (Dorotheergasse 17) Wohnung gekriegt, dem Prior aber hat unser Herr Bürgermeister Andre Liebenberg bei ihme selbsten im Hohen Haus (Am Hof 7) ein Unterschlupfen offeriret.
Mueß itzo um die neunt Abendstund seyn; ist gählings ein wol vertraut Dunnerwetter losbrochen aus der klaren Nacht: das Bombardement! Hat alsdann die Kanonad angefangen. Unsere Karthaunen Schlangen, Haubitzen tun denen in der Vorstadt und am Glacis Bescheid. Sind auch schon Mörser dazwischen, dünkt mich. – Ist mir grad vorhin ein bißle besser gewesen, so bin ich die paar Schritt zur Kirchen hinum; den Turm hat's erwischt: die Glocken gantz durchs Gemäuer hinabgeschmolzen bis ins Erdreich. Sonst hat mehr das Dach dran glauben müssen, das Staingewölb über Schiff und Altar ist passabel fest; im Oratorium seind wohl etlich Bilder verbrennt, aber das hohe Gemäld ist bis auf ein paar Sengfleck und Splitterlöchlein erhalten. Ich tret hinzu und find meine Bärbel unversehrt dastehn, mit dem Kelch in der Hand. Wär beinah hingekniet.

Freitag, 16. Juli

Gestern Nußgeist, itzt Kräuter-Trankl, weil heut sich der Pater Verwalter von den Mölkern um mein Eingeweide sorgt. Ums Abenddämmern hat er, der Johann Jakob, wiederum vorbeigeschaut, sich zu mir gehockt und geschwatzt. Geordnet reden tut er grad nit, purzelt alles durcheinand, und so schreib ich's, wieder allein, in seiner Weis da auf, mir zum Spaß, ob auch das Bombardement als accompagnamento grad nit spaßig ist. Der Feuerkugelschein (Brandbomben) blitzt durchs Fensterglas, es scheppert und der Boden kommt in die Vibration. Also, was berichtet mein Pater:

Zwölf Kanonen (es waren die ersten großen türkischen Batterien auf der Anhöhe hinter dem Krowotendörfl und in der Gegend des Rottenhofes) donnern gegen Löbel- und Mölkerbastion; von den Unseren müssen ein paar Stuckh (Kanonen) ausgewechselt werden, und die Kommissare plagen den Hofmeister, legen ihm zu dem Leutnant und dem Fähndrich vom Alt-Starhembergischen Regiment mit 3 Dienern und 9 Roß noch etliche dazu, so bei euch drüben im Schottenhof gelegen – ins quartirbefreite Haus! Es gibt kein Recht mehr; sie befehlen, wir müßten alle Völkher (Soldaten aller Regimenter) aufnehmen. Und der Lothringen ist schon samt Reiterei und Fußvolk über die Donau weg und adieu, hat Schlagbrucken und Donaubrucken hinter ihme verbrennt, ein Teil Häuser mitm roten Hähnl gschmückt, und der Arm (Donaukanal) führt Niederwasser, waten die Turbaniten auf die Insul und attackiren ihm die Nachhut, setzen gleich den ganzen Unteren Werd in Brand: Möbel, Holz, Heu war noch genug da, hat man ja denen Inwohnern, arme Ludern, fürgemacht, die Insul würd ewig gehalten – ein Schmarrn; zum Bisenberg (Bisamberg) geht's dahin, nach Jedlesee, Stammersdorf oder wo hinaus, können sich ja die Kayserlichen bequemlich aus Böhmen verköstigen, *die* werden nit Hunger leiden, aber *wir* oder nit? Fiat voluntas Dei . . . Ich frag ihn um den höllenmäßigen Knall, den's um 3 oder 4 Uhr nach Mittag gegeben hat, war enorm. Ah, macht er, ist nur vom Rottenhof eine Bomben ins Oberstkämmerer-Graf-Dietrichstainsche Haus hineingfallen mit viel Gewums und wenig Schaden; sie sagen, *diese* wär ganz gewiß die allererst Feindbomben gewesen – o Gott, werden die domini Hausherren doch nit am End noch rauffend werden, wer als erster was Brennends aufs Dach gekriegt, ist ein wahrer Ehrgeiz das! Bei der Wasserkunstbastei (zwischen der heutigen Schelling- und der Mahlerstraße) ist eine neue Pulvermühl angefahren, stinkt weitum, und's Burgtor zum Ravelin hin ist stark verbollwerkt, die Brucken übern Graben zuvor abgerissen; wann unser Leutnant mitm Fähndrich vom Bluthandwerk heimfindt ins Rasten, saufen beide und plaudern, so hab ich immer die neueste Zeitung (Nachricht) . . . Er ist ein Kauz, der Johann Jakob; lacht über den Befehl vom Geheimben Deputirten-Collegium: die Herren Hofbarbirer möchten gefälligst vom hohen Roß herunter und auch den gewöhnlichen Verwundeten, die nit blau blüten täten, Hülf leisten, weil die bürgerlichen und die armen Schweine von Regimentsbarbirern ohnedem alle Händ voll zu tun hätten. Der Stadtrat stellt neue Feuerspritzen, Wasserschläuch, Ledereimer und Schäff sammt der Mannschaft, und die Weibsleut, so ist austrummelt worden, müssen Wasser pumpen und die Trög von denen Röhrenbrunnen Am Hof, Graben, Hoher Markt und Mehlmarkt (Neuer Markt) auffüllen, es rinnet nimmer, der Feind hat die Röhrn ausgegraben, und die Hausherren und Parteien sambt der Geistlichkeit müssen bei Straff Listen machen, wer bei ihnen logiret und sich etwan abstiehlt (versteckt). Die Augustinerbrüder haben den Starhemberg bitt, er soll das hölzern Komödihaus aufm Burgwall (das Opernhaus des Kaisers am heutigen Burggarten) demoliren lassen, seye das Dach mit Öl getränkt und daß bishero von die draufgefallenen Feindbomben noch keine eine Brunst verursachet, das reine Wunder. Bei den Augustinern liegen in einer Klosterzell 8 oder 10 Soldaten, ein Schafpferch. Sie werden vom Komödihaus die Tragsäulen durchschneiden, dann rumpelt's von selber zusammen – Holzvorrat! – Laufgräben haben sie in der Vorstadt oben schon viel ausgehoben, die Vermaledeiten, genau vis-à-vis von der Burg, sie nehmen darzu die Christen, müssen saumäßig roboten, die dummen Ludern, was sind's nit geflüchtet zur rechten Zeit? – Ha, und in der Lucken (Ansiedlung) von St. Michael fallt gestern unweit von der Kirchen eine Bomben ein, war wiederum die allererst, aber dort spielt aufm Boden ein dreijahrigs Kindl um die Mutter herum, sieht's und löscht den brennenden Zunder mit – nit, was der Freiherr vielleicht glauben –, nein, mit eim Häferl Wasser, was sagst itzo, ha? Der Augustinerturm hat in der Höh Beschuß kriegt, weil die Fratres dorten Auslug gehalten. Ja, ja, und die ganze Leopoldstadt samt der Prater-Insul steht also in Flammen, wir seind cernirt, Herr Baron. Wann die Türken von dort durchs Niederwasser herwaten, könnten's einen Handstreich gegen die Festung machen, meint der Leutnant, aber der Guido Starhemberg mit der Artillerie dort unten

erlaubt's ihnen nit. Die ganz wirkliche erste Feindbomben, so eingeflogen, ist aber beim Grünen-Kranz-Haus (Ecke Spiegelgasse-Dorotheergasse) niedergekracht, 32 Pfund, und zerplatzt. Sie haben die Trümmer zusammengeklaubt, zusammengeklebt, mit Weihrauch und Wasser weihen lassen und – retour! Spielerei. Itzt ist's auch heraus, wer von uns Klosterbrüdern die ersten Spitäler, pardon, Lazarette aufmachen muß: Fratres minores (Minoriten), St. Augustin, Dominikaner. Die Toten kommen in den Vogelsang (alter Name des Friedhofs der Schotten auf der Freyung) . . . Ja, akkurat so schwätzet er dahin, mein lieber Johann Jakob; Formator heißt er im Zunam, nur daß ich's vermerk.
Ist später noch einmal zu mir herein, außer sich: Man hat ungarisch Gekleidete auf der Straßen ohne Prozeß geköpft, die Köpf auf Stangen gesteckt, und itzt tragen sie die Bluthäupter in den Straßen herum, der Pater Bernardus hat es selber gesehen, und die Leut schreien darzu: Die da haben uns den Feind ins Land geholt, die setzen den Luther und Tököly über Kaiser und Papst! – Es ist der Pöbel, calmir ich ihn, und wir schweigen ein Minütl, lauschen dem Geschützmurren. Den toten Baron Zwiefel, fängt er wieder an, haben sie vorgestern noch bis zum Peters-Freythof geschleift, ihn nackend ausgezogen, abgehäutet und die Gliedmaßen ausgerissen, dann den Leichnam an der Mauer verscharrt. Ich bitt den Johann Jakob, er soll um der Barmherzigkeit willen nix mehr erzählen; er nickt und wendet sich. Vor der Tür dreht er sich plötzlich her und advisiret (berichtet) mir, daß den Starhemberg beim Rundgang über die Basteien ein Steinsplitter so scharf getroffen, daß sie ihn in Spital- und hernach in Hauspfleg haben bringen müssen und der Dr. Sorbait zweimal des Tags nach ihme schauet. Er macht ein gschwindes Kreuz, faltet die Händ und murmelt ein Gebetl, bevor er die Tür von außen zumacht; geht ihm alles nah, dem Pater Verwalter, aber er will's nit zeigen.
Graf Rüdiger verwundet! Könnt ja auch gefallen sein – was dann?
Mittnacht. Han vernommen von eim Ausfall bey der Löbelbastion, viel Türken tot, wenig Unsere, und habe zu selbiger Nachtzeit itzt ein Feindgeschoß in die neue Burg ein Mordstrumm Breschen geschlagen, ohne Brunst (Feuer).

Samstag, 17. Juli

Ein mehr ruhiger Tag gewesen. Bei den Barmherzigen (Brüdern) am Tabor und bei den Karmelitern hat sich der Türckh mit Tag und

Nacht schaufeln in die Brandstätten eingesenkt, disponiret von da das Geschütz auf Fleischmarkt und Roten Turm zu. Seltsam, wann die eigene Mauer zum Kerker geworden und nirgend mehr ein Loch ins Land. An jeder Ecken triffst du itzt einen Dummkopf, der den Lothringen tadelt: er habe die Leopoldstadt preisgegeben, anstatt mit den Truppen bei uns zu bleiben und uns den Weg ins Böhmische zu Brot und Fleisch freizuhalten. Sie bedenken nit, daß der Tököly mit seine Ungarn, falls der Lothringen dageblieben wär, links der Donau eine testa (Brückenkopf) installirn und den ganzen Strich (die ganze Gegend) dort drüben sambt dem Marchfeld besetzen kunnt. Ist schon besser, die Kayserlichen bleiben nördlich und beweglich und verjagen den Teufel, anstatt sie sitzen auf der Insul gefangen oder verschleißen sich mit uns in der Festung. – Begegnet mir in den Tuchlauben der Baron L., laßt den Nipf hängen und seufzt: Nun ist unser Wien eingeschlossen wie das Kindlein im Mutterleib! Ein unsinnig Vergleich; wollt, wir wären so geborgen. War nie ein Kirchenlicht, der L.
Bin noch knieweich, han mich aber ein bißle vom Fenster über dem Lusthaus (dem Ausguck der Melker Mönche über Gärtlein und Bastei auf das Glacis) und hernach mit der Suleika aufm Wall oben umschauen müssen. Auf den Bollwerken Infanterie-Verstärkung; den Türken war das Laufgräben machen gestern gestört worden, hör ich, hätten aber dennoch die Approchen (Annäherungsgräben) verbreitern und verlängern gekunnt. Wir werffen Handgranaten und schicken bey Tag mehr Bomben hinüber, Stain tuen wenig Würkung, sintemalen die Ludern über die offenen Gräben Balken und Pfosten legen. Ein bayerischer Konstäbler saget mir, sie schöben zwischen die Batterien innert Krowotendörfl und Alserbach – gegenüber Löbel und Burg – an die 30 Stuckh ein; ich seh's durch mein Röhrl, laß den Kameraden auch einmal durchgucken: Das gibt eine säuisch breite Batterie, murrt er, ist jedem klar, wo der Hauptangriff kömmt. Mir wird weh beim Hinüberschauen. Dort links ist St. Ulrich, da bin ich mit der Barbara am Ottakringer Bach entlang gefahren, und da draußen das Lerchenfeld, kenn jeden Handbreit Ackers dort, jeden Stain, jeden Pfad; ist wohl schon alles verwüstet, Hafer und Flachs verbrunnen.
Schneidigkeit kann man dem Kara Mustafa nit absprechen, auch nit Gottvertrauen: ist er nit am Nachmittag mitten durchs Wiener Wasser (Donaukanal) zur Tabor-Au geritten, dicht an der verkohlten Schlagbrucken hin? Achtet nit unserer Flinten- und Musketen-

schüß, soll drüben den Rest vom Augartenschloß visitiret haben, auch die verbrennte große Donaubrück; und nimmt hernach den Rückweg über die türkische Notbrucken in die Vorstadt, spekulirt durchs Fernröhrl zu uns her und reit auf Schußnäh bequemlich unterhalb der Mauer hin. War freilich ein Gewurrl von gut drei Dutzend Janitscharen als Leibschutz um ihn.
Gestern haben sie bey uns drei Schnellgalgen aufgericht, einen im Vogelsang, einen bei der Schranne (Stadtgerichtshaus am Hohen Markt), einen auf dem Mehlmarkt (Neuer Markt). Die letzten Glutnester bei den Schotten seind erst heut verloschen. Hab meinen Knechten befohlen, sie sollten in der Ruine mit Holz einen Unterstand fürs gerettete Vieh machen, etwan auch ein Regendach zu einer Werkstatt fürs Korbflechten oder Pfählespitzen. – Mittags zum Entzbaum hinüber. Das Pulver wird nunmehro aus dem Arsenal hinaus in die Klöster verteilet: Jesuiten, Dominikaner, Franziskaner, St. Peter, Magdalens-Kapell am Stephans-Freythof, auch in den Regensburger Hof am Lugeck, wo die Handelsleut und Lagerhalter zusammenkommen; wird alles eingemauret und Wachter davor. Eine Anzahl Bürger „ohne bestimmte Verrichtung" müssen dem Starhemberg sich zur Verfügung halten für Eventualitäten, dazu Zimmerer, Schlosser, Maurer, Körbflechter für die Fortification. Die Schuster sollen Schuh machen für die Soldaten, aber genügend viel, seind vom Schanzen teilweis zu befreien. Item darf der Unrat vom geschlachteten Vieh nit mehr in die Gassen geschüttet und geschmissen werden, ist in Kellern und Gewölben zu vergraben, stinket zu arg. Allerlei verendet Viehzeug soll der Scharfrichter vertilgen, und die städtischen Schlächter müssen ihren Abfall beim Roten Turm ins Wasser (des Donaukanals) schütten. – Den ganzen Tag trommeln sie irgendwas aus.
Vor den Dominikanern war ein Tumult: sie haben einen verloffenen Türken gefangen und lebendig geschunden. Ums Abendwerden ist das Allah-Allah-Rufen und Hu-hu-hu-Geschrei in denen Lauffgräben ganz schröcklich anzuhören.
Um Mitternacht: Vor einer Stund haben sie den Starhembergischen Leutnant vom Ravelin zu uns herein, mit einer Bleischußwunden am Kopf; siehet bös aus. Der Pater Verwalter hat mich ausm Bett gholt, hab den Kameraden notdürftig verpflastert, blütet stark; bin rennender zur Bastei hin, hab auch einen lausigen Bader erwischt, ihn mit Geld und Anschreien bis zum Patienten bugsiret; hat erst nit wöllen, 's wär nit sein Rayon, sagt er, bin ich ihm aber gekommen!

Sonntag, 18. Juli

Der Leutnant fiebert, ich schau nach ihm, bring ihm Essen und Wein; die Wunde spuckt Knochenparticula aus. Die Bleikugel, erzählt er, hab ihn aus der völligen Nachtstill angeflogen und geworffen. Er hat die Wacht an der Elends-Bastei kommandirt, dieweil nebenan am Neutor ein frisch Bollwerk aufgericht würd mit Tag- und Nachtschicht. In der Leopoldstadt schanzten die Türken wie verrückt, grüben sich am Ufer bis an die kaputte Schlagbrucken heran, achteten gar nit unserer Granaten, lägen immer wieder von zehn Mann viere tot, Kismet heißen sie das. Sie haben Notbrucken über den Arm (Donaukanal) geschlagen, eine bei Erdberg, die andre in Nußdorf. Über die große Donau gelingt's ihnen nit, dort hagelt und nagelt die Artillerie vom Grafen Heißler von drenterm Wasser herüber, so haben sie gar keine Ruh zum Brückenkopf machen.

Der Notstall (in der Schottenhof-Ruine) ist fertig, item der Unterstand für die Korbflechter im niedergebrannten Stift; haben auch richtig ein paar Flechter hingekriegt, dazu die herrenlosen Harrach-Lakaien als Handlanger und berghoch Zeug (Flechtruten). Hab mich gleichfalls dort einfinden wöllen zum Schanzkörb- und Faschinenmachen, weiß aber seit heut: ich werd mich als Feldscher-Helfer brauchen lassen oder zum Lazarettdienst am Krankenbett; will mich dem Kollonitsch anbieten wie im Pestjahr, oder den aus dem Tabor geflüchteten Barmherzigen. Die Suleika spann ich vor einen Karren, so kann ich auch noch dies und jens frachten. Wird der Kollonitsch wol auch dermalen wie einst (1679) immerzu Seelsorg verrichten gehn.

Die Türken haben eine böse Zeitung in die Stadt gelangen lassen, mit Absicht, schwör ich: sie soll uns erschröcken. Sonach hat der Feind gefangene Christen den türkischen Handwerkern als Helfer beigegeben; einer von ihnen hat aber seinen Herrn erschlagen, drauf hat der Großwesir alle Handlanger aus der Vorstadt durch Ausrufer zusammentreiben und neben seiner Zeltburg köpfen lassen, 150 Mann. Und noch was ist gekommen: In Petersdorf (Perchtoldsdorf) soll ein starker Türkentrupp am Donnerstag (16. Juli) bei 4000 Bürger schmählich hinters Licht geführet und abgeschlachtet haben. Erst hat's geheißen, wir tun euch nichts, ihr seid wackere Leute, habt Vertrauen in unseres und eures Gottes Namen, bringt 4000 Gulden in specie (Gold) und öffnet die Tore; kommt heraus, so tun wir euch nichts. Richtig schreiten sie mit dem Gold hinter einer bekränzten Jungfrau aus den Mauern, da fliegt auch schon der Jungfrau Kopf

Der aus Komorn (Ungarn) gebürtige, im Heiligenkreuzer Hof zu Wien verstorbene Graf Leopold Kollonitsch (1631–1707), seit 1670 Bischof von Wiener Neustadt, leistete durch seine nie erlahmende Opfer- und Hilfsbereitschaft der Stadt Wien sowohl im Pestjahr 1679 als auch im Türkensommer von 1683 unschätzbare Dienste. Er war während der Belagerung der unzertrennliche Gefährte und Helfer des Stadtkommandanten Grafen Starhemberg. Als junger Mann hatte auch Kollonitsch, wie der Freiherr von P., auf Kreta gegen die Türken gekämpft.

und Kranz durch die Luft, und so auch den Mannsleuten ihre Köpf alle bis auf zwei oder drei, so sich in den Wald zu salviren vermocht. Die Weibsleut haben sie zur Fronarbeit weggebracht, die jungen Maidlein aber zum drauf und dran dabehalten. Die klein Kindl kurzerhand erschlagen. Und unser Herrgott schauet zu und laßt dem Allah rein alles durchgehen.
Erfahr beim Schwager, Bischof Kollonitsch, vom Geheimben Gubernio gebeten, habe verborgenes Kirchengeld, so ihme befreundte Prälaten, man spricht von Raab oder Gran, eigends darfür anvertrauet, zu dringlichstem pagamento (Auszahlung) des Soldatensoldes freigegeben, sollen bey 200.000 Gulden seyn, inbegriffen die 50.000, so ihme der Kayser im letzten Moment übergeben. Auch habe der Herr Bischof die 3000 Eymer Weins freigemacht, vom Leopold ihme, gleichfalls in der letzten Minut, consigniret für Soldaten krank oder gesund. Dazu kämen noch Almosen aus des Kollonitsch eigener Hand für Lazarettklöster und Bürgerspital. Item sammle er die Waisenkinder, wo er sie fände, bringt sie in der eigenen Wohnung im Heiligenkreuzerhof unter, auch im leeren Stadtzuchthaus, gibt sie da wie dort in redlicher Weibsleut Pfleg. Der Kollonitsch, versichert mir der Entzbaum, habe bis zur Stund für Verteidigung und Leben der Stadt sein Vermögen zu dreien Viertheilen hingegeben, dazu 600.000 Gulden, so er bey allen nit davongeflohenen Wohlhabenden gesammlet – ein Bettler von Gottes Gnaden! – Treff beim Schwager, wie ich grad aus der Tür will, den Syndikus Dr. Hocke, frag ihn, wieviel Mann denn das wären, 8 Kompagnien Bürgerwehr aus den vier Vierteln (Stuben-, Kärntner-, Widmer- und Schottenviertel, alt und neu). An die 225 pro Compagnie, sagt er, in summa 1800, aber worzu ich das denn wissen wölle? Ich erzähl ihm von meim Tagebuch da. Er lacht: will namlich auch eins machen, notiret schon dies und das und verlangt, sobald die Not mit Gottes Hülf ein End haben und er sein Diarium werd herausbringen können, Einblick in das meinige. Ich versprech's, und er gibt mir ausm Kopf die Zahlen von den Zünften samt den Freiwilligen dazu: seind circa 3750 Fleischergesellen, Bäckerburschen, Bräuknecht, Kauff- und Handelsleut, allbereits mit Stainschloß-Flinten statt denen alten Luntengewehren, Schuhmacher, Studiosi, Buchtrucker und Binder, in summa nach Adam Ries 5550 Civile. Davon stelleten die Studiosi etc. 700 Mann in drey Compagnien, verteidigten die Ravelins zwischen Stuben-, Kärntner-, Schotten- und Münchbastey (Neutor); die Kauf- und Handelsleut

kämpfen aus den mittleren Zimmern der neuen Kaiserburg herauß und auf der Bastei davor, Hofbedienstete und Hofbefreite, je ein Fähnlein, in summa 4 Compagnien, rechts vom Stubentor, auf der Löbelbeistei und um die Hofburg im allgemeinen.
Brech vom Entzbaum auf, komm nach 3 zu den Mölkern, schau nach dem Leutnant und geh zum Ausguck-Fenster, der Alte Turm leiht ihm Schutz, meinen die Brüder. Ich halt Ausschau, kann aber bald nichts mehr sehen vor lauter Hören: in der Schantz vom Großwesir ist Militärkonzert, ein grausig Krawallen, dazu 4 andere Musikkapellen in den Gräben: Trommeln, Pauken, Tschinellen (Becken), Oboen, Flöten, man vernimmt das Geschützfeuer gar nimmer – und richtig hat's bei uns eingeschlagen, ohne daß ich viel merck; zwo Eisenkugeln. Nach den muslimischen Gebetszeiten ums Abenddämmern und am Morgen, aber auch nachts ist die tägliche musique am schlimmsten, reisset einem schier die Ohren aus.
Der Fähndrich erzählt von eim übergelauffenen Türckhen, der war besoffen und voller Angst, sie würden ihm destwegen drüben 50 Stockprügel aufzählen. Ein Krowot, so das Türkische kann, tät dolmatschen. Der Türk schwärmt vom Wein in der Vorstadt, lobt aber auch das viele eiskalt Wasser aus den ergrabenen Fichtenröhren: sie haben's direkt im Laufgraben und in der Schanz, brauchten's nit mehr herbeizuholen, Allah seis gedankt! Und dann schwärmt er gar noch, wie prächtig der Hinrichtungsplatz neben der Zeltburg seines obersten Herrn ausstaffiret wär, und wie würdig sich das anließe, wenn der Großwesir aus seiner Schanzen hervor in die Gräben träte, sie zu visitirn, in der Schanz vom Janitscharen-Aga eine Weil zu ruhen geruhe, bevor er in die eigne heimkehre; seit die Donauinsel in Türkenhand wäre, sei Kara Mustafa seines Sieges über Wien vollends gewiß, er brauche ihn nur abzuwarten. Auch als Henker sei der Großwesir unvergleichlich, doch enthaupte er mit eigener Hand einen Verurteilten nur dann, wenn der sich schier entsetzlich vor dem Tode förchte, anders genösse er's minder. Kann sich wer von uns den Starhemberg oder gar den Kaiser Leopold als eigenhändigen Nachrichter vor Augen stellen? Ich einmal nit. – Man habe sodann, weiß der Fähndrich, noch beraten, ob man den Kerl gleich totschlagen oder in Ketten zu einer Arbeit kommandirn sollte – da war der auf einmal fort und verschwunden wie ein Gespenst; hat ihn keiner mehr gesehen noch gefunden trotz eiligster Reschersch.
Der Schaden von den Eisenkugeln ist gering; ein paar Mauerziegel.

Montag, 19. Juli

Der Rimpler Georg, Obristlieutenant und Ober-Ingenieur, ist in der Stadt! Noch vor Abzug der Kavallerie aus der Leopoldstadt ist er herübergewechselt; hab ihn nit selbst gesehn, es aber für gewiß vermeldet bekommen. Itzt wird ein jedes Bollwerk bald doppelt so viel leisten und die Minen doppelt so efficient sein, weil *er* dahinter ist; geht nit umsonst das Sprüchl: Gib dem Rimpler zwo zerborstne Ziegelstain, er macht dir eine Festung draus, nimbt keiner ein! – Dem Markgrafen von Baden, hat er, hör ich, um Komorn, Preßburg und Raab die Bastionen abgesteckt, unterm Lothringen Gran fortificiret, und von der Ostsee bis zur Adria ist schier kein fester Platz, wo er nit mitgekämpfet. Auf Candia 8 Blessuren von eim türkischen Fornell erlitten, dennoch glücklich am Leben blieben. –
Der Feind breitet sich im Feld vor der Hofburg links und rechts aus, ist schon so nah am gedeckten Weg, daß er ihn attackiren kann. Bin um 9 Uhr hinter die neue Burg, Verwundete bergen. Seit der Fruh war ein Steinhagel, hernach volle zwo Stund Feindfeuer aus alle Röhren allein auf die Burg. Links davon, unweit der Schenkenstraß, ist ein Stadl voller Stroh lichterloh aufgezüngelt, aber die Löschkompanie (250 Mann) verrichtet gute Arbeit, preist sich als des Starhemberg und des Rimpler gemeinsam Kind. Ein Bomben, seye wieder-amol die erscht gewese, zündt bey der Schenkenstraß auch das Quartir vom spanischen Botschafter, heißet der Buchhaimbsche Saal, an; Gottlob seind die höheren Stockhäuser allesamt solid, die Decken wölbig oder aus Balkenwerk mit dick Sand drüber, können schon einen Lastenfall aushalten. Hab zween Tote mit der Suleika zum Vogelsang gebracht und bestatten helfen. Sagt mir einer: eine Handvoll toller Soldaten habe vom Burg-Ravelin einen Ausfall im Laufschritt mit Handgranaten gewagt, dem Feind das allzu nahe Batterien bauen zu verleiden; sey dabei ein Korporal in Türkenhand gefallen und im Angesicht der Seinigen grausam gefoltert und erschlagen worden. Auch im Getümmel ein armer Christ vom Türkenheer hereingeloffen und gefangen worden, aber ganz wertlos, dieweil er nichts zu melden wisse außer Angst und Hunger.

Ich fahr nach neuen Verwundeten oder Toten aus, hab einen Plutzer Wein und Verbandzeug dabei. Bring nach der Reih 6 blessirte Sächsische zu den Minoriten; find alle Kranken elend versorgt, ganz ohne Bader oder Arzt. Sie trommeln schon wieder aus, es sollten endlich die verdammten Schindeln von den Dächern herab; auch gebe der Stadtrat den Collegiums-Befehl weiter: es wären pro Tag

1000 Mann zum Schanzen von nöten und sollten alle herrenlosen Tauglichen, auch Weibspersonen, sich gegen Brod und Wein melden, sonst würd man sie per Schub aus der Stadt hinausspediren – recta zum Feind, heißt das. Ist nur die Frag, ob der Türk sie auch gleich köpft? Er nimmt sie ehender gleich zur Arbeit, und so wär's ein Schaden für uns. Leere Fässer dem Kommandanten abliefern! Eine Vorschreibung über nötige Quota (Kontingente) Hafer, Heu und Stroh wird in allen Vierteln von denen Austrommlern ausgerufen und affichirt.

Beim Entzbaum-Schwager – er ist marod – erfahr ich, denen Jesuiten seie vom Geheimben Collegio anbefohlen worden, die Verwundeten nit in den finstern Schulzimmern aufs Stroh zu legen, sondern im Colleg in die Betten, wo sie's bequem hätten und schneller gesunden würden, es würde ein jeder gebraucht. Überhaupt sollten die Klöster sich nit mausig machen und Kranke ohne Widerred aufnehmen, was ist ein Mönchsgelübd sonst wert? fragt mich der Entzbaum. Die Magistrats-Verpflegskommissare Brenner und Hinterhofer müssen die Lazaretten täglich mehrmals controllirn, vollbringen's aber herzlich schlecht. Ich reit nach Tisch vom Kienmarkt zu meinen Blessierten.

Am Abend kömmt auf einmal der Guido Starhemberg in den Mölkerhof geritten, er wolle nach dem Leutnant schauen, ob ihm nit bald besser. Er wird schon, ist bis übermorgen wieder beisammen; der Graf Guido will ihn von heroben weg hinunter zur Donau haben, er ficht dort mit dem Hauptmann Steinbach vom Mannsfeld-Regiment gegen die Insul. Der Graf kennt mich vom Hörensagen, suchet mich auf und wir trinken ein Glas. Sag ihm dabei voller Freud, wie wacker ich ihn vergangenen Mittwochs beim Schottenbrand befunden. Er winket ab, lobt lieber die Artilleristen auf der Biber- und den Gonzaga-Bastionen: die schössen alle nächtens aufgerichten Türkenschanzen und Batterien an der Tabor-Au allmorgendlich bei Sonnenaufgang wieder zu Schanden. Sein Bruder Rüdiger werde aber die Bürgerwehr-Herren ansonsten vor der Hand nur zu Schanzarbeit und Wachtdienst einteilen, zum Kämpfen die Jüngeren und die Studenten. Besagte Bürger-Artillerie donauwärts aber, die schätze er! Beim jüngsten Ausfall gegen die Insul habe es massenweis tote Türken und einen Gefangenen gegeben, einen ausgefressenen Prahlhans: sie, die Herren Feind, wären ganz unbesieglich, braviret das Großmaul, hätten 10.000 Janitscharen im Sold, großherrliche Pforten-Kerntruppen, das seyen die mit den hohen

weißen Mützen und als Abzeichen den Holzlöffel im Futteral, dazu noch 20.000 Janitscharen-Anwärter – der gantze Rest Sipahi (Reiterei)! Raab sei von zwo Bassas mit 20.000 Janitscharen belägert, die würden es sambt Wien und dem ganzen Deutschland erobern und schleiffen, im Heer des Seraskiers gäb es mehr Futter, Munition, Fleisch, Mehl, als wir noch nit im Traum gesehen hätten usw. Wir haben den Dickwanst gleich einmal auf Hungerration gesetzt und arbeiten lassen.
Unterm Erzählen siehet mein Gast auf dem Bett mein telescopio liegen, sagt: mit Verlaub, nimmt's aus dem Futteral, bewundert es; er habe noch kein so perfektes, feines gesehen, selbst seines Bruders Perspectivum sei von der älteren Provenienz. Er tritt ans Fenster, probirt es aus, siehet aber in der Dämmernus nit grad excellent viel. Er bewundert's trotzdem, tut's wieder ins Leder, lacht und drückt mir die Hand. Freilich, sagt er noch zum Abschied, die Türken führen von der Praterinsel schon allerhand Geschütz daher und böllern heiß zurück, tun auch einigen Schaden an denen Basteihäusern; aber solches mache wenig Eindruck, die Stadt werde es schon aushalten. Von der Donauseiten her würd's keine Überraschungen nit geben, dafür steh ich Euch gut, Herr Kamerad.
Will morgen vor oder nach dem Lazarett zur Burgbastei, muß schauen, was der andere Starhemberg mit dem Rimpler dort für neue Gegenwehr installiret.
Vorm Zubettgehen klopft der Pater Johann Jakob. Der Schelm muß ein Schelmenstückl loswerden, sonst findt er keine Ruh: Ein Student, weiß er, von der Altmannschen Compagnie, hat mitten unterm Schanzen aufgehört, ist auf die Brustwehr hinauf gesprungen und hat vor den approchirenden (anrückenden) Türken einen langen Schluck aus einer Kupferflaschen getan, der Fürwitz. Saust ein Pfeil auf ihn, trifft aber nit den Studenten, sondern die Flaschen und bleibt drinne stecken. Die gantz Bastion war *ein* Gelachter, und die Türken schreien Hu-hu-hu. Und wie mein Pater das Türkengeheul nachäfft, gibt's auf einmal im Haus ein Mordsgetös, und das war die dritte Stuckhkugel im Mölkerhof. Hat gottlob kein Brand nit gemacht. Ansonsten viel Feuerschein, sonderlich von der Burg herüber, und den ganzen Abend Bomben auf Bomben bis in die Nacht.
– Es muß eins oder halber zweye sein; komm aus dem Hühnergässl. Wollt nach dem Schreiben zu Bett, klopft der Pater Hofmeister Bernardus und bringet mir den Altgesellen vom Justus Prämer in die

Kammer. Der sagt auf der Schwell: Unser Meister ist tot. Gefallen auf der Wacht. Sie haben ihn von der Bastey heimtragen, die Frau Meisterin laßt Herrn Baron bitten, möchten doch kommen. – O mein Gott. Genug für heut. Morgen wieder.

Dienstag, 20. Juli

Sein Sterben lieget mir pfundschwer auf; seh und hör immer noch die Prämerin und den Buben flennen, hab ihn, so groß er ist, auf den Arm genommen und geherzet, als wär's mein eigen Fleisch und Blut. War im Lazarett heut früh noch ein bißle verworren vom Herzweh.

Der Pater Bernardus hat seine Not gehabt mit den Commissariis vom Collegium: sie wollten ihm die Blessirten vom Regiment Souches ins Haus legen, dieweil viele so schwer verwundet, daß man sie nimmer lebend bis zu den Dominikanern zu bringen vermöcht. Er wehrt sich, beschwert sich beim Souchesschen Obrist-Wachtmeister, schickt den Sollicitator und den Pater Henricus zum Kommandanten und zum Grafen Kaplirs mit eim Memorial: der Mölkerhof wär rechtens alleweil quartirbefreit gewesen, er herberge schon genug Soldateska herinn. Hab mich auf jede Weis widersetzet, lamentirt er, noch *einen* Mann mehr einzulassen, ist mir aber gleich gedrohet worden, ich sollte mich kuschen, anders würde man einem Trupp Soldaten befehln, das Tor mit Gewalt aufzusprengen und im Hof den Meister zu spielen; also hab ich mich müssen auf 40 Mann accomodiren. – Was soll's? Seind ja auch schon in denen hofbefreiten Bürgerhäusern nit wenig Officiers und Mannschaft eingewiesen.

In der Nacht hat's bei uns einen kalten Rauchfang in der Hofmeisterei füreinand geschossen. Der Medard ist zum Schanzen oder Körbflechten zu schwach, also hilft er in Kuchl und Keller, versorgt das Waschhaus und kümmert sich um die invalide Stiftskirchen, han ihn dort aufgesucht. Er hat mit Beihilf von ein paar Handwerkern aus Leitern, Pfosten und Brettern vorm Altar eine Schutzwand aufgericht, und will ich itzo meine Heilige sehn, mueß ich mich da hinterzwängen – hab sie dann aber ganz nah vor meiner. Sind schon welche vom Zeughaus dagewesen, nach der zerschmolzenen Glokkenspeis fragen, ob sie etwan schon ausgekühlt wär; wollen sie ausgraben und Granaten davon gießen.

Der Feind hat die Batterie am Rottenhof gegen die Laimgstetten zu vergrößert, schießet itzt mit noch mehr Rohr gegen den Löbel. In der Stadt ist eine Bomben in die Apotheken zum goldenen Hirsch

am Graben eingefallen, ein andere in den Burgplatz, hat daselbsten einige wenige Stadtguardisten teils getötet, teils beschädiget.
Der Feind ist übers Glacis herüber – 300 Schritt breit! Lauter steiniger Boden, macht den Aushub sauer, das Christenvolk drüben hat grausam schanzen müssen, und die Aufpasser und Antreiber haben mit Peitschen nit gespart.
Am Donauarm unten, so vermeldt mir einer von den frischen Patienten, hat sich der Türk über Nacht gut verschanzen vermocht und mit der neuen Batterie zu spielen (feuern) begonnen; mr hän (haben) aber neue Bettungen auf der Biber-Bastion und spiele fleißig dawider; hänt auch der Schlagbruck Eingang teilweis abtrage und mit Traversen verbarrikadirt, kann koi Türk herüber, müsset scho ein Malefiz-Kunstspringer seyn. – Bin unter Mittag zur Burgbastion. Ich seh: Laufgräben ausheben am einspringenden Winkel; Palisaden mit Brustwehr aufrichten, wo's am heikelsten; auf der Kontreskarp Pfähl einsetzen, aber mit Sengsten besteckt; aller Arten Waffen in Meng bereitliegen; mitten im Graben ein Lünett (Halbmond-Schanze) ausgeschauflet bis zum Grundwasser; fertige vier caponnièren (Flankierungsanlagen aus gedeckten Gängen) seitlich von Burg und Löbel zum bestreichen (unter Beschuß nehmen) der Gräben vor den Ravelins; eine neue Berme (Niederwall, Wallstufe) zwischen Burgbastei und Löbelbastion; einen großen Abschnitt (Gefechtsstellung) am Burg-Ravelin mit eim Hindernisgraben davor und eim Auftritt dahinter so breit, daß vier Reihen Musketier drauf Platz finden; dazu Querwäll zwischen der Kurtin und dem neuen Graben – alle guten Geister, erhaltet uns den Rimpler![8]

[8] Um dem Leser eine genauere Vorstellung von den Festungsanlagen, vor allem über die Situation vor der Burg- und der Löbelbastei, den beiden am meisten umkämpften Bollwerken, zu vermitteln, sei hier die skizzenhafte Beschreibung der damaligen Wiener Fortifikationen aus Walter Sturmingers Sammelwerk „Die zweite Türkenbelagerung in Augenzeugenberichten" (Wien 1976, S. 31 ff.) angeboten:
„Aus der starken, ungefähr zwölf Meter hohen Stadtmauer, der Kurtine, treten zwölf Basteien hervor, von denen mehrere, so die Burg- und Löbelbastei, einen turmartigen Aufbau, den Kavalier, haben. Zwischen je zwei Basteien liegt im Graben ein dreieckiges gemauertes Vorwerk, der Ravelin. Der Festungsgraben, der um die Stadt läuft, hat an den Torbrükken eine Breite von etwa hundert Metern. Der vordere gemauerte und gegen sechs Meter tiefe Rand, die Kontreskarpe, verläuft im Zickzack und trägt den breiten ‚gedeckten Weg', der durch Palisaden gegen das freie Vorfeld, das Glacis, abgeriegelt wird. Am einen Ende der sogenannten

Johann Andreas Liebenberg (1627–1683), von 1680 bis zu seinem Tod Bürgermeister von Wien. Sein Denkmal steht vor den Resten der Mölkerbastei am Ring gegenüber der Universität.

Der Festungskommandant hat aufrufen lassen: Jeder, der es wagt, eine Nachricht über die Donau und bis zur Armee zu bringen, soll 100 Gulden haben. Ob sich einer finden wird? – Beim Heimgehen den Obrist-Lieutnant Baron Weltz, Grafen Starhembergs Eidam, vorm Palais des Schwiegervaters getroffen; weiß itzt von ihm, daß der Mustafa in Allahs Namen um ein armistitium (Waffenstillstand)

Wasserfront (an der Donau) mündet der Wasser führende Graben in den Fluß. Als neue Verteidigungswerke läßt Stadtkommandant Starhemberg während der Belagerung im Graben zwischen dem Burgravelin und den beiden benachbarten Basteien Flankierungsanlagen, Kaponnieren, aufführen, die Stadtmauern werden durch Niederwälle (Bermen) geschützt und Ravelin samt Basteien durch Palisaden in kleinere Abschnitte zerlegt. Die Angreifer können also, wollen sie nicht ungeheure Verluste erleiden, nicht sofort zum Sturm auf die Festung schreiten. Sie müssen zunächst das von den Werken bestrichene Glacis im Schutz ihrer Laufgräben überqueren, dann die mit Palisaden geschützte Brustwehr des gedeckten Weges niederlegen, ehe sie an der Kontreskarpe stehen. Im Graben werden sie durch Ravelin und die Kaponnieren von den Basteien ferngehalten. Sind diese Zwischenstellungen gefallen, so hat der Feind noch immer den Niederwall zu nehmen, dann erst steht er vor der zwölf Meter hohen Kurtine. Aus dieser Anlage der Verteidigungswerke erklärt sich die Tatsache, daß das ungeheure Heer der Türken in seinem blutigen, wochenlangen Ringen nur ganz geringe Fortschritte machen kann; es ist dem Großwesir infolge der Enge des Raumes nicht möglich, seine Übermacht gegen den gutgeschützten Verteidiger entscheidend anzusetzen.
Der in die Festung Wien abgeordnete Verbindungsoffizier des Herzogs von Lothringen, Oberstleutnant Johann Georg von Hoffmann, erkennt aber auch die Schwächen der Verteidigungsanlagen, insbesondere der beiden von den Türken dann tatsächlich angegriffenen Basteien:
Die linksliegende wird Burgbastei genannt, weil sie an die kaiserliche Burg grenzt, und bildet ein ziemlich regelmäßiges Viereck. Man kann jede ihrer Flanken mit neun Kanonen, die Grabengeschütze einbezogen, bestücken, doch hat sie keine Minenanlage, und das ist ihr einziger Fehler. Die Kurtine zur Löbelbastei, wo der zweite Angriff erfolgte, ist ungefähr einhundertvierzig Klafter lang. Diese Bastei ist sehr klein und außerdem von ihrem Kavalier im Raum stark beengt, so daß man kaum zehn Mann nebeneinander in der halben Kehle aufstellen kann. Da der zu bestreichende Abschnitt mehr als zweihundert Klafter beträgt, ist der Kartätschenbeschuß auf diese Entfernung nicht mehr wirksam; man hat diesem Nachteil durch eine zweite Flanke abgeholfen, die in der Hälfte der Kurtine beginnt. Der Festungsgraben ist sehr breit und der Ravelin, der die Kurtine schützt, ziemlich weit vorgeschoben. Er ist rechts wie eine selbständige Bastei aufgeführt und kann von der Löbelbastei nicht gut bestrichen werden, weil deren Geschütz von der Brustwehr herab den Graben nicht mehr erreicht. Der Wallabsatz des Ravelins liegt in der halben Höhe, tritt jedoch so weit zurück, daß man den Fuß der Böschung nicht sehen kann, was uns sehr zum Nachteil gereicht."

gebeten, er wolle seine vielen Gefallenen bestatten – daß ich nit lach! Der Kommandant, sagt mir der Weltz, habe seine Stainwunden gut verkraftet, werde einen Befehl herausgeben: alles Straßenpflaster aufreißen und die Stain auf die Bastei hinauf, zum Bauen oder Werffen: die Bomben sollten in weicheren Straßengrund fallen, gäb geringeren Schaden. Zwei Überlauffer, feige Wichtigtuer, hätten ausgesagt, der Feind bekäme Succurs über Succurs; wissen wir lang, meint der Weltz, auch daß die christlichen Moldawier und Walachen bei Nußdorf nit kämpfen dürfen, nur Brucken bauen und Straßen bessern, nit einmal gscheit Wacht halten, ohne daß ein paar Moslem sie selber bewachten; ist uns alles geläufig; der Seraskier trauet ihnen nit.[9]
Am Schotten-Ravelin verbollwerken sie das Ravelin-Tor, nachts bey Fackellicht. Eine Bürgersfrau, sie war in Begleitung, ist bei uns in der Gassen blitzplötzlich niedergekommen; tragen der Ehgemahl und ein Wachter sie zu uns herein, Hebamm ist keine zum derrufen, so entbind ich sie in der Einfahrt auf einem Strohsack, so gut ich vermag; der Johann Jakob haltet mir die Latern, der Pater Kuchelmeister handlangt, der Wachter verscheucht die Neugierigen am Tor, und der Kindsvater stehet daneben und jammert ärger als die Frau. Sie ist am Leben, das Kindl auch, wir machen eine Bahr, laden sie auf und tragen sie heim; dort wuseln schon die Nachbarinnen, und alles wird gut. Warum seind mir *meine* Beiden nit am Leben blieben? –
Treff heut abend beim Abraham keine Sentenz, so in den Tag passet, muß mir selber eine machen, voilà: „Die Geistlichkeit mag predigen und poltern, wie sie wöll, wo der Kriegertod nah ist, seynd Leben und Liebtun noch nähender und fahren mehr Stoßseufzerlein von Weiber- und Soldatenmund gleicher Zeit aus denen Alkoven gen Himmel dann Reuseufzer aus denen Beichtstühlen. Werden sich übers Jahr ein paar Seufzerlein in Kindbettkreischen verwandeln, fürcht ich. Einquartirung war noch allemal die sicherste Kupplerin, stimuliret die Tapferkeit und tuet wahrem Christenglauben kein Abbruch."

9 Oberstleutnant Freiherr von Weltz war der eigentliche Kommandant der drei Studentenkompanien, Dr. Sorbait unterstützte ihn dabei tatkräftig, aber doch wohl mehr in seiner Eigenschaft als Arzt. Universitätsrektor Domherr Laurenz Grüner fungierte lediglich als Titular-Oberst dieser tapferen 700 Freiwilligen.

Mittwoch, 21. Juli

Den ganzen Tag Kanonen-Duell und Feindbomben; viel Bränd darnach, auch aus den nackichten Dachstühlen; es schneibt Rueß, Aschen, verbrenntes Stroh-, Holz- und Linnenzeug, hat bald keiner mehr ein saubers Gwand am Leib.

In aller Fruh aus Neugierden meinen Kadaver auf der Minoriten Kirchturm hinauf geschleppt, Ausschau zu halten linker Hand: der Zeltpalast vom Kara Mustafa reicht mit allerhand Prächten hoch am Trautsonschen Garten empor; dort, so will mir's scheinen, ist der Einstieg in die Laufgräben, breiten sich von da herab alle Approchen (Annäherungsgräben) mit ihren Querläufen gleich Baumgeäst oder Aderngeflecht aus. Unglaublich, wie schnell das dort vorangehet, als ob Millionen Maulwürf wercketen. Mit dem Aushub machen sie Schanzen und an der Feuerlinie Bettungen. Der große Wesir soll *noch* einen Zeltpalast haben, draußen auf der Schmelz, den aber mehr zur Rekreation und Erlustigung mit seinen Odalisken. Und von St. Stephans Turm verlautbart, das Meer der Zelte reiche mit seim Endzipfel am Wienfluß bis hinter Hütteldorf; dort lägen die Asiaten, am Laaerberg die Ägypter. Vor meim Aug lieget ein einziger, riesenhafter, schreiender, lärmtobender, Feuer, Eisen, Stain und Tod ausspeiender Jahrmarkt mit tausend Farben, Blitzen und fumaretti (Rauchpilzen). Wie viele Zelte summa summarum es seind, kann kein Mensch aufs Stück schätzen, müssen aber leichtlich fuffzehn Tausend oder mehr sein.

Bin dann zu meine Kranken hinab; han ihnen aus eigenem schon ein bißl Verbesserung und Erleichterung an Bett und Nahrung zuegebracht. Hernach ins Hühnergässle geritten zum aufgebahrten Prämer; war oiner von die erschten, und seynd ihme uff der Bastey scho wieder etlich nachgstorbe, weinet die Prämerin liab nit alloi. – Dem Felix-Buben han i partout ä Töpfle Honig bringe müssen als Trostgab vom Johann Jakob; ist auch in so was ein lieber Kauz; der Magdalen schickt der Pater Verwalter zwo Kerzen, hat neben dem Lusthaus im Gärtlein der Mölker unterm Ausguck seine Bienen. Ist mir seltsam, daß die Tierle hoch überm Feind so hin und wider fliegen, ohn zu wissen, was unterhalb sich begibt, und bringen Seim und Pollen weither, etwan gar von meine Leinfelder draußt, so die noch blühen dürfen in Ruh so schön blau.

Han der Prämerin Mut zugesprochen, will dabei seyn, wann sie ihn begraben. Bin dann mit noch einem Honigtöpfl als Grußgab zum Johannes Schmitzberger (Schotten-Abt) in den Dorotheerkonvent;

es gehet ihm leidlich, hat manches aus dem Brand zu retten vermocht, auch die Stiftschronik. – Bin also zu ihme durch die Stadt, ach, sie verändert sich: man grabt tatsächlich die Pflasterstain aus, und durch die schindelfreien Dachstühl schauet der Himmel; schwarzes, leeres Brandgemäuer gibt's in Mengen, und ein elendes Hausen der lebend Gebliebenen daneben auf der Erd, in denen Torbögen oder beim Vieh im Stall. Ist ein Gelauff, Geschieb und Getrappel, ein Fliehn und Marschirn, und jedes nächste Schrittlein meiner Suleika kann Roß und Reiter ins bessere Jenseits transportiren. Ich zähl Salven und Einschläg, so weit mir hörbar, geb's aber auf. Plötzlich seh ich zehn Schritt vor meiner den gottlob gantz und gar gesundeten Starhemberg und neben ihme den Bischof Kollonitsch, beyde zu Pferd; wie Castor und Pollux reiten sie, beinah Tuch an Tuch, im Schritt von St. Stephan her. Der Kollonitsch wird meiner ansichtig und winkt ein bißl. Sie kontrolliren alls und jeds, die Wasserzuber vor den Häusern, die Lazaretten, die Posten vor den Klöstern mit dem Pulver drin, und einmal hör ich den Starhemberg beim Freisingerhof (an der Stelle des heutigen Trattnerhofes am Graben 29–29a) mordsmäßig mit der Rumorwach schreien und schimpfen, weil noch immer Rindsklauen, ungewaschen Gedärm, Rindshörndl, Blasen, Schweif und anders blutigs Zeug frei herumlieget.

Beim Schottenabt im Quartir erfahr ich, daß der Kollonitsch ihn aufgesucht und parlando sich verwundert hätt, warumb der Feind nit vom Wienfluß herauf, von der Mündung ins Wiener Wasser her, in die Stadt dringet, wären Hollerstauden-Bastey (an der heutigen Biberstraße) oder Braunbastey (vor dem Palais Coburg), so meinet er, allemal leichter zu berennen, stürmen und brechen denn Burg und Löbel; er hege da einen kuriosen Verdacht: ob nit des Seraskiers Artillerie-Häuptling Achmed Bey, der Renegat und Bastionenabzeichner, an den ich nit ohne Zorn zu denken vermag, etwan ein Doppelspiel spiele? Hat vielleicht dem Mustafa geraten, die stärkeren Basteien zu attackiren anstatt die schwächeren, uns zur Hülf und dem Feind zum Schaden? Ist vielleicht einwendig doch noch ein Christ? Soll auch gar kein Franzos nit sein, sageten welche, sey von Geburt ein Wiener! Wenn's alles wahr ist, will ich ihm gern abbitten. – Hör vom Schottenabt: der Starhemberg ritte alle Täg zu zweyen Malen umbs gantze Festungswerck herum und gleich viel Mal stiege er in St. Stephani Turm biß zu der halben Höh, mitm Spectiv alles abzuschaun. Frag den Abt, ob er mir von des Komman-

danten Bruder Guido ein Näheres zu intimiren (anzuvertrauen) wüßt, der Mann sey mir lieb. Viel wisse er nit, meint der Abt; Graf Bartolomäus, beider Brüder Erzeuger, sei ehdem ein Leichtfuß gewesen, lebe itzt abgeklärt und bescheiden in Linz. Der Guido, aetatis suae um die 25, sei aber von Geburt ein Grazer, die Mutter eine Freiin Windisch-Graetz. Sollte nach der Jesuitenschul geistlich werden, der Guido, wollt aber lieber zum Kriegshandwerk. Zu Linz habe er con passione die Rhetorik studiret, weiß nit bei wem, dann aber bald im Kaiserheer gegen die Franzosen gefochten und als Kornett (Fahnenjunker) unter dem Lothringen gegen die ungrischen Rebellen in Mähren oder wo. Zwo Pferd, gehet die Kund, seyen ihme unterm Leib erschossen worden, er seye auf ein dritts hinauf, von dem aber mit einer bösen Fuß-Blessur gleich wieder herunter. Bei Petronell, sagt der Abt, habe der Guido schneidig Attaque geritten gegen die Tartern, er wisse es vom Kollonitsch; itzo diene er in Rüdigers Regiment als Hauptmann und Adjutant, und so halt. – Ich frag noch um die Brandursach von neulich und wer etwan der arm Narr in Weibskleidern gewesen sein könnt, aber der Abt weiß auch nichts, wird wohl beides ein Rätsel bleiben. Er dankt für den Honig und klagt mit einem Mal ungefragt über den Hochmut manniger (mancher) Klöster, nit aller. Bin davon frei, beteuert er, aber manche denken so: wir haben den Krieg nit gmacht, ist Reichs und Kaisers Sach, den Feind zu dämpfen und abzuschlagen; müssen eigenes Besitztum und Macht wahren. Die Stift im Land aber, tröstet er sich, werden gewiß alle dem Kaiser eine Wehrburg abgeben, Melk, Lilienfeld, Klosterneuburg.
Zum Abschied lachen wir noch, mit allem Respekt und nur mäßig, über den Bürgermeister; hat doch der Liebenberg einen Hauptmann Lorenz Nitschky, einen Sachsen, der mit dem Sekretär vom Tököly Briefe getauscht und sich gegen das Haus Österreich despectirlich ausgelassen haben soll, als Obrist-Wachtmeister in die Bürgerwehr aufgenommen, „seine Seel zu prüfen“! Ach, Herr im Himmel! – Man munkelt, die ungrischen Magnaten kämen von Esseg, Mohács, Fünfkirchen über Stuhlweissenburg daher geloffen, dem Mustafa zu huldigen, sie wollten ihre Köpfe retten; also kunnt der Großmächtige gleich den Tököly zum König von *ganz* Ungarn ausrufen lassen, warum nit?
Zu Mittag wieder bei den Minoriten. Wird grad ausgetrummelt: Barmherzige Brüder möchten sich melden, je zwei und zwei die Kranken und Verwundeten in die Lazarett-Klöster zu begleiten und

dort pflegen helfen. Drauf wieder die Ermahnung: die Stadt müsse sauber gehalten und die bei den Bürgern einquartirten Soldaten sofort dem Magistrat listenmäßig angezeiget werden, Überbelegung hintan zu halten. Schauerliche Zuständ in allen Vierteln. Die Abfälle von denen Fleischern müßten weg, rufen sie schon wieder aus, und wer sich noch immer nit zum Schanzen eingefunden, soll's endlich tun, sich beim Grafen Daun in der Stadtguardia-Hauptwach melden. Der Graf war übrigens zwo Täg mit Fieber bettlägerig. In der Nacht gehen Händler beauftragt mit Pferd und Wagen von Haus zu Haus und sammeln Strohsäck für die Verwundeten.
Der Pater Hofmeister ist mit seim Recurs beim Gubernium und den Kommissaren bös ins Fettnäpfl treten; haben ihme gleich heut noch 6 Verwundete dazudividirt und ihm höhnenderweis sagen lassen, es hätten bei ihm wohl noch einmal 40 und mehr Gesunde samt Roß und Troß kommod Platz, und wie ich heimkomm, ist der Mölkerhof richtig schon voller Soldaten samt Pferd; eins hat den Satteldruck, kenn's im Vorbeigehen, ich weiß eine Salben, sag sie dem Reiter an, er soll sie sich mischen lassen. Ein Feldscher ist auch beim Haufen, gottlob; sind ein Dutzend von den Männern verwundet, einer grad gestorben, lieget noch unterm Tor im Eck. – Abends mach ich mit Officiers-Permeß einen Pflegerundgang. Frag die Gesünderen ein bißl aus. Sonach hätten wir eine Feindbatterie, die lang nit zu erkennen gewesen, von der Burg und vom Löbel aus zum Schweigen gebracht, und der Herr Oberst Gschwind, sit nomen omen, hat auf der oberen Löbelbastion Palisaden setzen lassen, weilen der Feind vom Reikewitzschen Garten aus unverschämt hergepfeffert. Hat auch auf dem unteren Löbel Schießscharten in die Mauer brechen lassen, weil der Türk stark approchire (heranrücke). Die ganze Garnison hätt einen halben Monatssold erhalten, freuet sich. Ein Johann Georg Rueß, städtischer Zapfenmaßbedienter, so die Schankmaß- und Trinkgefäß zimentiret (prüft und eicht) und vom Starhemberg zu einem Adjutanten genommen worden, seine Ordres laufschnell dem Stadtmagistrat zu überbringen, hat itzo Auftrag, alle Bürgersleut besser in Compagnien zu teilen für Feuerlösch- und Schanzarbeit; auch die Studenten hätten instructiones bekommen, wo ihre Kampfplätz und Wachtposten-Linien wären. Einer von den Leuten weiß, das Deputirten-Collegium habe denen Jesuiten befehlen müssen, dürstende Soldaten und Civile aus dem Klosterbrunnen trinken zu lassen und auch den Nachbarlazaretten notfalls ein Wasserschöpfen für die Kranken zu erlauben, nit

es ihnen beharrlich verwehren. Zwei Moldawier-Christen, weiß ein anderer, seind von der Wasserseiten übergelaufen, meldeten, der Feind habe sich dorten totaliter eingegraben, baue in Nußdorf beim Ziegelofen die zweyt Notbrucken, schieße von da mit Kanonen und würfe Bomben, habe bishero aber nur Häuser ruiniret, meinten sie treuherzig. Nun ja, es sind ja nicht ihre. Vom Unteren Werd fliegen zahlreich Bomben herüber, destwegen wasserwärts an den Pulvermagazinen Türen und Fenster doppelt vermauert worden.
Kann erst vorm Zubettgehen die Verwüstung betrachten, so eine Kugel unter Mittag bei uns angerichtet. Der Pater Hofmeister hat im offenen Ausguckfenster gelegen, über die Bastei aufs Glacis geguckt; tut einen Schritt herein, weil ihn wer im Haus gerufen, und in dem Moment sausen schon Staub, Malter und Rauch durchs Fenster. Hat die Kugel unterbei mit Donnerschlag das Lusthaus für der Mönche Rekreation samt den Bienenkörben vom Pater Johann Jakob zerfetzt.
Schlag am Bett sitzend wieder einmal meinen Abraham auf und find, „daß Gottes Urteil unergründlich und auff unser Warumb allein bei Gott das Darumb zu finden sei."
Wie ich hernach noch einmal han hinaus müssen, mein Wasser abschlagen, stehet da der Feldscher neben meiner in der Finsternus und sagt, sie hätten mit Fackeln und Windlichtern gut eine halbe Stunde lang von St. Stephan herab Zeichen gegeben, wüßt aber noch niemand, was es zu bedeuten gehabt.

Donnerstag, 22. Juli

Heut weiß es die ganze Stadt, es gehet von Mund zu Mund: ein Kürassir vom Götzischen Regiment, ehmals ein Matros, hat gestern abend bei Lang-Entzersdorf die Donau durchschwommen, ist auf Schleichpfaden bis in die Stadt herein und hat dem Starhemberg vom Lothringen einen Brief überbracht in einer Schweinsblasen um den Hals, daß die Botschaft nit naß würd. Der Herzog kündiget dem Kommandanten ehebaldigen Entsatz durch die verstärkte Armee an. Allgemeine Hoffnung und Zuversicht! Die Fackelzeichen von St. Stephan waren das Avviso an den Herzog: Dein Bot ist guet herinner! Man will ihn auch mit der Antwort retour instradirn (in Marsch setzen).
Vor Morgengrauen ein Trupp Studenten mit einem Leutnant schneidig ausgefallen, haben nur wenig Feind getötet, aber mit List und Bravour 20 Ochsen eingebracht; ist nit's erste Mal. Der

Abraham a Sancta Clara (1642–1709), der volkstümliche Kanzelredner, der mit seiner kurz vor dem Türkeneinfall erschienenen Schrift „Auf, auf, ihr Christen" die geängstigten Gemüter weit und breit auf seine urwüchsige Art zu mobilisieren und seelisch zu wappnen versuchte. Der Freiherr zitiert den berühmten schwäbischen Landsmann immer wieder.

Kommandant hat ihnen etlich Ochsen gelassen, den Großteil aber für Kranke und Verwundete aushacken befohlen.
Mörderisch Feindfeuer gegen die Gonzaga-Bastionen; zwischen Hoher Bruck (Wipplingerstraße) und Fleischmarkt sollen die mehrsten Häuser samt dem Laurenz-Kloster (am Laurenzerberg) arg gelitten haben, jung und alt in die Keller; das Untere Kaiser-Zeughaus (Seilerstätte 22), allwo viel Pulver und Granaten lagern, hat Bombenwurf gekriegt, aber nit gezündet.
Um Mittag ist der Graf Kollonitsch auf Visitation in den Mölkerhof gekommen. Ich geh nimmer zu den Minores hinüber, 's gibt im Haus Arbeit genug mit Wunden, Krankheit, Sterben, bin auf einmal Hauspfleger da. Vorm Weggang vertrauet mir der Bischof, es hab der Baron Kunitz, unser Resident bei der Ottomanischen Pforten, aus der Laimgruben, wo er itzo als Gefangener residiret, einen Bedienten herein geschickt, einen tapferen Schlaukopf mit einem Schreiben für den Kommandanten, Inhalt: Kara Mustafa sei dessen gewiß, er würde in wenig Tägen Herr über Wien sein, lasse auch die Umgebung fleißig brandschatzen und ausmorden; auch habe er bei Allah und seinem Propheten einen heiligen Eid geschworen: der erste Mensch, welchem er nach dem Einmarsch in die Stadt offentlich und eigenhändig den Kopf vom Rumpf schlagen werde, sey der Kollonitsch, der widerwärtigste und teuflischeste aller Giauren. Nebstbei melde er, Kunitz, daß der Großwesir des Morgens nach dem Gebett immer auf den Kirchturm von St. Ulrich stiege, der Belägerung Progreß zu überschauen und sein Befehls-Entschließung zu fassen; sohin wär's an der Zeit, wann unsere Artillerie ihme sölches durch einen wohlgezielten Schuß in perpetuum abstellte. Wird geschehn, meint der Bischof. Der schwimmende Kürassir seye übrigends nächtlicherweil wiederumb mit Briefschäften zur Donau, der Kunitz-Diener aber bei St. Jacob auf der Hülben (im Bereich der Jakobergasse) aus der Stadt geleitet worden, dort sei es der Zeit ruhiger, also fänd er wohl heil in die Laimgruben (6. Bezirk) zurück. – Die beiden Neuburg (Klosterneuburg und Korneuburg) hätten sich aufs tapferste der Tataren erwehret; auch daß der Lothringen mit der Armee itzt gegen die March abrückte und die Türken mit aller Anstrengung ans linke Donauufer möchten, erfahr ich. Gelingt ihnen aber nit, ist noch zu reichlich kaiserliche Artillerie vorhanden.
Der äußere Schotten-Ravelin seit heut trefflich bestückt; das Unterkammeramt (das städtische Bauamt, damals neben dem

Bürgerlichen Zeughaus Am Hof) laßt die Brucken über den Basteigraben abbrechen und unser inneres Tor (das Schottentor) verbollwerken, gibt ein gutes Gefühl. Unsere Einquartirten, Officiers wie Mannschaft, loben die Artillerie, insonderheit aber die österreichische Handwehr (Handfeuerwaffen, Wurfgranaten); sie taxiren, daß von denen Janitscharen bis dato gut und gern ihrer 1000 vor und in den Sappen (Laufgräben) und Approchen müssen verreckt sein. Den Rimpler heben sie allesamt in den Himbel, dieweil er alle Kriegs-Scenarii unermüdlich abreite und immer zur Stell ist, wo's brenzlich würd. Aus der Kontreskarpe hat der Feind bis heut noch keinen Unsrigen zu vertreiben vermocht, ist noch jeds Mal zurückgeworfen worden; hat von denen Angreifern die Halbscheid ins Gras beißen gemußt. – Einem Starhembergischen Capitänlieutnant und einem kaiserlichen Büchsenmeister (Artillerist) hat *eine* Kanonenkugel die Köpf weggeschlagen. Die Hofbediensteten, hört ich vom Kollonitsch, wollen eine eigene Compagnie aufstellen, selber Officiers wählen und sich dann beim Stadtkommando melden.
Um 3 haben wir den armen Prämer bei St. Peter begraben, die Stuckh haben grad neu vom Rottenhof zur Burg her zum feuern angefangen; passirt ist uns nix, nur dem Ministrantenbuben hat ein Kügerl von einer Hagelkugel (Schrapnell) ein Loch ins Chorhemdl gerissen. Der Entzbaum hat nit aufs Grab kommen können, hat ihn die Podagra zu arg, und von der Werkstatt war nur der Altgesell zugegen, die andern machen Waffendienst. Hab die weinende Magdalen stützen müssen, und der Felix hat verfinstert dreingeblickt, als möcht er fragen: in was für eine Welt bin ich geboren?
Der Pater Hofmeister rauft mit den Kommissaren um seinen Weizen und Wein; davon morgen ein weniges, ich kann nimmer, der Hurenfuß zuckt und schmerzt, is brinnrot, wiewohl noch allerweil gut vernarbet. Mueß'n glei in a Wasserschäffle tuen.

Freitag, 23. Juli

Bombardement und Brandlöschen in modo solito (wie gewöhnlich), aber kurz. Dann den Tag über vom Feind her still. Ein Rätsel. Hat sich erst des Abends gegen 7 gelöst: sind plötzlich in der Kontreskarp an denen ausspringenden Winkelspitzen vor Löbelbastion und Burg-Ravelin zwo Minen gesprungen; sorgfältige Arbeit, vertraut Getös. Hernach dreimal Feindstürmen in denen Breschen mit Ohren schindendem Geklingel, Schreien und Musik; sind aber hart abgetrieben und abgerieben worden, haben kein

Fußbreit Boden gewinnen mögen, nur Schaden genommen. Parol war: St. Peter und Rom. Hab vom Ziegelschanzl (Ravelin zwischen Mölker- und Löwelbastei) einen Kranken herabgeholt, dabei zum Löbel geäuget und entdeckt, wie nah die Feindgräben weithinum schon an die Kontreskarpen heran seind: was muß das arm christlich Landvolk da beim Erdausheben geschuftet und erduldet haben! – Beim dritten Sturm hat der Türke mit aller Gewalt die Palisaden überklettern wöllen, seind ihm aber die Unsrigen unvermutet mit lang gestielte Sengsten gekommen, mähen als rechte Schnitter in Köpf und Gesichter hinein. Weichen die Türken ein paar Laufschritt, wenden sich aber und schreien fäustdrohend Protest: derlei Waffen wärn bei ihnen im Krieg nit der Brauch; abends hat's uns einer verdolmatscht, und wir haben gut gelacht. Gelacht auch über einen desertirten Stadtguardia-Korporal, so beim Wassertor (am Donaukanal) ein Kellerversteck gehabt und drei käufliche Weibsbilder drin; füttert sie, schlaft mit ihnen reihum, und nachts rudert er sie zur Insul hinüber, den türkischen Büchsenmeistern unser Kommißbrot bringen und dafür Honigkuchen und Mandelgebäck einzuhandeln, auch feinen Salat. Hat aber gestern eine von den Weibsen für die Leckereien als freie Zuwaag den Herren Büchsenmeistern die Süßigkeit ihres Leibs spendiret; das braucht seine Weil, und der Fährmann wundert sich, wo sie bleibt. Wieder im Keller, kriegt sie als Draufgab vom Korporal eine excellente Züchtigung mit der ledernen Granaten-Schleuder; rennt heulender auf die Guardia, hebt die Kittel und weist den Wachhabenden den nackichten Arsch mit den Striemen drin, zeigt den Korporal an. Der freilich hat den Braten gerochen und ist längst übers Wasser, beim Feind Asyl erbittend, ein armer Verfolgter. Hat gewußt, daß ihme der Galgen drohet. Die 3 Weibsleut schleppen itzt – mit abgeschnittenem Haar – Pflasterstain auf die Bastey. An derselben Stell am Donauarm seind aber zu selber Stund zwo Türkenkrieger herüber und blödsinniglich in die Stadt herein geschlichen, da aufgegriffen und bös zugericht worden.

Der Obrist Rimpler hat's schwer, findt keine fertigen Minirer, muß erst welche anlernen, hat's schon mit Brunnarbeitern und Tiroler Bergleut probirt, auch mit eim Belgier, eim Lackl über eine Klafter hoch, dem haben aber die Strapazirmenscher (Weiber für schwere Arbeiten), so er zum Stollenausräumen angeheuert, zu gut gefallen und ist nix weitergegangen; ist auch noch kein recht Minirwerkzeug vorhanden, kein vorgeschnitten Stollenholz. Dannoch haben wir um

Mittag beim Burgravelin ein Fornell (kleine Mine) unter einer Feindsappen probweis hochgehen lassen, war aber im Effekt nit viel mehr denn ein kümmerlich Fürzlein. Himmelherrgott, wie soll's werden!

Ist dem Starhemberg zu Ohren kommen, daß auch *honette* Wiener Weibspersonen, nit nur bloß „solche", beim Schotten- oder Stubentor heimlich über die Palisaden aus und ein huschen wie die Mäus, vom Feind für weiße Wecken und Semmeln frisch Gemüs und Wurzelwerk zu tauschen, so bereits rar geworden. Wird allsogleich austrummelt: es sei ein solch Schandverhalten sofort bei Todesstraf verbotten und derlei ausgschamte Frauen dem Herrn Stadtkommandanten persönlich zu Verhör und Verurteilung vorzuführen. *Die* Handschrift gefällt mir! – Hab zum Entzbaum gesagt, man sollte sölchene üblen Madams gleich im Türkenlager feilbieten oder verschenken; flüstert er mir ein Ding von zween ehrenfesten Bürgersfrauen – es wär aber noch geheim –, die seyen bey der Nacht völlig aus freien Stücken über Wall und Graben zum Türken hinüber und hätten andern Tags ihre Herren Eheliebsten durch ein Botenbrieflein wissen lassen, sie kämen nimmer heim, wüßten erst itzo, was wahre Lieb im Stand seye. – Bin hernach am Kienmarkt auf ein klein Besinnen ins Ruperti-Kirchl hinein, dort der Barbara gedacht. War schon lang nimmer beim Gemäld.

Die Commissarii haben dem Pater Hofmeister Bernardus den schönsten Weizen für die Generalität abgefordert und für den Muth (30 Metzen = 18 Hektoliter) nur 25 Gulden bezahlt, wo doch Müllyg und Bäcker schon für den schlechtesten 48 bieten.

Samstag, 24. Juli

Meine Kranken versorgt, dann ein paar Atemzüg lang vor der Heiligen mit dem Kelch verweilet; hernach auf Einladung zum Bürgermeister Liebenberg ins Hohe Haus (Am Hof Nr. 7). Er will wissen, wie es im Mölkerhof stehe, hat mir danken wöllen; ich lehn's ab, dank lieber ihm, auch im Gedanken ans Pestjahr (1679). Er ist at geworden, dabei noch keine 56. Dazumal war er Stadtrichter, ist ins Collegium Sanitatis eintreten, hat mit dem Dr. Sorbait[10]

[10] Paul de Sorbait, Wiens berühmter Pestarzt, war Niederländer, geboren 1624 im belgischen Hennegau. Der als besonders temperamentvoll geschilderte Wissenschaftler erwarb seinen Doktortitel in Padua, kam über Holland, die Rheinlande und Italien 1652 nach Wien, wo er in der Folge als Professor und Hofarzt bzw. Leibarzt Maria Eleonoras, der Witwe

Tag und Nächt die Seuch bekämpfet auf alle Weis und ohne Furcht, seind beyde gesund blieben; Gott lasse sie auch aus der dermaligen Unheilsstund heil ausfinden. – Ist heut ein ruhiger Tag gewest mit Regen von der Nacht her, han bis in den Morgen einmal wieder wohl geschlummert; das Regnen kühlt und sänftigt, hält den Staub, reinigt ein bißl die Stadt, macht aber die Zündruten feucht, mindert bei Freund als Feind das Kanonenspiel; nur in der Früh ist von der Insul her unter der Predigt eine Kugel in den Dom gepoltert, hat den großen Orgelfuß von hinten angemörsert. – Hab bemerkt, daß die Unsern in aller Ruh das Geschütz austauschen, wo's not tuet, auch stehen da und dorten etwelche Haustüren offen und die Kaufläden bieten feil wie im Frieden; ist noch an nichts kein Mangel.

Beim Liebenberg kömmt auf einmal der Schottenprior, er ist ja itzo dahier im Logis, mit dem Dr. Schack ins Zimmer, kenn auch den ausm Pestjahr, ist er es gewesen, so der Seuchen mit Eis und Eiswasser zu Leib geruckt, hat hernach aber den Titul Kayserlicher Leibmedicus ausgeschlagen, er wär mit Majestatis Verlaub für *alle* Leuth da, nit nur für Kayser und Hof. Hat ihme aber kein Zorn, viel mehr Lob eintragen. Itzo sitzen wir und reden von einst und heut: sind ihm zwar noch nit Pestkranke, aber schon ein paar wenige mit der roten Ruhr untergekommen; doch seye sie noch nit aufgeflammt, und so alle guten Geister uns beistünden, blieb's vielleicht bei den wenigen. Und wenn's dennoch wär, so sollt keiner sich vor der Ansteckung förchten: wie mehr einer sich ängstet, wie schneller hat sie ihn. – Der Prior geht seit dem Schottenbrand gantzer in der Seelsorg auf, also frag ich ihn, ob auch meine Gebet am Kranken- oder Sterblager vom Himmel erhöret würden, wiewohl ich ein Laie wär und ein Erzketzer gewesen? Er schmunzelt und meint, Vater, Sohn und Geist seien gewißlich noch nie so tolerant gewesen als in währender Zeit, 's gäb itzo nur *ein* Gottvolk mehr, unus sanctus. Er

Ferdinands III., tätig war. Für seine Verdienste im Pestjahr 1679 wurde er mit dem Titel eines Regierungsrates geehrt und zugleich in den ungarischen Ritterstand erhoben. Sein von ihm selbst textierter Epitaph im Wiener Stephansdom mahnt die Nachwelt, des großen Lehrers, treuen Helfers in trüben Tagen und Bekämpfers der Pest nie zu vergessen, desgleichen auch des ritterlichen Führers der Studenten Anno 1683 zu gedenken. Während der Ruhrerkrankung Andreas Liebenbergs hat Sorbait den Bürgermeister persönlich betreut, auch die Totenbeschau vorgenommen (10. September 1683). Sorbait starb 1691. Weiteres bei: Leopold Schönbauer, Das medizinische Wien; Wien 1944.

berichtet, die Kartätschengießer vom Zeughaus hätten sich neuerdings beim Schottenturm eingefunden, nach der geschmolzenen Glockenspeis zu forschen; wollten auch das beschädigt Kupferdach von der Stiftskirchen nehmen, Granaten daraus zu machen, wiegt alles mitsammen bei 50 Centnern. – Der Liebenberg ärgert sich, weil der Landtag – lauter Leimsieder – die Maßregeln zur Defens, so den 31. Mai beschlossen gewesen, erst am 19. Junius decretiret habe, wodurch Fluchtörter, Kreidfeuer (Signalfeuer; vom italienischen gridare = schreien, rufen) und das Waldverhauen viel zu spat, auch gantz und gar lüderlich in Angriff genommen worden und das Landvolck aufs Kommende nit ausgiebig vorbereitet gewesen. – Der Doctor will wissen, wie viel Inwohner, eingesessene, Wien innert der Mauern noch habe, und der Bürgermeister kalkuliret: so um die 60.000 und scherzt, da zählte ich, der Anselm, totaliter mit, oder ob jemand etwan noch merke, daß der da einmal ein zugereister Schwab gewesen? Nun und nimmer, ist ein Wiener bis in den Spruch hinein. Wir lachen, und die Weinglaseln läuten wie die Friedensglocken.

Der Feind, hör ich, miniret vor Burg und Löbel Tag und Nacht, und wir tuen ihm nach Kräften entgegen. – In der Abenddämmerung gibt's vom Rottenhof her eine scharfe, kurze Kanonad; wir feuern zurück, und ich reit noch zur Basteifront hin, nach Verwundten zu schauen, auch aus Neugierd. Treff vor den Minoriten den Baron Weltz, der fraget mich, ob mir vom kuriosen Alarm um Mittag nit ein Ton zu Ohren gedrungen wär? Nein, sag ich, bin im unversehrten Schottenkeller gewesen, Wein abfüllen helfen. Ha, im Keller! lacht er und erzählt, es hätt einen Rumor gegeben: der Feind sey allbereits in die Stadt eingedrungen durch die große Möhrung (Kloake) beim Roten Turm, man höre ihn deutlich pochen und kratzen. Der Herr Kommandant sitzet grad im palazzo zu Tische, kömmt ihm ausgerechnet der Obrist-Wachtmeister Nitschky von der Stadtguardia den Sachverhalt melden. Der Graf explodiret schier vor Zorn, nit wegen der Türken, nein, der Überbringer reizet ihn der Maßen: dieser Duckmäuser, schreit er, diese Kreatur, dieser Hinterfotz, dieser Tököly-Knecht! Jagt den Beleidigten zum Tempel hinaus und schickt mich den Fall untersuchen. Und was war? Der Handlanger vom Scharfrichter hat mit zwo, drei Kumpanen ein erschossenes Roß im Stall unter der Erd abgehäutelt und zerwirkt, sie wöllen es verspeisen; und wie da die andern Pferd unruhig werden und ins stampfen anfangen, haben die Leut im Nachbarkel-

ler vermeint, es wär der Türk leibhaftig, und melden's der Guardia; die aber rennet – statt erst nachzusehn – spornstreichs zum Starhemberg. Na, gute Nacht.
Ja, gut Nacht, das sag ich nun auch Dir, Bruderherz in der Ferne. Wie mag's bei euch daheim gehen?

Sonntag, 25. Juli

Trotz Sonnenschein ein finsterer Tag: Graf Rüdiger Starhemberg neuerdings verwundet, Bombensplitter-Blessur am Arm, weiß nit an welchem – ist just um die Stund des Ausfallens zwischen 4 und 5 des Nachmittags bei den Vorposten in den Sappen auf Inspection gewesen; auch Graf Guido verwundet. Schwer. Am schwersten der Georg Rimpler, so den Ausfall kommandiret; hat ihm eine Musquetenkugel den linken Arm zerschmettert; leichter blessiret die Grafen Souches und Dubsky, der an der Schulter, dieser ärschlings. Gefallen in selbiger Action mehrere Officiers, seind ja stets vorn. Der Ausfall hat vor der Hofburg sein Anfang genommen, nachdem der Feind zwischen Burg und Löbel, am einspringenden Winkel vom Ravelin, rechte Flanke, wie ich itzo weiß, eine kräftige Mine hat springen lassen, hernach sogleich mit infernalischem Schellenklingeln, Pfeifen und Glöcklbimmeln zum Tanz aufgereizet und den Ravelin zu berennen begonnen; ist schon das andere (zweite) Mal. Sollen auch die Janitscharen am gedeckten Weg stark in Palisaden und Brustwehr eingedrungen und ungut nah gekommen sein. Dann aber war der Gegenstoß mit Gemetzel und Mordgeschrei, Musketenfeuer und Granatenkrachen beiderseitig. Sind die Unsern mit Schwung in die türkischen Laufgräben, haben denen Janitscharen, lebendigen oder gefallenen, die Köpf vom Rumpf gehauen und dutzendweis auf die Palisaden gesteckt. Weiß noch gut, wie das geht: absabeln mit einem Hieb, hernach den Kürbis bei den Lauschern gepackt, hoch auf und mit Kräften übern Pfahlspitz gestülpet; lässet dann mehrstens den Kiefer hangen, als wollt er immer noch schreyen und schreyen – vergib mir mein Gekritzel, Bruder, aber mir zittern auf einmal die Finger ärgerlich, mueß was trinken. –
Angeführt also hat den glückhaften Gegenstoß der Rimpler, ihn wurmt es, daß er mit unsern ungelernten Mineuren nit recht vorankömmt, so übernimmt er, quasi zur Buß, Actiones wie die; dazwischen fördert er mit aller Härt die Fortification, macht den Gegenwall (Kontreskarpe) immer perfekter und perfekter; er und Graf Starhemberg und wir alle wissen: die Rettung der Stadt hänget

Emmerich Tököly (1656–1705), der machthungrige Rebell gegen die Herrschaft der Habsburger in Ungarn. Als Anführer der „malkontenten" Adeligen verbündete er sich mit Kara Mustafa, dem Seraskier (Oberbefehlshaber) des türkischen Belagerungsheeres. Herzog Karl V. von Lothringen hat ihn mit der von ihm befehligten kaiserlichen Armee mehrmals geschlagen.

am Defendiren vom Stadtgraben, in den darf, hilf Gott, von den Feinden keiner herein, bis der Entsatz anruckt! – So weit hat der Rimpler sie heut zurück geworffen, daß seine Streiter sich in die ersten türkischen Linien selber haben einzunisten vermocht, bravissimi! Weiß wohl, wie einem Soldaten an einem solchen Abend zu Mut ist, wann der Rauch sich verziehet und der Feind abläßt – schmeckt ihm alsdann das schimmeligst Schwartzbrot delikater dann die süßesten Zuckerplätzle. Gefallen auch ein Officier aus Württemberg, ein deiniger Freund, Bruder Armin: Obrist-Leutenandt Baron Walther! Han nachm Einzug des Regiments auf der Insul ein Wörtle mit ihme gewechselt, hat mir versichert, er wisse, daß von des Polenkönigs litauischen Reitern – sollen ihrer bei 40.000 gewesen sein – kein einziger bis Wien kommen würd, verließen allsambt unterwegs im fettern Bauernland den Haufen, findt koin oinziga mehr retour, do mampfet se, täte stehle und mordbrenne accurat wie die Tartern selber. – An Leib und Leben gefährdet war auch General-Feldwachtmeister Graf Serényi, dem Festungskommandanten allzeit ein getreuer Helfer, von Anbeginn im vordersten Abschnitt.

Wie mich unser Vater selig in Pfullingen zum alten Pastor Jäggle in die Lateinstund geschickt hat, han ich da mannige (manche) Redweis mir einbleuen gemußt, per exemplum: carpe diem (Nütze das Heute) oder ferro ignique (Mit Feuer und Schwert) oder pecunia non olet (Geld stinkt nicht); so man aber eine Sach weitergäb, die einem nur vom Hörensagen vertraut: relata refero. Das muß ich dermalen oft denken, schreib ich so hin, was alles vor der Burgbastei sich ereignet – komm selten bis dorthin, dünken mich ja schon Mölkerbastei oder Schotten-Ravelin mühsälig entlegen. Bin auch stark zu meine Blessirten gebunden, bin aber dannoch lebhaft leibhaft überall darbey: wer mit Verwundte, Kranke oder Klosterbrüder umgehet, dem braucht um Zeitungen nit bang zu sein, wird damit in permanenza versorget. 's ist wie mitm menschlichen Leben: der Himmel vergunnt einem nur ein winzigs Stückl Land zum Geborenwerden und drauf zu hausen, und ist uns im Gemüth doch der gantz Globus präsent, als bewohneten wir ihn rundumherdum. Und kömmt itzo manniger Inwohner nimmer aus seine zween Gassen oder vier Wänd herauß oder von seim Kampfabschnitt nit weit hinweg, ist ihme dannoch das Treiben und alles Leyden in der Stadt geläufig, lieget ihm auf (am Herzen).

Abends zum Hofspital, da sie den Starhemberg eingeliefert, wollt zum wenigsten am Tor sein Befinden auskunden dürfen; war aber schon in die häuslich Pfleg entlassen und abgetragen (per Sänfte heimgebracht worden). Treff aber einen invaliden Cousin vom Prämer, der dient im Kaiserspital und sagt mir, Graf Starhemberg hätt noch aufm Bett vor seiner Suite lauthals gefordert, alle von der Donauseiten abkömmlichen Bürgerkanoniere sollten unverzüglich an die Stuckh auf die Burgbastei, auch wann sie nit gern in der Regulärtrupp kämpfen täten, er würde genesener ihnen personaliter danken kommen, es seien namlich schon genug kayserliche Konstäbler vor der Burg geblieben (gefallen). Der Prämer-Vetter will auch vernommen haben, daß der Kommandant die Artillerie des Kara Mustafa an Zahl weitaus geringer einschätzet, als die Fama voraustrompetet: höchstens 120 bis 130 Stuckh; seien in der Waffen auch ansonsten *wir* überlegen, Soldaten wie Bürgerliche. Will's gern glauben.

Verwichene Nacht haben Unsrige einen türkischen Deserteur beim Biberschanzl (in der Gegend der heutigen Postsparkasse) einschleichen gelassen und geschnappt: er hab es satt, stotterte er, er wolle nimmer mittun, und wie man ihn aushorchet, so gibt's ein Gelachter, indem der Muslim gestehet, es hätten von seinen Landsleuten viele, beinah alle zu Beginn das gantze umwallete Wien für den Kaiserpalast gehalten und erst die Vorstädt und Vorörter für des Volkes wahren Wohnplatz. –

Auch der Rimpler lieget im Hofspital, soll ihm nit zum Besten gehen. In Kandia bin ich seiner nit ansichtig worden, wiewohl er zu meiner Zeit dagewesen, han ihn auch loco noch nit zu Gesicht gekriegt, tät ihm wohl Reverenz erweisen, dem Herrn Kriegsbaumeister gloriosus.

Bis zum Ausfall am Nachmittag war's ein mehr ruhiger Tag, hielten auch die Kaufleut ihre Läden wieder offen; grad von der Insul her seind um Mittag Bomben aufs Laurenzi-Kloster und in den Fleischmarkt gefallen; großer Schaden.

Die Röhrenbrunnen rinnen wieder, aber es war Verdacht, die Türken hätten durch die ausgrabenen Röhren Gift ins Wasser gemischt und so in die Stadt geleitet. Ist aber nit der Fall, zwo medici von der Fakultät haben's untersucht, Proben genommen und für sauber befunden. Bei der Auerspergschen Hausruin (auf der Freyung) ist eine Mistgruben eröffnet worden. Die Tiroler (gemeint sind die Bergleute) sollen redlich am Contraminen graben sein. Wär noch vom Baron Kielmannsegg ein weniges zu vermerken, vermag's aber nimmer; auf morgen! Scheint eine mehr ruhige Nacht zu geben.

Montag, 26. Juli

Von denen Bürger-Artilleristi hänt grad nur ihrer 20 eingestimmt zum Diensttuen am Löbel und vor der Burg, ob man gleich eine vierfache Mannschaft hätt abstellen gekunnt, aber sie hänt sich deme Festungskommandanten offen verweigert; er nimmt's nit als ein Affront oder gar Meuterei, sie bleiben halt so viel gern am Donauarm, tun grad, als hätten sie die Bastionen Biber und Gonzaga in Pacht; seind tüchtige Kämpfer, aber Eigenbrödler, so lässet sie der Starhemberg, Vorlieb oder Widerwillen im Soldatenherzen abwägend, ohne Groll gewähren; die 20 aber nimmt er, eh sie sich's etwan überlegen. – Auch *der* Tag ist bis 5 des Abends ehender ein ruhiger Tag gewest. Der Feind hat seine Abschnitt wiederum breiter gemacht, bauet nächst dem Trautsonschen Garten hinterm Rottenhof hinaus und links davon im Ziegelofen (Laimgrube) eine neue Batterie gegen Burg und Löbel – hat aber von daher beständig Störfeuer.

Um 5 Uhr kracht und sprüht es dann außerhalb der Burgschanz (Ravelin): fährt eine Feindmine steil auf wie der Vesuvio, exakt auf der Kontreskarp vor der rechten Face (Flanke, Außenseite) vom Ravelin; Facit: wenig effectiv, mehr ein Spectaculum. Ums Dämmern haben sie einen armen Teufel von Feuerwerker (Mörser-Artillerist) vom Burgtor zu uns herein, die Hospitäler dazwischen seind alle schon überbelegt. Es hat ihn mehr an der Seel als am Leib, merk ich, die Angst schreiet ihm aus beide Augen; ich red ihm Trost ein, lab und fütter ihn, aber der Feldscher druckt mich weg und lässet ihn zur Ader, ist ja das Laßeisen die höchste Weisheit der Herren Feldscherer; bin froh, daß ich auf Candia keinem solchen Bader in die Klauen geraten bin, säß itzo nit da. Er blütet den Armen halb aus, und wie ich mit Füttern weiterfahren will, verhaucht mir der Mann nach zween Bissen mitm Löffel im Mund. Bin rechtschaffen zornig worden.

Ein städtischer Trommler und Rufer, sie hören grad nit das Gras wachsen, sonst aber alles, bsunders was sie nix angeht, sagt mir: dem Baron Kunitz sein Bedienter, er heißt übrigens Jacobus Haider, wär vorgestern (also am 24.) nochmals mit einem Brief aus der Laimgruben in die Stadt herein und gestern mit der Respons hinaus, dermalen durch die Roßau, zwo Rumorwachter hätten ihn nach draußen gebracht. Der Kunitz, sagt der Trommler, muß ein toller Kampl sein, hat sogar Berittene, die schickt er mit Botschaft quer durch den Wald bis auf Tulln oder Mautern oder Stein zu denen Kayserlichen, und der Kara Mustafa, von seim Riesenheer verblendt, schauet nit westwärts und nit stromauf, hat dahin keine Spion! In der Roßau freilich hat er welche, und dort sollen sie den Lakaien auch gefaßt haben. Der Götzische Kürassir mit der Schweinsblasen ist aber gewißlich aufm Retourweg zur Armee gefaßt und verhöret worden, wie wäre sonst vor etlich Stunden das Antwortschreiben für den Lothringen an einem verfluchten Türkenpfeil über Wall und Graben in die Stadt geflogen kommen, mit einem lateinischen Rescript als Anhängsl? fragt der Trommler. Vielleicht rufen wir alldas noch vor dem Abend aus, meint er wichtig, ein allgemein Erzürnen zu wecken. In dem lateinischen Wisch soll namlich ohngefähr stehen: der feige Giaurenkaiser habe des Sultans Freundschaft mißachtet, den Frieden christenhündisch gebrochen und sodann Reißaus genommen. Graf Starhemberg aber möge sich das mühsame Briefchiffriren sparen, es wüßt doch längst ein jeder, wie miserabel es um die Stadt bestellet wär, von 10.000 3000 tot, euer gefangener Postillon hätt den elenden Zustand der Festung freimütig einbekannt und der Großwesir diese Freudenbotschaft im ganzen Lager verkündigen gelassen; so ist also für euch arme, gute Bürger der Tag der Reue über die Halsstarrigkeit des Kaisers Leopoldus angebrochen, doch will Kara Mustafa Milde walten lassen – nehmet sie an, und er wird keine Gewalt mehr gebrauchen; anders jedoch werden die Belagerten Gottes Strafgericht spüren und allesamt weinen. Kluges Volk von Wien, das wir achten, ergib dich etc. Die wöllen gern für ihren Honig unser Blut. Den rechten Text kriegen wir noch vom Hofkammerrat Aichpüchler, schließt er.

Hab heut von keinem derlei Trommelruf mehr gehört; dennoch hat es mit dem Pfeilbrieflein seine Richtigkeit. – St. Anna, schütz den Götzischen Kürassier, heut ist ja Dein Festtag, vordem zu Wien so üppig begangen, itzo mehr kümmerlich. Und wann Heilige würklich zu helfen vermögen, so hilf dem verwundeten Rimpler, er braucht's und wir brauchen ihn.

Nach dem Nachtmahl, beim Fußbad, kommen der Medard und der Johann Jakob auf ein Glas; advisiren mir, es würde ab nun bey Anzeichen von Feindsturm sofort die groß Angstern-Glocken zu St. Stephan geläutet, drauf hätte sich jeder Bewaffnete Tags oder Nachts ohn Verzug am Sammelplatz einzufinden. Wer noch kein

Gewehr hat, bekommt sogleich eines im Zeughaus; in währender Sturmzeit dürften andere Kirchen und Klöster nit läuten, nur die Stund schlagen lassen. – Der Starhemberg laßt sich diesmal nit ans Bett binden: blessirt und fiebernd, wie er ist, tragen sie ihn in einer Sänften von Bastion zu Bastion bis auf die Ravelins hinaus, alles mit Umsicht anzubefehlen, insbesonders zur Wachsamkeit mahnend. Auf St. Stephans Turm, auf die stainerne Bank mit ihrem Umblick ins Feindlager, kann der Graf noch nit hinauf, aber seit ein paar Täg gibt's beim Türmer einen Officier, der schreibt alles Remarquable auf einen Zettel, tuet an selbigen einen Stain und wirft ihn ausm Fenster; am Turmfuß passen zwo freiwillige Jesuitenpatres, die machen unverzüglich Abschriften und rennen mit der Meldung zum Stadtkommandanten, auch zum Grafen Kaplirs und zum Bürgermeister. Apropos Jesuiten: ihr Vice-Rector sei ermahnet worden, Kuchl, Weinvorrät und der Patres Wohnungen vermehrt denen Kranken und Verwundeten zukommen zu lassen. Die Feuerwerkerei mit Melde-Raketen und Fackelsignalen auf St. Stephan unterstehe übrigens dem Baron Kielmannsegg, item alles Munitionswesen, insonderheit Kartätschen, auch das Pulverstampfen und Spanische Reiter machen. Und noch was gibt's vom Kielmannsegg: er ist Landunterjägermeister und hat 80 adlige Jäger unter ihm, die lauern itzt – grad wie am Anstand – bei der Burgtor-Schanz (Burg-Ravelin) und nehmen die Janitscharen einzeln aufs Korn wie ehdem Reh oder Säu, verpaßten ihnen Kopfschüß oder Blattschüß, daß es eine Freud ist! – So tratschen wir drei eine Weil dahin, bis der Pater Verwalter wieder sein Klaglied über die Commissarii anstimmt, diesmal über dero Unredlichkeit: sie forderten in den besseren Kellern von 1000 Eimern Wein 8 Eimer für alle gesunden Soldaten, für die Blessierten vom Regiment Souches aber je ein Seitel pro Tag, was viel, aber noch nit ungebührlich wär; ungebührlich aber sey es gewesen, daß beim Wein-Requiriren im Mölkerhof der Proviantmeister seine Leut dazu angestift, ein sorgsam aufgespart Fäßlein Schmalz mitgehen zu lassen; er und der Medard, der Hofmeister und der Henricus hätten jedoch so lang und so fest mit der Faust in den Tisch gehauen, bis er es mit Spott und Schand hat herausgeben müssen. – Itzt geht es übers Brennholz her.

Dienstag, 27. Juli

Um 3 Uhr in der Frueh hat mich die Prämerin zum Felix rufen lassen, als wär ich ein Medicus: der Bub hat Bauchkrämpf, sie sei in

Sorg. Ich hol die Suleika, sitz auf, mach sie mit meim Stock traben. Geringer Beschuß in der Ferne. Ich untersuch das Kind, so gut ich's weiß, find seinen Durchbruch (Abführen) harmlos und sag der Prämerin, sie könne den Arzt sparen, ein kleiner Fasttag, so würd es wieder. – Wie ich gegen 4 aufs Hühnergässel herauskomm, merk ich einen Rumor am Fischmarkt (oberer Teil des Hohen Marktes), beweg mich drauf zu und seh, der Henker zieht grad den Reiter vom Regiment Dupigny, der seinen Korporal erschossen hat, am Galgen hoch, und die Leut stehen und gaffen. Wie der Soldat oben baumelt, fangt auf einmal die Angstern mit Wucht ins läuten an; alles stiebt, rennt, schreit, und bald weiß ein jeder: der Feind stürmt gegen den Burg-Ravelin. Ich nehm's als Fügung und reit Tuchlauben, Kohlmarkt, Michaeler-Lucken zur neuen Burg; neben mir laufen zweye von denen Kielmannseggschen Jägern, wollen auch nach vorn. Ich find einen Winkel für den Esel, ein Handelsmann, der mich kennt und vorm Türl Schildwach steht, laßt mich in den Burgflügel ein und druckt mir eine Granaten in die Hand, was soll ich damit? Für allenfalls, meint er. Die Burg ist beinah leer, seind alle Kämpfenden vorn, auf der Bastey; ich schlepp mich hoch, stell mich in eine Fensternischen und seh von da alles: Spanier-Bollwerk, Bastion, Burgtor, Burgschanz, und wie daß Attaque und Gegenstoß bereits in vollem mouvement, schier wie in einer Schlacht. Der Feind tuet wie närrisch am Ravelin in einer Breschen vom letzten Freitag; zwo Dutzend Türken überklettern die Palisaden, springen in die Kontreskarp, hauen mit dem Sabel um sich, wir hauen zurück und feuern mit der Handwehr, bis sie alle im Graben liegen, bleibt keiner lebend, fallen aber auch von uns nit wenig. Kein Muslim wagt sich mehr herüber; wir aber treiben sie hinaus, fechten und feuern bei ihren Approchen, schlagen sie ab, sie sterben einzeln oder in Schüppeln – nach anderthalb Stund, schätz ich, müssen's ihrer zwo bis drei Hundert gewesen sein.
Etwelche aber stürmen doch wieder so nah herbei, daß die Unsrigen mit ihnen reden können, sie mit Händen greifen, über die Palisaden zerren, erwürgen oder mit Granaten bewerfen – Rauch, Blitz und Donner, ich bin wieder dabei! – Wie ein paar leicht Verwundete ein paar schwerer Blessirte durchs Tor in Sicherheit bringen, muß ich hinunter und hinzu, etwan beim Verbinden zu helfen; hör, daß einen Obristen Burckhard von Gallenfels ein vergifteter Pfeil augenblicks ans Grab geheftet, der General-Wachtmeister Graf Serényi aber so löwenmäßig gekämpft, daß er einen gewöhnlichen

Pfeil in der Schulter rechts die längste Weil gar nit bemerkt, bis ihm ein Leutnant vom Regiment Souches selbigen herausgezogen; liegen von uns heut viel hohe Chargen und Mannschaften tot, aber doch nur ein paar Dutzend – beim Feind hingegen ist's der reine Freythof! Ich helf noch verbadern, da treiben 6 Mann 6 gefangene Türken herzu, durchstöbern ihnen Hosen und Schuh nach Gold, möchten sie hernach köpfen, zuvor aber schinden; sie fesseln die Strampler, kleiden sie aus und fangen an mit Streifen aus der Haut schneiden und abreißen; schreiet keiner so fürchterlich wie, wem das widerfährt, bis er sich im eigenen Blut suhlt und verröchelt. Ich eil hin und will bitten, sie sollen die Kerle doch lieber gleich decapitiren, ohne Schinden, halt mir die Ohren zu, will lauffen – und fall in die Ohnmacht. Aber eh mir ganz schwartz geworden, das weiß ich noch, ist mir auf einmal die Ursach von meiner sensibilitas aufgangen: Ich seh die Galeere . . . *An dieser Stelle folgt die Schilderung des in der Vorbemerkung bereits erwähnten Untergangs eines Kriegsschiffes und seiner angeketteten Rudermannschaft vor Kreta.*

Wie ich zu mir komm, ist's rundum ein bißle ruhiger; bin im Gesicht von Schweiß und Tränen versudlet, und vom Schnaps, so mir die Kamraden eingeschütt. Die 6 Türken seind tot, aber keiner mehr für menschlich zu erkennen. – Ich hol die Suleika, schau noch einmal beim Felix vorbei, er schlummert friedsam, die Prämerin ist froh; ich erbitt mir von ihr Brot und ein Schlüpfl Wein, war noch nüchtern; dann eil ich fort zu meinen Kranken. Am Hof traben mir die zwei Dioskuren entgegen; ich heb die Hand, grüß insonderheit den Starhemberg submissest – hat er doch tatsächlich die Sänften schon wieder mitm Rößl vertauscht! Sie halten an, und ich frag zum Kollonitsch hinauf, ob er nit um Gottes Willen was tun könnt gegen das lebendig Schinden vom gefangenen Feind. Warum sollt ich? fragt er. Weil die Türken doch auch Christenmenschen seind! schrei ich beinah. Seit wann? schreit er zurück und lachet laut. Das fährt seinem Gaul in die Knochen, er schreckt, geht auf die Hinterhand nieder, steiget mit Gewieher hoch, und der Bischof hat Not, das Tier zu sänftigen. Am End lachen beide Herren über mich, der Starhemberg nickt mir, und sie sprengen davon. Ich aber lach nit. Der Kollonitsch tragt niemals was nach, und wie er ums Dämmern mit dem Liebenberg in den Mölkerhof auf Visitation kömmt, ob wir denn auch genug sauber Wasser, Linnen und Stroh hätten, auch versorgt wären mit frischem Fleisch, Zugemüs (Beilagen), Weißmehl und Rotwein, verliert er kein Wörtl über meinen faux pas. Er

Kara Mustafa (1634–1683), Großwesir Sultan Mehmeds IV., war bereits auf Kreta bei Freund wie Feind ob seiner Goldgier und Grausamkeit berüchtigt beziehungsweise gefürchtet. Daß das hier gezeigte prächtige Porträt seine Unterschrift erst nach 1683 erhielt, ergibt sich schon aus dem seinem Namen vorgesetzten „Infelix“: der Unglückliche. Die Legende schließt zudem mit der lakonischen Bemerkung: „Nachdem er die Stadt Wien belagert hatte, wurde er zu Griechisch Weißenburg (Belgrad) erwürgt und enthauptet.“

schaut aufs Herz wie der Herrgott. Im Stubenviertel und am Wasser entlang seyen schon haufenweis Soldaten, Bürgerwehr, Weiber und Kinder von der roten Ruhr ergriffen, berichtet er, verspritzten ihr Blut bei jeder Notdurft; der Stadtrat hätt allbereits verordnet, sie im Bürgerspital zu sammeln und dort zu behandeln, mangelhafte oder verdorbene Nahrung seien schuld an dem Übel. Der Liebenberg meint: Bisher haben wir den Feind vor der Mauer gehabt, itzo wütet ein ärgerer mitten in der Stadt; der Brand, den uns der Türk in die Häuser schickt, sey leichter zu löschen als das Feuer in der Bewohner Gedärm.
Abends hat der Henker auf Befehl vom Grafen Kaplirs den Leichnam des executirten Reiters vom Galgen genommen, zur Donau gekarret und hinein geworffen.

Mittwoch, 28. Juli

Mitternacht. Muß mich kurz fassen, han zwo sterbend gehabt, frisch Verwundte vom Löbel herein, darzu Beschuß aufs Haus (Melker Hof) von den neuen Batterien beim Ziegelofen draußt. Sehr viel Bomben von der Leopoldstadt herüber, das Haus „zum güldenen Wolffen" beim Roten Turm ein Trümmerhaufen, das Ziegeldach e zersplittert, gibt Effekt von pfündigen Hagelkugeln; arg viel Blessirte. – Wir mögen stören, wie wir wollen, der Feind baut seine Stellungen aus, ruckt immer nähender zur Kontreskarp. Um 5 des Nachmittags springt eine Mine dem Löbel gegenüber, legt die Palisaden reihenweis um, schmeißt berghoch Erdreich in den Graben, der Feind stürmt kurz, wird – mit 20 unsrigen Toten und Verwundeten – abgewiesen; unsere Schanzer räumen im Graben auf, richten die Palisaden, der Feind wirft mit Steinen. – Geht ein Befehl vom Starhemberg um: Wachposten und Schanzarbeiter dürften nit vor 24 Stunden abgelöst werden! Er ist unnachgiebig; die Bürger haben namlich um Verkürzung der Nachtwach gebeten, sie käm sie zu hart an. Item solle das müßig umherstreunende Weibsvolk die anbefohlenen Unratgruben ausheben helfen, auch vor dem verbrennten Auersperg-Haus auf der Freyung. Item seien alle benötigten Materialien und Dienste bei den Verteilörtern anzufordern: Bauholz, Fässer, Fuhrwerk, die lästige Confusion zu vermeiden.
Es ist um sich anzuspeien: bald jeden zweiten Tag muß ausgerufen werden, es solle sich jede noch säumige Mannsperson zum Schießprügel- und Schaufelempfang endlich melden; wer sich versteckt, Hausherr oder Mieter, werde am eigenen Fensterkreuz zur Gasse

hinausgehängt, sein Haus würd sein Galgen! – Bei Anzeichen von Feindsturm hätten ab nun wiederumb alle Glocken in der Stadt, nit nur die von St. Stephan, zu läuten, damit ja keiner die Ausred hab, er hätt es nit gehört. Läuten sie, so müssen alle Wehrhaften an die bestimmten Plätz: Am Hof die Bürgerschaft, Studenten auf die Freyung, alles übrige auf den Mehlmarkt und daselbst aufs Abkommando warten. Wer ein Gewehr bekömmt, aber nit zur Verteidigung erscheint, sondern sich drückt, wird unnachsichtig gehenkt. – Man befürchtet, daß der Feind Minen am Schottentor grabt, also läßt Starhemberg austrummeln: Horchet in allen Kellern auf jedes verdächtig Geräusch und meldet es dem Kommandanten oder der nächsten Stadtguardia, die werden es untersuchen. – Ich weiß vom Weltz, daß der Kommandant die Officiers versammelt und ihnen gesagt hat, der lateinische Pfeilbrief von neulich würd nit beantwortet, das Collegium erwartet von jedermann Kampf bis zum letzten Blutstropfen, und sie hätten es ihme einmütig zugeschworen, auch im Namen der Mannschaft. – Beim kurzen Stürmen am Nachmittag seind im Tumult ein Handvoll gefangener Christen aus der Vorstadt in die Bastion herein, kahlköpfig, waffenlos und gekleidet türkisch; wußten die Tageslosung nit – wär St. Maria und Loretto gewesen –, rufen aber: Gelobt sei Jesus Christ, und waren gerettet.
Die Hofbediensteten samt Kanzlisten und Buchhaltern seind vorlängst befehlgemäß im ruhigen Stuben-Ravelin (an der ringseitigen Mündung der Wollzeile) eingezogen, haben sich aber dorten bei Wein, Trompetenmusik und Paukenschlag trotz Vermahnung so kindshaft blöd über den Krieg als ein Maschkeradi lustig gemacht, daß man nach einer Weil sie hat wieder zurück in die Hofburg verlegen müssen.

Donnerstag, 29. Juli

Heut wieder aufs Hörensagen angewiesen. Die Excursion ist meim Fuß schlecht bekommen, hatsch wie ein Armenhäusler. Von den Basteifronten wär zu vermelden, daß die neue Feindbatterie hinter den Schanzkörben beim Rottenhof fertig ist und bereits auf die Burgschanz feuert; war aber bald wieder stumm – ist ihnen etwan die Munition ausgangen? Wer wird einmal den letzten Schuß tun, wann schaut ein End heraus und wie? Um halber 5 hat es mit Wuchten gedonnert: ist am Burg-Ravelin eine Mine hochgegangen, soll die dreifachen Palisaden samt dem Erdboden in die Höh gehoben, 7 Unsrige verschüttet und dreimal so viel verwundet

haben. Der Türk hat aber nit nachgestürmt; sonderbar. So ist denn alles wieder ausgebessert und aufgestellt worden, auch stärker gemacht als zuvor. Die Nacht ist still hüben wie drüben, so kann der Feind wieder einmal die Approchen erweitern und sichern, zum Dreiteufel! Sind von der Mölkerbastei Soldaten Wein holen gekommen, die sagen, daß man die türkischen Schanzarbeiter aus der Finsternus heraus emsig hauen, schaufeln und schaben höret. Ja, gäb's einen Laternstrahl so hell wie der Tag, ihn blitzplötzlich in den Graben zu schicken, die Schanzenden zu blenden, wie könnt man sie wirksam stören und dreinfeuern mit Musket und Granaten. Wär schon greller Mondschein eine Hülf. – Sind Studenten und Fleischergesellen heut gemeinsam ausgefallen, hänt aus die Weingärt 4 Maschtochse beigetriebe.
Gestern im Beschuß aufs Haus (Melker Hof) eine Bomben an die Eysentür beim Archiv gefallen, großer Schaden an denen Fenstern; zugleich hat eine Kugel in der Mölkerbrüder Kapellen das Crucifix und ein Reliquiar vom Altar gefeget. Man gewöhnt den Kanonenlärm, achtet seiner gar nit mehr, er wandert wie ein dauernd Dunnerwetter über die Stadt, bald da, bald dort hin, kommt jedes Viertel an die Reih; freilich keins wie Fleischmarkt, Löbel und Burg. Mancher Winkel aber bleibet totaliter verschont.
Geschrey (Gerücht) aus Preßburg: Der Tököly hat die Stadt eingenommen, aber die Festung nit ganz gekriegt; sey wieder ein Stückweit retiriret, abzuwarten – sollen dort starke deutsche Truppen anrucken. Ist aber alles ungewiß. Wo beibt *unser* Entsatz?
Der Kara Mustafa laßt vor seiner Kriegsschanz sichtbar (offensichtlich) eine zweite aufwerfen; ruckt er nähender? St. Ulrichs Turm haben wir ihm entzwei geschossen, wie's der Kunitz geraten. Man spargiret (streut aus), der Großwesir läßt sich zur Controll der Laufgräben nur mehr in einer Sänften aus Eysen herumtragen, ist nit mehr so couragiert wie dazumal beim Ritt in die Leopoldstadt. – Graf Starhemberg visitiret Posten für Posten ohn Ermüden, ist erneut an der Hand verletzt, aber gering. Mitunter fallen die Türkenbomben neben einem unsrigen Mörser auf die Bastei, entzünden ihn und er gehet feindwärts los mit Gezisch und Gebums. So sparen wir Zündrut und Müh, spötteln die Konstäbler.
Wie war der Liebenberg zufrieden, daß der Pater Hofmeister gestrigen Tags noch etliche ungrische Ochsen im Hof hat stehen gehabt vom ordinari Metzger (d. h. vom Fleischhauer, der ihn schon immer belieferte); heut ist Befehl gekommen, sie müßten alle bis

auf einen in publico (öffentlich) ausgehackt werden; der Pater ist desparat. Gottlob hat er die 4 Kappen (Kälber) behalten dürfen, für schwer Kranke und Chargen (Offiziere). Unsere Küh im Schottenhof und der Mölker eigene spenden brav Milch, aber nit mehr genug für die vielen Patienten, so hat der Pater Verwalter eine Milchkuh dazu kaufen dürfen und über den Bischof Kollonitsch noch eine vom Heiligenkreuzerhof zu Leih bekommen. Die 200 Schaf, so der Fleischhacker zu rechter Zeit hereingetrieben, seind uns belassen gewesen; itzt aber haben sie den gantzen Garten und die Böschung hinter der Bastei wurzweg abgeweidet, auch die grasigen Wegrain am Vogelsang und den Freythof bis zum letzten Halm, also wollen die Brüder sie schlachten: es wird Pöckelfleisch, Luftgeselchtes und eine Menge Wurstzeug geben. Bei den Metzgern wird das Fleisch von eim Tag zum andern teurer, es sey nit mehr genug vorhanden, ist aber ein gemeiner Lug. – Die Kommissär haben Brennholz zum Kohlenbrennen haben wollen, sind insonderheit hinter jedem Erlenprügel her wie der Teufel hinter der armen Seel, eignen sich die am besten fürs Pulver machen; die alten und neuen Meiler in der Stadt hitzen wie närrisch. Aber unser Pater Hofmeister hat selber Mangel an Holz, er verheizt in der Kuchl schon das abgeschossene Dachholz, allerlei Stöck und Pflöck und alte Zaungattern. Um den Herd schoppen sich in Zeiten 20 bis 30 Köch und Köchinnen eng und schwitzig, man glaubt nit, wie viel da Platz finden und was für gottlose Flüch darbey den Kucheldunst pfeffern. Die rote Ruhr haben wir noch nit. – Um Mittag der Prämerin ein Büschl Blumen geschickt, dazu ein Körbl mit herben Äpfeln samt einem Beutelchen gedörrter Heidelbeeren; sie soll die Äpfel schaben, die Beeren einrühren, auch ein Schlückl Rotwein dran tun und das Breili dem Felix löffelweis eingeben, sein Gedärm zu festigen.

Ums Vesperläuten hat mir der Entzbaum seine Sänften geschickt, er will mich bei sich haben, 's gehet ihm nit zum Besten. In der Oberen Jesuitenkirchen (Am Hof) und in St. Ruprecht am Kienmarkt ist alles gesteckt voller Betende, murmeln und flehen bis auf den Platz heraus. Vom Schwager hör ich, der Liebenberg hat bei den Schmieden ein gantz Stückfaß eiserne Fußangeln in Auftrag gegeben, die Teufelsdinger mit die vier Spitz, wo immer einer aufwärts stehet, wie man sie auch hinwerfe; han mir als Junger selber einmal in der Finstern so was eintreten, sapristi! Wann der Türk nächstens stürmt, wird man sie zuvor in den Graben schmeißen. Im Unterkammeramt und im Zeughaus machen sie fleißig Spanische

Reiter mit Holz- oder Eisenspitz, Fußtreppen mit Nägel, Palisaden auf Radeln und aus Ochsenhaut 3000 Erdsäck für Brustwehren auf Bastei und Ravelin. Kann aber die ganze Rührigkeit dem Schwager sein Trübsalblasen und Schwarzsehen, so ihn seit Tägen befallen, nit austreiben.
Die Donau steigt, sagt er nach einer Weil, also kann der Feind sie nimmer bei Nacht durchwaten. Dann gibt er den Sänftentragern einen Laternbuben bei und sie bringen mich heim. Die große Mistgruben auf der Freyung, gestern ausgehoben, war fast voll, wie sie mich vorhin zum Kienmarkt getragen haben, itzt hat sie bereits einen Gupf gehabt, und der Rumormeister Motz mit seinen Wachtern treibt noch immer bei Fackelschein mit viel Anherrschen allerhand Bettel- und Weibsvolk, herrenlose Zofen, geschorene Nymphen, feuchte Schwestern (Trinkerinnen), Waschweiber, Kuchlmenscher, Lehrbuben und Fleischergesellen herzu, die bringen den Unrat buttenweis oder in Scheibtruhen, schütten ihn oben drauf; es saftelt ausm Haufen, rinnet dem Weg entlang an denen Gräbern hin; die Stadt stinkt nit mehr nach Salpeter, Schwefel, Ruß, Kanonenschmauch oder Feuersbrunst allein, allbereits auch schon nach Aas, Tier- oder Menschenkot.

Freitag, 30. Juli

Seit vorigem Sonntag haben wir den gedeckten Abstieg in den Stadtgraben und seit damals immer einmal Kampf Mann gegen Mann um die Kontreskarp. Mut ist gut, Übermut tadelnswürdig, also hat der Stadtrath heut früh auf Collegiums-Befehl austrummeln lassen müssen: Bürgerliche, gleichviel ob Standspersonen, Handelsleut, Hofbedienstete, Studenten, Professoren etc., die eigenmächtig ausfallen, ohne Befehl die Kontreskarpen und die Palisaden übersteigen, sich sölcher Art in Gefahren bringend ohne den mindesten militari Nutzen, seind von der regulär Soldateska vor den Palisaden auf der Stell niederzuschießen oder gefangen zu nehmen und vor dem den Palisaden nähesten Stadttor zu henken ohne Prozeß.
Stärkerer Beschuß aus der neuen Feindbatterie im Garten nächst dem Rottenhof (Trautsongarten) auf die Burgbastei; war bishero glücklicher zu behindern gewesen dann heut. Gleichzeitig, und das war meinem Ohr schmerzlich präsent: wütendes Schießen vom Ziegelofen auf die Löbel-Bastion. Wirksam Gegenfeuer; bald drauf einige Ruh bei uns. Dem Löbel hat der Feind bis heut schon bös zugesetzt, die Bastion hat an der Kurtine links nur 3 Stuckh Verstärkung

bekommen, das ist nit viel, aber es gehen nit mehr hin, sie ist zu eng, dahero die peinsame Überlegenheit von denen drüben.
Zwo Verwundete berichten, auf der Burg-Bastion hat eine Türkenbombe drei Schritt neben dem Obrist-Leutenandt Gschwind einen unsrigen Böller, frisch geladen, voll getroffen und hinab in den Feindgraben geschleudert, allwo er mit weidlichem Effekt zerborsten sey; seind viel Arm und Bein und Köpf durch die Luft gewirblet. – Die Janitscharen haben eine abgefeimte Method: graben in die Kontreskarp stadtseitig Deckungslöcher, hängen Wollsäck drüber, hocken sich dahinter und schießen aus sotanen Logen bequemlich denen Ausfallenden entgegen, und machen die kehrt, ihnen hundsgemein in den Buckel, flüchten hernach wieselflink in ihre Approchen hinum. Sie treiben die Laufgräben bis auf Musquetenschuß heran, machen in denen Quergräben Brustwehren aus Sand- oder Wollsäck und feuern los. Für ihre Chargen bauen sie schußsichere Unterständ, gelten dort ja was Besseres. Sobald die Unsern ihre Sappeurs oberirdisch bewerfen oder niederhauen, fangen sogleich ihre Mineurs unterirdisch zum wühlen an – Stillstand wird beim Feind nit geduldet.
Um 2 am Nachmittag – ich hatt mich grad aufs Bett hingetan wegen des Fußes, bin eingenickt – zerpoltert mir, vom Burgtor herüber, ein Minendonner mein Träuml; der Feind hat sie springen lassen, sagt mir einer des Abends, 3 Unsrige tot. Um 8 haben wir ebendort einen eigenen Pulverstollen entzündet; Effekt gering wie immer.
Heut war *noch* ein Ruf: vagirende Mannspersonen, welche sich bis dato in den Häusern versteckt gehalten, sollten sich auf der Stell gegen Speis und Trank zum Schanzen melden, andern Falls bekommen sie von den Bäckern kein Brot mehr ausgefolgt. Hab gemeint, man würd sie zum Fenster hinaushängen, hab dort aber bis zur Stund noch keinen einzigen baumeln gesehen. Hat viel Langmut, der Herr Kommandant. Die Türken in der Vorstadt und im flachen Land haben Spürhunde, heißt's, mit denen stöbern und schnüffeln sie in allen Winkeln nach Giauren, jagen sie auf, treiben sie zur Arbeit oder zum Richtplatz. Warum tun *wir* nit so, Graf Starhemberg?
Geht die Kunde, Obrist Donatus Graf Heißler von Heitersheim hätt mit 50 Mann Pollacken und Deutschen 50 Türcken bei Orth an der Donau ein Scharmützel geliefert, sie bis nach Schwechat getrieben und dort niedergemacht. – Ein gefangener Türck am Neutor

beteuert im Ernst, der Kara Mustafa ließ unsere eingefallenen Kugeln und andres Geschoß abwiegen. Das tun auch wir. Vor dem Großwesir geschieht es wohl mit einer güldenen Waag, der Pater Hofmeister leiht sich dazu vom Metzger die alte eiserne.

Samstag, 31. Juli

Seit der Nacht zwo Mölkerbrüder mit roter Ruhr, ingleichen 3 Soldaten von den Unverwundten; durften nit ausrucken, sitzen und scheißen sich die Seel aus dem Leib. Ich hab's erst um 6 Uhr erfahren, bin ein halb Stündle länger in den Federn geblieben, dieweil ich vorm Erwachen nach langem wieder einmal von glücklicher Zeit geträumet, von meiner Bärbel unvergeßlich. Ach, du mein liebster Schatz, hast dich mir aus einem Rosenlicht herab geneiget, warst gekleidet wie die Heilige drüben, streng und dunkel und adelig, warst mit eins aber ganz nackend, und haben wir Aug in Aug und Mund an Mund gelegen im Garten unsrer Lieb und Lust. Jählings aber riefest du: Die Donau steigt – und wie ich übers Wasser zum Untern Werd hinüber schau, stehst du mit eim blonden Buben an der Hand und rufst: So wär heut der unsrige, Anselm, ruf ihn und er eilt dir zu! Ich plag mich, hab aber den Namen aus der Tauf von dazumal vergessen, gräm mich darob heftig – und stehet plötzlich statt deiner die Prämerin am entern Ufer zwischen denen türkischen Kanonen, hat den Felix dabei und beide winken mir und verschwinden zugleich in die Schotten-Au (Brigittenau); von den feindlichen Konstäblern hat keiner das Paar wahrgenommen gehabt. Hab wachender noch lang dem Traumbild nachgesonnen.
Ja, und itzt haben wir die rote Ruhr im Haus; Pater Bernardus laßt schon vorsorglich 6 neue Stankkammern (Klosette) zu ebener Erd zimmern und in jedem Stock zu den alten Abtritten je viere neu dazu, mit dem Verlegen ins Bürgerspital wird's ja gewißlich seine Zeit brauchen, wann überhaupt. Der Johann Jakob und der Henricus bringen die Putzweiber auf Trab, muß alles in der peinlichsten Sauberkeit sein. – Wie ich um halber 7 einmal unters Tor tret, steht da ein Mädle und greint, der Großvater hätt am Morgen zwo blutige Durchbrüch gehabt, und kein Arzt zu finden. Ich erkenn die Kleine, sie ist aus dem Basteihäusl, von wo ich vor 14 Täg durchs Fenster dem Vorstadtfeuer beigewohnet mit dem Alten. Ich bitt einen von den jungen Baccalaurei, so uns die medicinisch Fakultät in Haus gestellet, er soll um Lohn mit mir kommen, und indem er sich um den Großvater kümmert und allen sagt, was zu tun und was

Ausschnitt aus dem ehemaligen Altarbild der Wiener Schottenkirche, geschaffen 1670 von Joachim Sandrart. Die mittlere der drei Frauen, mit dem Kelch in der Hand, ist jene Heilige, die Anselms verstorbener Gattin täuschend ähnlich gesehen haben soll.

zu verabreichen wär, schau ich durchs selbige Fenster wie damals zum Schottenbühel und denk bei mir, wie schütter doch stellenweis Glacis und Landschaft vom Feind besatzet seind: muß mehr Niemandsland geben, als einer meinen möcht, sonderlich weiter draußt.

Schau aber nit lang, so gehet ein grausiges Schießen auf den Löbel los, trifft auch etliches Geschoß die Mölker-Bastion nahebei, das alt Häuschen bebt und wir eilen weg. Der junge Medicus hat Hausverstand: itzt müßte die Fakultät zusperren, meint er im Laufen, und einen jeden von ihnen, ob ausgelernt oder nit, zur Hülf durch die Stadt senden, die paar Feldscherer, Bader, Wundärzt seind zu wenig, und von denen professores heißen halt nit alle Dr. Sorbait, sitzet mancher gute am hohen Roß, steiget nur herab, wo der Geldbeutel prall scheppert.

So scharf war das Feuer gegen den Löbel-Cavalier (Oberwerk der Bastion), hat so arg ihn zerschossen, daß kein Mann mehr ober oder unter der Kasematten zu verbleiben und die Kanonen zu bedienen vermocht, mußten alle zu oft in Deckung. An der Burgbastei soll's nit weniger schlimm hergangen sein, zwo Lafetten samt Bettungen kaputt; aber weil man der Truppe in der Morgenfrüh einen halben Monatssold ausbezahlt hat, seind sie all in Stimmung und kann Obrist-Lieutenant Gschwind wacker ripostiren (zurückschießen), bis auch der Feind bald zwo speiende Kanonenmäuler weniger hat. Hernach war ein Duell von Bomben und Staingeschoß mit extraordinärem Elan 5 Stunden lang! Dabei hat der Türk erstmals ernstlich über die Kontreskarpen in den Ravelingraben wöllen, kömmt auch so nah herbei, daß er sich schier victoriös fühlet und Possen zu treiben beginnt: fuchtelt und haut mit Knüppeln und Zaunlatten, uns zu verhöhnen, setzt mit Springstöcken über die Palisaden, zielt und wirft mit spitzigen Messern nach den christlichen genitalibus – wir aber hauen mit Morgensternen und Sengsten zurück, schwingen sie wie Enterhaken auf See, entern auch richtig den und jenen, halten die Erwischten zu zween oder dreien fest, und einer sucht ihm den Garaus zu machen. Laufen aber die andern Türken herzu, packen den Kameraden bei den Füßen und möchten ihn über die Palisaden wieder zu ihnen ziehen; so schwebet denn mancher zwischen Feind und Freund waagrecht in der Luft, als sollt er mitten durchgerissen werden, ein grausamb Spectaculum. Seind aber auch von den Unsrigen welche mordsmäßig zerschunden und aufgeschlitzt eingeliefert worden, ein Cornett schwer verwundet; die berichten alles

ins Detail, seind wundfiebrig und meistenteils verstört: hat ja von ihnen fast noch keiner so kämpfen gemußt.
Nach Mittag ist's dann ruhiger geworden, was man so Ruh nennet, und hat der Starhemberg auf der Kärtner-Bastion eine lustige Musik aufspielen lassen mit Trompeten und Pauken zur Stärkung des Gemüts. Der Feind aber tut Bescheid mit Kanonenschießen, schier noch heftiger wie am Morgen, wir hören's bis in die Krankenstuben. Der Graf Daun, geht ein Geschrey, hat die rote Ruhr gehabt, sey aber raschest genesen; das gibt es also, weckt allgemein Hoffnung; er ist noch im Fieber, aber schon wieder auf der Bastey und macht seine functiones, als wär er gesund. – Abends ums Dunkelwerden war noch ein Feindsturm mit rumelischen (südosteuropäischen) Truppen, die, geht die Mär, hätten hart an den Palisaden einen Streifen Bodens zu besetzen vermocht; glaub's nit vor morgen früh. Aber das kayserlich Zeughaus hinterm Neutor – ganz nah – hat von den Insul her Beschuß gekriegt, daran ist leider kein Zweifel, dröhnt mir noch der Kopf. Da fällt mir ein: ist Tags zuvor eine gute Zeitung aus Preßburg eingelaufen, die Kuruzzen würden von dort nimmermehr auf Wien und zum Mustafa stoßen, *die* Suppen hat ihnen der Lothringer versalzen, ist mit der kayserlichen Kavallerie und andrer Armee über die March und hat dem Tököly vorigen Donnerstag (29. Juli) die Stadt mit viel Schneid und Feindblutvergießen abgerungen. Ist damit das Rätsel gelöst, warum drüber der Donau auf einmal alles ostwärts gezogen und der Landstrich leer gelegen. – Was stehet beym Sancta Abraham? Hab lang nit mehr in ihm geblättelt. „Wann die Welt vierecket wär", les ich, „so bliebe sie auff einem Ort stehen, weil sie aber rund, so waltzet sie hin und her, und ist kein Glory noch Victori so starck, die nicht auch den Schaben unterworffen; etwan macht es Gott mit uns wie mit einem Ballen (Ball), den man vorhero auff den Boden wirfft, und nachgehends solcher in die Höhe hupffet; etwan macht es Gott mit der andern Seyten wie mit einem Ragget (Rakete), welches ganz prächtig mit trutzigem Saussen empor steiget, aber endlich melancholisch und übel zugerichter (zugerichtet) wieder herunder fallet." – Amen.

Sonntag, 1. August

Über Nacht wieder drei ruhrkrank; wir haben sie alle separat gelegt, im Bürgerspital ist schon kein Platz mehr. – In der Morgenfrüh hat mich die Neugierd zur Bastey trieben, schauen, fragen, reden. Das mit den Rumeliern und dem besetzten Streifen an den Palisaden vor der Burg stimmt leider. Aufm Löbel seind haufenweis Schanzende mit Spitzhacken: der Gschwind – von Pöckstain heißt er, mit Vornam Martin wie der Luther – hat Befehl, alle Kanonen von der Bastion herunter, dreye davon, der Enge nit achtend, neben die drey vorhandnen auf die linke Kurtin zu einer Batterie, das verbleibende Geschütz in die untere Bastey: da seind sie nit so ausgesetzt und auf Feind-Niveau, gäb ein wirksamer Feuern, bedeut mir ein Konstabler. Ein guter Befehl. Soldaten räumen die Ruine des Cavaliers ab mit Spitzhack, Brecheisen, kleinem Sprengen, schwerem Roßgespann und viel Staub; so wird die Sicht frei. Itzt aber weist mich der Artillerist weg: der Gschwind dulde in währender Demolirung keine Zivilisten so nah an der Bastion, sagt er streng; er weiß nit, wer ich bin, pardon, wer ich war, grüßt mich trotzdem stramm, und ich wend mich gehorsam.

Mittags reit ich auf ein Stündl zum Entzbaum; in den Straßen viel leeres Fuhrwerk ohne Roß, behindert den Rimpler am Ausbau, hat dahero der Rumormeister Befehl, die leeren Wägen gewaltsam hinweg zu tun. Auch hungrige Rösser, mehrstenteils krank, kleppern in den Gassen herum, es mangelt am Futter, so jaget man sie kurzer Hand aus dem Stall, nun soll der Scharfrichter sie aus der Stadt treiben; mög der hungernde Türk sie fressen und dran zu Grund gehen, sagen die Leut; die so reden, wissen nit, daß von gestern auf heut auf St. Stephans Turm 500 türkische Proviantwagen ins Lager einfahrend gezählet worden, mit zween Herden ungrischer Ochsen. – Ein Trupp Kommissare zieht mit eim Steuerdiener durch die Gassen, fordert von jedem Hausherrn einen Strohsack für Verwundete und Kranke, item Stroh zum Auswischen der Kanonen. Auf denen Plätzen schütten die Lederer frisch Wasser über die lagernden Ochsenhäut; stinken gewaltiglich. Das viele tote Viechzeug zu verscharren, hat der Schottenabt Permission erteilet, im ausgebrennten Meierhof eine Gruben auszuheben; für die toten Menschen – Soldaten, Zivilisten, Türken – seind nit genug Gruben vorhanden, die liegen und faulen überall zu Hauf.

Der Entzbaum hockt ein bißl krump da, dünkt mich, auch blaß. Er ist traurig, weil um 9 eine Feindkugel in den Dom eingefallen, zwar nur an den Kanzelpfeiler geprellt, dann aber weiter rollend einer Frau den Fuß zermalmet, kann ihr den Tod bringen. Froh ist er hinwiederum, daß der Felix und die Prämerin sich wohl befinden; um die geflohene Tochter sorget er sich. Sodann lobt er des Starhemberg Entschließung, wegen sich mehrender Ruhrtoter unter den Bürgern nur mehr 300 von ihnen für Wacht- und Schanzdienst auf die Bastey zu fordern, und die nur mehr von 6 Uhr früh bis 6 Uhr abends; sei doch eine Erleichterung. Den Obrist Gschwind bewundert der Entzbaum, die ganze Stadt spricht von ihm: ein Zimmermann Matthias Paubeschl hat kürzlich die Nerven verloren und mit der Axt gegen ihn aufgerieben, hätt heut früh um 4 auf Starhembergs Befehl gehenkt werden sollen – aber der Gschwind hat selber für ihn gebeten, ist der Handwerker zu 50 Stockprügel begnadiget worden.

Nach einer Weil kommt der Dr. Nicolaus Hocke, freundschafts- und Berichtens halber: Es gäb vom Collegio und Magistrat ein gemeinsam Dekret zur Herbeischaffung von Erbsen, Linsen, Gerste, Prein (Hirse), Reis, die Verwundeten und Kranken sollten nit immer das ledige Fleisch essen müssen; Visitation bei allen Händlern und Greißlern, Häringern, Kässtechern, Gewürzkramern; auch seie von ihnen allen ein christlicher Preis zu halten, nit von Tag zu Tag mehr Wucher; sogar denen bürgerlichen Waffenschmieden hat der Stadtkommandant müssen sagen lassen, daß er für die bestellten 2000 Morgenstern pro Stück die redlichen 40 Kreutzer zahlt, keinen mehr! Item ist heut aber auch der Magistrat dem Geheimen Collegio an den Leib geruckt, es möge denen Soldatenweibern aus allen Regimentern das Preistreiben mit Beutefleisch und Kommißbrot abstellen und befehlen, sie sollten die eingfangten Ochsen billig denen Metzgern überlassen. – Ab heut auch verlanget der Stadtrat von der Fakultät zu den zwo ausgebildeten Ärzten einen dritten Doctor zur Visit in denen Lazaretten dazu, der möge sich wegen der Bezahlung beim kaiserlichen Hofkammerrat von Belchamps melden . . . In dem Augenblick springt der Entzbaum auf, kalkweiß, greift sich mit zween Händen an die Brust, taumelt und schreit auf. Wir, der Dr. Hocke und ich, tragen ihn aufs Bett, die Muhme Stix, seine Wirtschäfterin, rennet nebenan um den Arzt; der flößet ihm drei medicamina ein, und der Schwager wird friedlich, schlummert. Man möge den Herrn Kayserlichen Rath schlafen lassen, fordert der Doctor, es seye das Herz.

Wir verabschieden uns und ich reit heim, seh nach dem verwundeten Cornetten von gestern, er ist tot, liegt schon ein andrer auf seiner Pritschen. Von den Mölkerbrüdern hat wiederum einer Verdacht auf Ruhr. – Ansonsten ein mehr stiller Tag, obgleich der Feind viermal gegen die Kontreskarpen vor dem Burg-Ravelin gestürmet, zuerst mit Pfeilen, hernach mit Säbel-Attaquen, dann mit Lanzen, auf die Letzt mit Handgranaten. Ist alles abgeschlagen worden. Wollt die Palisaden mit brennende Pechkränz anzünden, aber die Unsrigen haben, weil keine Kübel greifbar, das Wasser in ihren Hüten ausm Graben hinauf tragen und die Flammen gelöscht! Schon die Nacht zuvor haben Rumelier Erdreich über die Palisaden werfen wollen zu einer Rampen, aber wir haben sie fleißig gestört, so konnten sie nit Fuß fassen; hätten uns mit Stollen untergraben müssen. Parol war: Leopoldus und Wien. – 11 Uhr nachts.

Montag, 2. August

Nun helf der Himmel Wien und aller Christenheit – der Rimpler Georg ist ums Abendwerden im Kaiserspital an seiner Blessur vom 25. verschieden!! 's gibt in der Welt nit so viel Rufzeichen, als ich dahinter zu setzen hätt!! Was der Obrist-Leutenandt im ganzen Europa zwischen Nordmeer und Adria gegen den Feind an Wall und Bastion aufgericht, ist in jedes wissenden Soldaten Herz und Mund; gottlob haben ihm schon sein Sachsen-Landsmann Suttinger, auch ein Evangelischer, und der Johannes von Hohen all die Jahr her in der descriptio und exsecutio (Planung und Ausführung) zur Seiten gestanden, müssen anitzo erweisen, ob durch zween lebende Ingenieurs der eine, tote zu ersetzen sey. Hab ihm auf dem Sterbbett ins aschige Antlitz schauen dürfen, Graf Kollonitsch hat mich mitgenommen, er hat den Rimpler gut gekannt, ich aber bin seiner wie in Kandia so hierorts nit lebender ansichtig worden. Also seynd wir bey der armseligen Leich gestanden, der zerschmetterte Arm, vom Tuch verdeckt, soll plunzig aufgelaufen und gantz schwarz gewesen sein; haben wir beide den gloriosen Kameraden ehrfürchtig betrachtet und ein weniges von den Kämpfen da unten (auf Kreta) zu einander geflüstert. Beim Weggang hat mir der Bischof einen sonderbaren casus, für Geistgläubige schier zum Haarsträuben, anvertrauet; ist aber kein Märlein nit, ist wahr und bezeugt: Seind nämlich dem Rimpler seine Schanzer etlich Täg vor seiner Verwundung außerm Burgtor beim Vorantreiben einer Contra-Mine auf ein versunknes, fast (sehr) altes Stück Wallmauer gestoßen und dicht dabei an einen Sarg von Zinn geraten, darinn Gold-, Silbergeschmeid, Karfunkelgestain und andres Kleinodium interriret gewesen, samt einer bleiern Kapsul – und wie der Rimpler sie aufbricht, kömmt ein Schriftblatt ans Licht, drauf stehet zu lesen: ,,Findest Du es, so wirst Du Dich freuen, Du wirst es sehen und schweigen, aber

Du wirst beten und kämpfen und Bauwerk errichten, nit heut, nit morgen, aber ..." Der Rest war unleserlich, auch die Unterschrift auf lateinisch ganz und gar rätselhaft; sey das Ganze ihnen beiden, dem Rimpler und ihm, fürkommen wie eine vaticinatio (Prophezeiung) aus der Vorzeit, schier unglaublich passend auf den perplexen Festungsbauer. Heut Abend noch wird man ihn ins Grab tun; er ruh in Frieden.

Unter Mittag war die Muhme Stix da, ein Häuflein Elend: der Entzbaum hat die Ruhr, es ist gewiß, der Liebenberg weiß es schon und hat ihm den Dr. Sorbait ans Lager geschickt, es gehet ihm leidlich. Ich versprach ihr ehesten Besuch.

Den Tag über wieder kräftig Geschützspielen auf die Basteien her und ein unvermindert Abmühen des Feindes, die Palisaden mit Erdrampen zu bezwingen; haben sich aber nur blutige Köpf und vom Davonrennen wunde Füß geholt. – Zwischen 7 und 8 eine eigene Mine mit trefflichem Effekt gezündet, zugleich Bombenwurf. Die Mine ist am Angle saillant (an der vorspringenden Ecke) der Kontreskarpe vis-à-vis vom Burg-Ravelin von einem Stadtguardia-Hauptmann Haffner installiret worden. Graf Rüdiger Starhemberg war in persona present, und etlich Dutzend lebende Türken sind widerwillig in die Luft gesprungen. War ein Bein-, Köpf- und Leibsgewirbel ohne Gleichen. Der Kommandant hat den Haffner vor allem Volk umarmt! Seit dem 18. Juli nichts als Experimentirn und Scharlatanirn und kein wahrer Success, und itzo endlich! Sind 400 Pfund Pulver im Stollen gesteckt, und hat der mächtige Erdauswurf den Unsrigen ein günstig Ausfallen und Attaquiren schier wie auf einer gebaueten Rampen ermöglicht. Der belgische Maul- und Weiberheld, item der lothringische Aftermineur und ingleichen der Venezianer Camuccio, auf den noch etliche Hoffnung gesetzet, müssen ohn Ausnahm von der Bühne herunter und sie dem Johann Jakob Haffner überlassen.

Der Löbel-Cavalir ist gantz zerschossen, sind dort ein Dutzend Konstabler geblieben (gefallen), itzo hat der Kommandant auf die versorgte (ausgebesserte) Kurtine noch mehr schwere Mörser und Schlangen (Feldgeschütze) postiret, die machen in den Approchen und bei des Feindes Batterien großen, guten Schaden, haben da etliche Kanonen auf Fetzen geschossen.

Dem Türken seine Feuerkugeln nutzen Gottlob so viel wie nichts, alsdann versucht er's mit Holzpfeilen, bündelt Schwefelhölzer um die Spitzen, zündet's an und läßt's fliegen; aber der Pfeil verlischt im

Der Mölkerhof in einem Panoramablick vom Turm der Schottenkirche, von welchem auch Anselm von P. zuweilen Ausschau gehalten hat. In diesem Klosterbau fand der Freiherr nach dem Brand des Schottenstiftes am 14. Juli eine neue Heimat. Hier endete am 15. September sein bewegtes Erdenleben. Rechts vorne der Durchgang zum Schottentor. Rechts am Horizont die Garnisonskirche (Schwarzspanierkirche).

n Wien

Flug oder bleibet als ein jämmerlich Flämmlein im Straßendreck oder im Dachgebälk stecken; Knaben wie Maidlein tummeln sich unten wie oben mit Gelachter, blasen oder treten's alles aus.
Die rot Ruhr freilich ist nit zum Derlöschen. Die Menschen leiden, daß Gott erbarm; seyn die Lehmstraßen und, so noch vorhanden, Pflasterstain, auch die Prellstain an denen Torpfosten vielenorts hell mit Blut bespritzet oder mit Blutkot versudlet, wann die jählings Befallenen sich nit mehr verhalten gekonnt und die häuslich Stankkammer oder einen Hofwinkel nimmer zeitig genug zu derlaufen vermocht. Hocket mehr denn einer, Mann oder Weibsperson, mit herab gelassenem Beinkleid oder gerafftem Kittel, schamet sich nimmer des entblößten Hintern, und befallet manchen beim Erheben eine so arge Schwäch, daß er umsinket und in der eigenen oder des Nachbarn Blutlachen liegen bleibet, bis eine mitleidig Seel, oft selber krank, ihn aufklaubt und ins Hospital schleppt aufs Federbett oder ins Stroh, mehrstenteils zu rapidem Versterben. Mittel wider das Übel seind ja wenig, am besten noch pfundweis rohen Apfelbrei Tag aus, Tag ein, auch Rotwein oder scharfen Essig; manchen verleitet der Irrwitz im Gedärm zu einem Absud von Gerberlohe becherweis, die verrecken meist in kurzem am Gift. Die Leuth schelten in allen Gassen laut den Herrgott umb so viel Elend und Not – und die Ursach von allem? Daß keiner den andern leben lassen will, wo und wie er mag, nein, es muß Krieg, Tod und Raub geben, und dem vermaledeiten Sonnenludwig zu Versailles stinket Habsburgs nahendes End gar lieblich in den allerchristlichsten Rüssel.
Aber mitten im Graus flammt die Fleischeslust greller auf als vordem; Verzweiflung stachelt die Venus, und überm Abgrund genießt eins die Wonnen der Hurerey allemal leichtfertiger dann auf festem, friedlichem Grund. Von denen Wallhäuslen drobe flüchten sich, bald's dunnert und bleihaglet, immer einmal verängstigte Frauenzimmers, ledig oder ehlich, ins minder exponirt Gassengewirr herab, geraten daselbst nit selten ins eigne Gewirr und umbfangen das ein oder andre Schutz antragende bewaffnete Mannsbild mit Arm und Bein zugleich. Der eine oder andre General lässet im Betretungsfall Mann wie Officier krummschließen, der Klerus fuchtelt mit Höll und Fegfeuer, und die bürgerlichen Eheherren, wann die vom Wachtdienst heim und dahinter kommen, bedienen sich der Bastonad oder Fußtretens, drohen mitm Pranger, und hernach geht's wieder eine Weil. Stadtguardia und Rumorwach

machen Streifzüg und verordnen in des Rates Namen Stockprügel oder Arbeitsstraf, der gotterschaffenen Vernunft biblischen Respekt zu restituiren. – Bin selber kürzlich nach einem Gewitterguß von meinen Kranken weg mit der Latern auf ein Luftschöpfen vorm Schlafen in der Mölker zerstörtes Gärtlein hinaus und hör gleich ein einförmig Schlagen wie von Eisen auf Holz, das kömmt aus dem finstern Winkel, dahin mein Medard ein uralt boden- und deckellos Tokayerfaß, diametro 7 Schuh (zirka 1,8 m Durchmesser), liegender abgestellet, mit Scheitern festgemacht, und wie ich nachschau, raget mir aus dem regensichern Stollen und einem Gebirg von Rock und Unterröcken, drauf sich's weich liegen lassen mochte, ein Paar bespornter Reiter- oder Artilleristenstiefel entgegen und drüber, flatternd wie zwo aufgeschreckte Täubelein, zwo nackichte Weiberfüßchen; und dieweil der also attaquirende Soldat pflichtbewußt den langen Sabel umbehalten, schlägt ihm der am Faßrand fleißig den Takt zum süßen Scharmützel. Sollt ich den Büttel machen, ohne Auftrag? Hab die Latern weggedreht, mich in die Kammer verdruckt und denk bey mir: der eifrige Kriegsmann verrecket vielleicht schon morgen an der Kontreskarpen, und wer weiß, ob nit ein andrer braver Soldat oder redlicher Handelsgehilf, Landmann, Medicus, Bischof oder gar Heiliger in dem weindunstenden Nestl soeben den Lebensfaden angesponnen? Kömmt das Kindl dann zu der Welt, wird die endlich, will's Gott, wieder Frieden haben.

Unter Mittag, bald nach der Muhme, sucht mich, so unerwartet wie in persona unbekannt, ein Herr Obrist-Lieutenant Johann Georg von Hoffmann[11] auf, ist vom Lothringen-Herzog zum Starhemberg abkommandiret als Verbindung zur Armee. Was mir die Ehr verschaffe? frag ich. Er lächelt: Graf Guido Starhemberg habe dem

[11] Oberstleutnant Johann Georg von Hoffmann wurde vom Herzog von Lothringen, dessen besonderes Vertrauen er genoß, als Verbindungsoffizier zur Armee in der belagerten Stadt zurückgelassen. Er wirkte bzw. kämpfte hier in unmittelbarer Nähe des Kommandanten Starhemberg und hatte in alle militärischen und festungsbaulichen Belange Einblick. Der ebenso tapfere wie gescheite Soldat schrieb seine Erlebnisse und Beobachtungen während der zweiten Türkenbelagerung in französischer Sprache unter dem Titel „Relation du siège de Vienne par un officier de la garnison“ nieder. Diese tagebuchartigen Aufzeichnungen, deren Original im Wiener Staatsarchiv liegt, sind nicht nur eine Fundgrube in militärisch-historischer Hinsicht, sondern durch ihre Anschaulichkeit, Knappheit und Genauigkeit auch eine ungemein anregende Lektüre. Hoffmann wurde für seine Verdienste in den böhmischen Ritterstand mit dem Prädikat „zu Kochersberg“ erhoben. (Deutsche Ausgabe der Memoiren, Wien 1937.)

Kommandanten von meinem exellenten perspectivo erzählet, und nun lasse Graf Rüdiger mich höflich bitten, es ihme zu leihen, das seinige, von älterer Provenienz, sei durch einen Steinsplitter an der Vorderlinsen unbrauchbar geworden und sul momento kein Opticus oder passabler Ersatz aufzutreiben. Voller Freuden händig ich dem aimablen Boten mein Fernröhrl aus, ein Funken Freundschaft springet über und wir verplaudern eine Weil. Ist ein wahrlich kluger Mann, helle Augen und viel Hoffnung drinn. Scheint mir ein fameuser Taktiker, deutscht mir aus: es handle sich zuvörderst darumb, den Angreifer so lang wie möglich von den inseitigen Fortificationes zu absentiren, dahero Starhembergs permanente Sorg, Mauer und Bastey zu verfestigen, den parvis (das Vorfeld) frei zu halten, die Galerien (gedeckten Wege) zu sichern und der Türken Schanzarbeit durch ein ständig repetirend Ausfallen zu stören. Sie rucken immer näher, also die besten Kräft hinaus aufs Vorwerk! Zeit gewinnen heißt die Zauberformula, schmunzelt er, fügt aber sogleich in tiefem Ernste bey: Entsatz ist noch weit, *den* Monat kömmt er nimmer. Ich erschreck ein bißl, aber er wischt's fort und meint: So lang wir den Burg-Ravelin halten, ist keine Ursach zum Verzweifeln; erst wann wir den Graben zwischen den Bastionen räumen müßten – *müßten!* akzentuiret er – und die Türken die Minen geraden Wegs bis zu der Hauptmauer vortreiben und breitfrontig anstürmen, gäb's nur mehr Defension und ein krankes Ende. Der Feind geriret (gebärdet sich) zuversichtlich, aber unser Zuversehen ist dem seinen über und die Wienerstadt nit verloren. Händedruck, Soldatengruß, Abmarsch. Hat mir solches Intermezzo wohlgetan.

Bei uns im Mölkerhof steht's nit weniger unruhig und kummervoll wie in der ganzen Stadt rundum, sterben täglich einer bis zwo Insassen an der Ruhr, Kellermeister und Tafeldecker sind beide dahin und begraben; auch die toten Soldaten, Zivilen und Türken in denen Gassen bekommen allgemach ihre Schächt (Massengräber). – Frisch Fleisch ist noch vorhanden, von Eiern aber oder gutem Fisch für die Maroden nichts zu ergattern; auch das Brot bisweilen schlecht, nur selten vermag der Pater Sollicitator für feineren Weizen ein paar Weißwecken bey denen Bäckern und Müllern, so auch schon backen müssen, einzutauschen. Den Ruhrkranken bekömmt soliches Brot, geröstet und in roten Wein getaucht, gut. – Gegen halb 3 des Morgens fallen alle, krank oder gesund, aus den Betten, so mächtig fangen die Unsern beim ersten Tagschimmer zu schießen an, der ganze Hof zittert vom untern Keller bis ins Dachskelett.

Losung war heut: St. Franciscus und Florenz – ein Heiliger, den sogar die Vögelein im Gezweig verstunden; nur die Menschen capirn sein Armseyn und Herzensfrieden noch immer nit und noch lang nit, müssen allerweg dreinschlagen. An Florenz, die Blühende, Schätzereiche – ein Kamerad hat mir auf Candia von ihr geschwärmt – muß ich vollends in der Bitternus denken, betracht ich, was uns der Türk dahier zu Wien schon alles zerstöret und noch weiter zerhauen wird. – Gegen die Mitternacht hat Frater Henricus noch einmal gepocht und berichtet, 's gäb donauwärts Tumult, und nahebei aus unserm Tor (Schottentor) sey ein Trupp ausgefallen. Kampflärm auch von der Burggegend her. Ich bot ihm gleichwohl eine gute Ruh, und nun will auch ich aufs Lager und mein Licht verlöschen, grauet ja bereits der Morgen.

Dienstag, 3. August

Seit der Früh hat mir der Fuß so ungebärdig gezucket, daß ich bis in den Nachmittag auf der Kammer bleiben gemußt und mich mit Speis und Trank serviren lassen. Mein Medard hat den Ganymed gemacht; er hat in Kuchl und Keller viel zu schaffen, so daß wir kaum noch ein Minütl für einander finden, und hätten itzt wohl gern von alten Zeiten geschwätzt; aber man haftet allerweil am Präsenten wie der Vogel an der Leimruten, und so laß ich mir halt von ihm vertrauen, der Feind habe, Verluste nit achtend, die gantz Nacht über sich geplagt mit Palisaden stürmen vergebends, indeß ein Trupp kayserliche Reiter, ihrer 30, einen Ausfall um Rindvieh getan und richtig bei 50 Stück hereingetrieben, zweie davon den Mölkern abgelassen. Item hätten die Türken nächtlicherweil unsre requirirten Schiff und Flöße zu Neuburg (Klosterneuburg) und vor Nußdorf losgemacht und gegen der Schlagbrucken Joche treiben und sich da in einander verkeilen lassen zu einer praktikablen Passage in die Festung herein. Der Lärm jedoch hätt ihr Tun verraten, drauf sey ein Leutnant mit einer Handvoll Bürger von der Donaufront hinzu und hätten mit Granaten vom Ufer aus richtig die Halbscheid zerstöret; Fischer und Schiffsleut haben das übrige Dutzend Kiele flott gemacht, schonten sich nit die ganze Nacht lang, haben zwo Mann im türkischen Feuer vor der Insul verloren, brachten aber die verbliebenen Kähn mit Seil und Haken glücklich in den Kanal herein, so unterhalb vom Neutor ins Arsenal (Renngasse) führet; Graf Starhemberg hat es ihnen befohlen, wer weiß, zu was uns das Fahrzeug noch dienen mag; die paar Flöße gab man

verloren. Der Türken eigene Schiffe am andern Ufer aber seyen mit sorgfältigen Salven vom Wall aus endlich auch vernichtet worden.
Bei St. Augustin, weiß der Medard, ist während des Frühamts eine Feindbomben durchs Kirchendach aufs Steingewölb gekracht, war aber drinn stecken blieben und nit krepiret, war der Zünder zuvor ausgeloschen; sey alles ins Freie gerennt, doch nach gekläreter Sachlag wiederum hinein und weiter geopfert. – Seltsams haben ein paar Leichtblessirte, so ums Verbinden ins Haus (Melker Hof) gekommen, uns zugetragen: Der Türken Lager bei Döbling und Heiligenstadt zeig sich absonderlich verändert, sei zum Gutteil niedergebrennt, nur einige Hütten noch sichtbar und etlich grasende Pferd davor, die Truppen aber ostwärts gezogen. Kaum glaublich, was gehet vor?
Nach Tisch und ein bißl Schlaf ging mir's besser, und han ich hinaus gemußt, Luft schöpfen und mich tummeln (bewegen), war schon völlig stallkrank und ist der stinkend Wind in denen Gassen alleweil noch frischer als die dumpfe Stub. Nach kurzer Wallfahrt zu meiner Heiligen wollt ich mit der Suleika nach St. Dorothee zum Schottenabt, ist er mir ja noch immer lachhafter Weis den Namen von der Frau im Gemäld schuldig; bleib aber an St. Peters Freythoff hängen, ein Kaiserlicher ohne beide Händ hält mich auf, es ist der Artillerist Wind aus Sachsen, den hat noch vor der Türken Anmarsch ein krepirend Rohr so elendiglich zugericht, bedienet aber gleichwohl seine Kanon mit den rotnarbigen Armstummeln, als wär's nichts. Er schubst mir mitm Fuß am Boden einen Degenknauf zu, gleich drauf ein halbs Hufeisen: solches Zeug, grinst er, hätt der Türk heut früh eine ganze Weil lang hereingeschossen, dazu Splitter von den unsrigen Kugeln, zerbrochene Gewehrläuf, zerhacktes Rohr- und Fensterblei, auch Gittertrümmer von den Vorstadtpalais – gehet ihm die Munition aus?
Scheint nit so, dieweilen er itzt um 10 des Nachts, so spat ist's schon wieder, mit vollem Ton zur Stadt herein orgelt, muß verdammt Nachschub bekommen haben. – Heut haben die Mölker, wie andre Stift und Klöster auch, den hundertsten Eimer Wein denen Regimentern herausgegeben.
Hab die Schottenabt-Visite begraben müssen, weil wie ich hab weiter wöllen das Sprüngl vom Peters-Freythoff zu ihm hinüber, hinket mir ein Bürgerwehrler in die Quer, noch jung, aber den Buckel krumm wie eine venezianische Kanalbrucken, kniet nieder, sitzen vermag er nimmer, haltet mir einen Taler herauf, ich soll ihm

um Gottes oder Teufels Lohn bey den Weibern da ein Stückl Gebratenes einkaufen, wär ihm das Gehen schier so leid wie mir, meint er. Eigentlich sollt er gar nit mehr leben seit vorgestern und er hab nach der Stockprügeltracht bis zu dieser Stund Täg und Nächt am Wall schuften müssen als Strafdraufgab, und hätten die Feind wiederumb eine volle, nämlich die letztvergangene Nacht aufm Erdhaufen an den Palisaden Mann gegen Mann gerungen ums Herüberklettern, seien aber noch einmal abgewiesen worden. Was das heißen soll: noch einmal? frag ich ärgerlich, aber er zieht einen Fotz, antwortet nit und mir gehet mit eins ein Licht auf, wen ich da vor mir hab: den begnadigten Tischler! Rund um den Gottsacker, als wär's keiner, sitzen Fratschlerinnen (Hökerweiber) und bieten knusprige Dachhasen (gebratene Katzen) feil; ich steig vom Esel, ersteh einen, mit Wein hat sich der Begnadigte beim wälschen Händler hinter der Kirchen versorgt, itzo nagt und trinkt und kauet er, schimpft auf die hohen Preise, für ein frisch Ei einen halben Taler! Ich schieb ihm den seinen ins Wams, steig auf, der Fuß fangt schon wieder ins Hupfen an, also reit ich heim. Aber mich plagt die Neugierd, will mir die Kähne anschauen, so man in den Arsenal-Kanal hereingeschleppt, und leit die Suleika hin; ist Fackelschein und ein gelinder Rumor um die Nachen, seind alle noch gut im Stand. Auf einmal bleibet mein Tierlein stehen und rührt sich nimmer: liegt ihm ein halb ohnmächtiger Mann vor den Hufen, reckt die Händ und stammelt schier verdurstend, dünkt mich: Herr Jesus Christus, hilf mir, ich bin kein Türk nit. Ich knie bei ihm, heb ihn auf und in den Sattel, muß ihn halten, und so geht's zu den Mölkern. Die Suleika versorgt, schlepp ich den Kerl in mein Stüble, hol Wasser und Speis, lab ihn und bett ihn. Steht ihm noch der bare Schreck in den Augen: er war in der (Neuen) Favorita Ruin dabei, wie sie dort ab der Morgenfrüh bey 10.000 Vorstädtische (Vorstadtbewohner) hingemetzelt, die schreienden Kinder Kopf voran an die Wänd geschmettert, alles *ein* Blut, seyen aber noch bei 20.000 Mannsleut, arbeitsfähige, übrig geblieben und in die Sklaverei eskortiret, nur wenigen ein Ausbrechen geglückt, so auch ihm, und seye mit Laufen und Kriechen rund um die ganze Stadt im Dämmern unterm Neutor an die Mündung vom Kanal gelangt, diesem entlang gekrochen und hab sich auch da noch in den Schatten von Fässern, Brettstapeln und Kähnen gedücket, wer möchte ihme denn trauen, daß er kein verkleideter Türk oder Spion sey? – Nachdem er gegessen und getrunken, erzählet er mir vom

Hörensagen, es wären mit den Christensklaven 10.000 tartrische Reiter nach Ungarn in Marsch gesetzet worden dem Tököly als Succurs. Item habe er eine lange leere Wagenreih in die nämliche Richtung rollend erspäht, doch wisse nit, was zu bedeuten hab.
Das Geschützdonnern aus der Burggegend will nit nachlassen, schwillt ehender noch an. Mein Stubengenoß hört's nimmer, schlaft wie ein Ratz. Ich aber bin nach draußen, besser zu lauschen und etwan einiges zu erfragen. Erkund aber nichts, als was mir zwo milchbärtige Freiwillige unterm Tor von eim dummen Streich zu berichten wissen, so sie ihrem Kameraden vor zween Nächten am Kärntner-Ravelin gespielet. Besagter Gesell hätt mehr dann einmal geprahlt, er wär der geborene Soldat und nähm es mit vier stürmenden Türken zugleich auf, und nun wollten sie seine Herzhaftigkeit auf die Prob stellen, dergestalt daß sich ein dritter von ihnen einen langen roten Rock angelegt, einen türkischen Bund (Turban) aufgesatzt und sich aufs äußerste Eck vom Ravelin hingetan, gleich als läg er da auf der Lauer. Unterweilen holen die zweye, bewehrt mit Flinten, den Prahlhans aus der warmen Bleibe, entdecken ihm, der Feind seye in dieser Minut über die Palisaden und durch den Stadtgraben aufs Vorwerk und er müsse stantepede mit, ihn verjagen helfen. Der Gesell packt auch richtig sein Gewaffen, eilt, ob auch klopfenden Herzens, mit und wie sie hinzukommen, springt der Verkleidete gach hoch und schreit: Allah, Allah!, schwingt auch einen Beutesabel denen dreyen entgegen. In dem Momento aber nimmt der geborne Soldat Reißaus, rennet käsgrün im Gesicht wie irr davon mitten durch ein Lagerfeuer und wär ums Haar in den Graben gestürzt und zu Tode gekommen, hätten ihn die zwo andern, zum Schein gleichfalls flüchtend, nit grad noch zurückgerissen ... Ach, beata juventus, mitten im Elend noch zu Jux und Torheit aufgelegt! Muß nit allein um eurer himmlischen Albernheit willen der Türckh vertrieben werden?
Bin wieder ins Stüble, das Vorige aufzunotiren – mein Christensklav schnarchet lauter als der Geschütze Murren, so nit enden will; 's muß um die eilft Stund seyn. Auf einmal ist noch der Medard gekommen, hat mir was fast (sehr) Böses von der Burgfront vermeldet, legt sich das mir gleich aufs Herz, kann's gar nit glauben, auch nit gleich herschreiben, will's morgen bei Licht prüfen.

Die Wohnhäuser, die hier an das 1560 eröffnete Neutor angebaut sind, werden die Türkenzeit wahrscheinlich nicht erlebt haben – die Sepiazeichnung stammt aus 1830 –, aber das Tor selber, durch das der kaiserliche Hofstaat am 7. Juli 1683 die Flucht nach Westen antrat, hat damals sicherlich schon genauso ausgesehen.

Mittwoch, 4. August

Der Medard hat wahr gehört und geredet: der Feind sitzt in der Kontreskarpe vorm Burg-Ravelin! Um 10 hat er ins Stürmen angefangen, viermal gelingt ihm das Einbrechen, viermal haben die Unsern ihn geworffen, beim fünften ihm den Wall überlassen gemußt und zuschauen, wie die Ludern mit *eigenem* frischem Wall und Palisaden sich sekuriret. Beste Christen-Officiers gefallen, Nahkämpfe über die gantze Nacht; hernach bey steigendem Licht, der Himmel wolkenlos, lässet der Starhemberg alles Geschütz auf *der* Front hinüber feuern, stehen auch bald die Palisaden in Flammen, und unsre Mineurs unterwühlen die neuen türkischen Abschnitt und frisch gebetteten Batterien so wacker, daß die Einbrecher nit vorzurucken gewagt; aber auch wir müssen aufm Fleck treten. Hat nur ein wild Kanonirn gegeben, beidseits mit geringem Effekt; Verschwendung, dein Name ist Krieg.

Hab heut morgends zur Burg-Kurtin reiten müssen, mich oben als Schütz versucht, bis mein Auge geträuet und der Obrist Gschwind mir die Flinten lachender weggenommen: Jeder, wie er kann, die Zeiten von Kandia seynd vorbei, Herr Kamerade. – Bin wieder heim, im Reiten mitm Stock ins Pflaster gehauen, als wär's der Feind, hab mein Krüppelseyn verflucht. War unterdessen ein heftig Feuern gegen St. Augustin, haben auch richtig den Kirchendachstuhl gantz zersplittert.

Daheim den vermaledeiten Haxen nit geschonet, denen frisch Verwundten gedienet, abet mit Herz und Ohr allweil nach draußen gelauscht auf gut oder ungut Nachricht. Nach 5 Uhr liefern sie einen schlesischen Edelmann, Herrn Leupold von Eckh herein: eine Bomben ist auf der Burgbastion zersprungen, hat ihm den Schenkel zerschmettert; der Arzt macht ein finster Gesicht – wie lange noch? will der arme Teufel wissen; der greise Medicus, Chirurgus Blasl, wendet sich weg, ich dem Verblutenden mich zu; er weiß Bescheid, schluchzet auf, und ich halt ihn um die Schulter, such ein Trostwort, bring keins heraus, biet ihm Wein – ist mir nichts in der Welt so gräßlich als wie ein flennender Tapferer. Han zu tun gehabt, daß er mich nit ansteckt.

Um halb 7 weiß ein heimkehrender Wachter von den Bürgerlichen zu melden, es seyen gegen 6 Uhr 13 tollkühne Türken mit Schild und Sebel aus denen Approchen heraus und auf den Stadtgraben vorm Burg-Ravelin zugeloffen; die unseren auf und dagegen zu eim bittern Gefecht, haben dreie in den Graben geworffen und daselbsten abgemurckst wie die Suppenhühner, einem vierten den Springstock durch den Unterleib gerennt und dran zappeln gelassen, lang, bis er ruhig geworden. Herenten (auf unserer Seite) nur drei Blessirte zu beklagen; die verbliebenen 9 Türken im Laufschritt retour in die Approchen sich retiriret.

Um 7 Uhr vorm Löbel zwo eigene große Minen gezündet, sollen viel approchirende Türken Luftsprüng gemacht haben und verschüttet sein, in summa 300. Bei uns, heißt's, sind Obrist-Leutenandt Baron Moritz Kottelinsky vom Regiment Starhemberg gefallen, zugleich ein Hauptmann Loenee – wo mag der her sein, sie haben ihn als Toter herein – und ein Fähndrich, dazu 100 Gemeine tot; blessirt auch nit wenig. – Seit heut, dem finsteren Tag, umschlingen die türkischen Laufgräben Burg-Ravelin, Löbel-Bastion und Ziegelschanzl totaliter, recht als eine Garotte (Würgekragen); find mich zum ersten Mal kleingemut.

Ein Pollack ist übergelaufen, hat 20 Jahr lang beim Türken gedient, weiß von eim Gefecht zwischen Kayserlichen und 2000 Feinden, so zum recognoscirn und requirirn ausgeschickt gewesen, seien die Hälfte toter geblieben und unser Entsatz stünde schon bei Laxenburg und Klosterneuburg gar; ober dem Wienerwald habe ein Corps Kayserliche dem Feind 1000 Wagen Fourage (Futtermittel) abgejaget und die Troßsoldaten in die Flucht geschlagen, und im Feindlager gehe ein Murren um, die Leut wöllen nit mehr länger denn 10 Täg vor Wien ausharren, 2 Bassas gefallen, einer von Notolien (Anatolien) gewesen. Wahrheit oder Geflunker, es reget gesund wie krank im Haus rechtschaffen auf. Die Türkenpferd habe man den ganzen Tag gesattlet gesehen und aus den Batterien seien Kanonen hinausgeführt worden – stimmt also das Succurs-Gerücht? Ist die Armee näher, als wir ahnen? Will uns der Lothringer überraschend zur Hülf kommen? Der Kara Mustafa, gehet die Kund, ließe sich alle dritten Tag in seiner Eysensänften bis in die aller fürdersten Linien tragen, warum? O Hoffnung! – Ums Abendwerden zween gefangenen Feinden die Haut abgezogen, zuvor aber gnädig mit Knüppeln erschlagen.

Von der Kärntnerbastei kömmt uns – der Henricus war bei mir zugekehrt – Botschaft von zween kuriosen Duellen in der Kontreskarp; waren dort ein Unsriger und ein junger schneidiger Türk nachbarlich postiret; der Türkenjüngling, ein Longinus von angenehmer Figur, greift unversehnds mit dem Wurfspieß an; unser Mann unterläuft aber den Spieß noch vorm Wurf, blessiret den

Feind, ringt mit ihm, der Türk zieht im Ringen einen Pfeil ausm Köcher, verletzt damit den Unsrigen an der Stirn, aber sein Compagnie-Leutenandt ist nahebei, lässet den Rottgesellen nit im Stich, springet herzu und schlägt dem Türken senza alcuna ceremonia den Stöpsel (Kopf) ab; der Läng nach fallt die Flaschen um. Ein Janitschar aber, des Türken amigo, springet seinerseits herbey, stürzet sich auf den Leutenandt und sie raufen wie die Löwen, bis der Unsrige dem Rächer den schabmesserscharfen Krummsäbel abwindt und ihme mit selbigem auf einen ganz andern Stöpsel hauet. Der Türke faßt sich beidhändig an die Mitt, schreiet unmenschlich und schlägt sinnlos (ohnmächtig) hin. Drei andre, eilends herbei gestürzt, schleifen ihn an Händ und Füß hinter die Eskarpen weg, der Unsrigen Gelachter und Spott als Geleite: sie möchten ihn nur ja gleich bei des Großwesirs Harem abliefern, dort seie ihm fortan als Wachter sein Brod sicher.
Am Nachmittag, nach des schlesischen Edelmanns Tod, bin ich endlich zum Entzbaum geritten. Er ist elend, aber nit hoffnungslos. – Auf Starhembergs Order sollen sogleich von denen Bürgerhäusern die Pechpfannen abmontiret und sambt denen im Unter-Kammeramt vorrätigen auf Löbel- und Burgbastion angebracht und tüchtig befeuert werden, auf daß man bei Nacht besser in den Festungsgraben könne hinabschauen, wann etwan der Feind dort eindringet und zu graben oder gar zu miniren begänne.

Donnerstag, 5. August

War wieder ein bewegter Tag, aber ich will's kurz machen, hab mich eine Weil beim armen Entzbaum aufgehalten, war auch der Obrist-Lieutenant Hoffmann ein gut Stündlein bei mir, so komm ich spat ans Diario, Bruderherz; o mei Gott, die Stadt kämpft dermalen fürs ganze Deutschland. Der Hoffmann weiß, vorige Mitternacht ist ein Reiter vom Regiment Caraffa, Graf Antonio von Forlì, türkisch redend und türkisch verkleidet, glücklich herein zum Starhemberg mit Briefen vom Lothringen, man möge sich noch 8 Täg gedulden – kann aber wohl nit sein, da finge ja der Succurs sich schon oberhalb von Neuburg, um Laxenburg und oberm Wienerwald zu sammeln an. Da müßt man doch was bemerken! Hinwiederumb aber haben wir 3 gefangene blessirte Türken ins Haus gekriegt als Putzer, Lasthelfer und Totengraber, die bestätigen dem Pollacken sein gestrig Reden; der Pater Hofmeister behandelt sie gut, sie sind glücklich, drüben beim Mustafa hat's alle Moment statt Essen Prügelsuppen auf die Fußsohlen gegeben. Die türkischen Laufgräben müßten 7 Fuß tief und bei 6 Fuß breit gemacht werden, sei eine Höllenplag! Obrist Hoffmann schüttelt den Kopf zu allen Nachrichten vom Succurs, und wie ich urteil, die Kayserlichen müßten den Tököly bei Preßburg fest im Aug behalten, ihm auch anderwärts fleißig entgegenziehn, auf daß er den anruckenden Polenkönig nit behindere oder gar schwäch, meint er dagegen, die Polen kämen gewißlich über Tarnowitz, Ratibor, Brünn und zuletzt bei Krems über die Donau. Wie der Leopold am 8. Juli dort vorbei ist, waren am andern End von der Alexander-Brucken[12] haufenweis Tataren zu sehen, haben aber dem flüchtenden Hof nit in die Flanken mögen, dieweil der saubere Herr französische Botschafter Sébeville die Brucken fürsorglich hat unpassirbar machen lassen, im Fall die Majestät übern Wienerwald ausgereist wär! Ist wieder in den Stand gesetzt und itzt scharf bewacht, der Tatar aber abgezogen.

Zwischen 1 und 2 in der Nacht Türkensturm an der Kontreskarp vor der Burg; viel Handgranaten. Hat aber die Position nit breiter machen mögen. Im Morgengrau soll der Feind am Reickowitzischen Garten genau gegenüber der rechten Bastionsflanken eine neue Batterie aufgebauet haben. Er wehrt sich stark und avanciret leyder, bringt aber schon wieder Kanonen weg, vermutlich gegen unsre anrückende Armada – sammelt der Lothringen sie wirklich um Laxenburg? – Ein hessischer Leutnant mit einer Fußwunden, die ich ihm verbader, ist ganz enthusiasmiret vom Starhemberg, weil der noch den gemeinsten Gemeinen laut „Bruder“ heißet, wann er ihn lobt. – Um 5 Uhr eigenes Fornell am Gegenwall vor der Burg, macht ein groß Erdloch ohne weitern Effekt. Der Feind aber lacht im Chorus, schreit Hu-hu-hu und etabliret sich umgehends in dem Loch. So helfen wir ihm bisweilen widerwillig. Auch vorm Löbel, scheint's, versucht er minirenderweis in den Graben zu dringen, wir haben's unterm Mölkerhof erlauscht und bei der Hauptwach Am Hof schuldigst gemeldet, und itzo hat ein Minirhauptmann mit einem Corporal im Krautkeller die Experienz (den Horchposten) eingenommen und alles zu einer Contramine präpariret.

Ein paar vom Frankhschen Freicorps (Bäcker und Fleischer) seind gegen die Ungargaß ausgefallen, haben von dort aber nur einen einzelnen hinkenden Türken eingebracht, der robotet itzo gleichfalls

[12] Die ursprünglich nur bei den Türken gebräuchliche Bezeichnung für die Kremser Donaubrücke entsprach einer osmanischen Vorstellung, die alle mächtigeren Steinbauten auf Alexander den Großen zurückführte.

bei uns da, und wie ihn einer von der Kuchl, des Türkischen mächtig, ausfratscht, erfahren wir, der Großwesir sei des Sieges so sicher, daß er gar nit mehr selber in Wien wäre, sondern draußen in Baden es sich mit einem vollbusigen Weibsstück mit Namen Olga, einer Christin aus Raab heißt's, im Schwefelwasser gut sein lasse bei Leckerbissen und verbotenem Trunk. Mag wohl sein, trau denen da drüben alles zu.

Die Leichengrub im Vogelsang ist voll, so will man im Gartl vom bischöflich-passauischen Notar Burgler (Johann Caspar) im Passauerhof (am Fuß von Maria am Gestade, Salzgries 21) eine neue ausheben; aber der Burgler, der Bischofsknecht, widersetzet sich dem Stadtrat, will nur dem Deputirten-Collegio gehorsamen, fordert von deme ein Decretum. Schafskopf! – Das Collegium ruft nach frischem Zugemüs für die kranken Soldaten, und der Stadtrat nimbt Anlaß zu einer Visitation aller Eßwarenhändler nach Linsen, Gersten, Reis, geißelt täglich die Gewinnsüchtigen, auch unsere 36 bürgerlichen Büchsenmacher, sie sollten mit 6 Gulden Wochenlohn sich zufrieden geben, ein kayserlicher Konstäbler kriege auch nit mehr; und sollten nit 40 Kreutzer Stückpreis für 2000 aufgetragene Morgenstern fordern, sondern umb einiges weniger. Die müssen ein Gewissen haben; sollte man ihnen nit die Schlafkissen und Tucheten (Federbetten) mit Morgenstern füllen statts Daunen?

Item hat der Stadtrat auf Collegiumsbefehl kundgemacht, die Bürgerwehren dürften zur Verwahrung (Bewachung) der ihnen zugeteilten Fahnen hinfürder nit mehr eine eigene Mannschaft abstellen, die sich stets *hinter* der Mauer anstatt *auf* derselben postire; die Bürgerschaft möge, wie die Soldateska, ihre Fähnlein jedes Mal, wann sie auf Wacht zöge, mit hinauf nehmen, wodurch die Herren ihren Dienst vielleicht mit mehr Animo versehen würden.

Freitag, 6. August

Dreimal Türkensturm gegen den Löbel. – Hab der Prämerin versprochen gehabt, am heutigen Tag mit ihr und dem Buben in St. Stephans Dom zu gehen; ist einen Mond her, seit Schwester und Schwager aus der Stadt geflohen, und will auch der Felix gern für der gueten Tante Eilers Rückkunft einen Vater-Unser beten, wir alle drey ingleichen für des kranken Entzbaum Genesung, item für des Justus Prämer und meiner Barbara Frieden und Seelenheil. Treff im Hühnergäßl, allwo ich die Prämerin abgeholet, ihren Bruder Justitiarius (Johann Franz Entzbaum); er hilft emsig dem Dr. Hocke im Ratshaus, gehet aber auch pünktlich zum Wachtdienst auf die Gonzaga-Bastion; ist ein stiller, mehr retirirter Mann. Beim Entzbaum am Kienmarkt bin ich ihm selten begegnet, aber nun, da der Vater elend, ist er täglich um ihn, wechselt sich mit der Stix-Muhme in der Pfleg ab. Hab wenig Kontakt zu ihme, doch heut sind wir zu viert in den Dom; fragt mich der Bub, wie denn dies Kirchengebäu und Turm bis anheut also unverletzet geblieben seyen, und ich explicir ihm: weil der Kara Mustafa, wann er obsiegen sollte, gantz gewiß eine Moschee draus werde machen wöllen. Einreiten würd er mit dem Pferd bis vor zum Altar, mit dem Säbel Kreuz, Leuchter und Allerheiligstes herabhauen und alles übrige gleicherweis ausräumen und von den Imams das Gebäu dem Allah weihen lassen; und wo oben der Graf Starhemberg itzo seinen täglichen Auslug hätt auf der Steinbank im Geviertgang mit dem 12-Pyramiden-Zirat rundum, würde der Muezzin die Gebetzeiten rufen und unsere Stadt eine Mohammedstadt seyn. Ob denn die Türken das immer so täten, fragt der Bub; immer, sag ich, ein verstümmelter Soldat hat mir's erzählt, der hat so was in Podolien selber mit ansehen müssen. Warum sie denn so böse Leut wären? Nun, weil sie nur den ihrigen Gott über der Welt haben möchten und uns Christen unmäßig zürnen, weil Gott nie und nimmer einen Sohn haben könne mit einer Erdenjungfrau. Wir aber seind immerdar gut? fragt der Bub, und ich merk, itzo geht's ins Eck mit mir, und so sag ich, daß auch an den Türken manches Gute sei, wie hätt sonsten der Pater Abraham in seim Büchl sie uns Christenmenschen zum Vorbild aufmalen können? – Dort stehet namlich zu lesen: „Die Türken tragen so große Reverenz gegen ihre Tempel, daß sie sich an dem gantzen Leib allemahl auff das reiniste abwaschen, bevor sie in dieselbige gehen, ja sie halten eine solche Zucht und heilige Sittsamkeit darinn, daß auch das Husten oder catharische Auswerfen nicht geduldet wird . . . Ist sach (ist es erwiesen), daß einer aus Frechheit mit dem andern schwätzet, wird solcher alsobald durch offentlichen Schimpff zum Tempel hinauß gejagt . . . Wir Christen aber betretten offt unsere Gottshäuser mit unreinen Gedanken und machen sie schier zu Wirtshäuser: bey den Türken ist das Husten unzulässig im Tempel, bey uns wirfft man wol größere Unflat auß dem Maul, wann man nehmlich in der Kirchen solche zottische Reden führet."

Nun, wir seynd ohne zottische Reden hinein, und der Felix hat am brünstigsten für den Großvater und den Vater selig gebetet, auch

Die 1660–1666 erbaute, von den feindlichen Batterien schwerstens beschädigte sogenannte „neue Burg", später als Leopoldinischer Trakt bezeichnet, erhielt nach des Kaisers Rückkehr wieder ihren alten Glanz. Rechts das Tor in der Spanier-Bastei, dahinter die Türme der Augustiner-Kirche und der Pfarrkirche des Bürgerspitals.

heraußen dann am Grab meiner Bärbel, die er gar nit gekannt. Dort ist nimmer das Holzkreuz, so Du, mein Armin, dazumal gesehen[13], sondern ein Stain mit Inschrift, so ein Kleriker mir abgefaßt: Getreues Weib, Herzliebste mein, schnell hast du mit dein'm Kindelein von mir Urlaub genommen. Ist's der vorschauend Gotteswill, daß wir zusammenkommen, so fürcht' ich nit des Todes Spiel. – Han beym Weggehen gemerkt, daß an der Maria-Magdalen-Kirchen am Freythofsrand, wo die Prämerin noch ein Minütlein eingetreten, mit ihrer Namspatronin Zwiesprach halten, die obdachlosen Kranken sich schon zwischen denen Grabhügeln zu lagern anschicken, auch daselbst verstürben. Ach, du mein Abraham-Landsmann fern von dahier, du machst dir's in deim Büchl oftmals leicht: Unsere Sündhaftigkeit habe den Türken nachgerad herbeigezogen, schreibest du, schreist es öffter dann eynmal herauß. Wird uns die Kriegssuppen aber doch wol der Großkopfeten leidige Staatskunst eingebrockt haben; der Kayser verzeih mir, aber ist denn nit ihrer aller Bescheren ein alle Beschweren in Ewigkeit, Meister Abrahame? – Will mich nächstens beym Dr. Hocke für die Freythofspatienten verwenden. Mein Gott und Herr, wie vielen Kranken han ich wol den Sommer lang die blutigen Ärsche geputzt und gewaschen, ihnen frisch Linnen und Stroh untergethan und oft schon ein Stündl drauf die Augen zudrucken müssen, mit oder ohne Gebet; gehet mir solliches Handwerk schlimm zu Herzen, würd weiß Gott lieber am Wall draußen fechten. – Fragt mich auf einmal der Felix: ob denn nit, wie ihm der Entzbaum-Großvater verzähle, der Sichelmond am Turmspitz mitm Stern in der Mitten die Türken, wie schon vordem einmal, vom Bombardiren von St. Stephani Kirchen abhielte, 's wär ja der Moslem Zeichen! Muß lachen und dem Kreuzköpfl Nein sagen: der Türkenmondstern sey allemal ein winzigs Sterndl, der da droben aber ein großmächtig Geschmeid zum Signum, daß der heilige Steffel-Thurm alle Frommen bis an Gottes Himmelsgestirn hinanführt.[14] Er war's zufrieden und hat auf der Suleika heimreiten gedurft, mitten im Elend ein

13 Dieser Passus ist der einzige Hinweis darauf, daß Armin von Pfullingen seinen Bruder vor Jahren nach dem Tode der Schwägerin in Wien besucht hat.

14 Das eigentümliche Gebilde aus Halbmond und gleich hohem achtstrahligem Stern hat die Turmspitze von St. Stephan schon einige Jahre vor 1529 geziert. Daß man es während der ersten Türkenbelagerung angebracht habe, um damit Sultan Süleiman zur Schonung des Domes zu

lachend Kind. Der meinige wär itzt grad dreizehn. Der Justitiarius ist vom Dom weg gleich zum Vater am Kienmarkt hinüber. Hat mir zuvor am Grab noch vertrauet, daß ab morgigen Tages alle Bürger, ob Hausbesitzer oder nit, ihr Bürgerrecht und ehrlichen Namen verlören, so sie nit in eigner Person sich zur Verteidigung einfänden oder bey glaubhaftem Unabkömmlichseyn einen Mann als Ersatz stelleten. Im Krankheitsfall hab ein jeder ohn Ausnahm ein ärztlich Attest vorzuzeigen; sey alles beschlossene Sach! Gut so.
In rebus bellicis (d. h. an den Wiener Fronten) hat der Tag wenig und dennoch genug gebracht: Dem Feind gehöret nunmehro das gantze Glacis, und Graf Starhemberg – er hat neuestens sein Hauptquartir in der Burg, wo zuvor die kaiserliche Leibwach bequartiret war – befiehlt das Räumen aller noch gehaltenen fortificationes im Vorfeld, sambt deme gedeckten Gang. Verwichene Nacht starkes Bombardement aus der verunglückten Mine (vom 5. August), man merkt, sie haben sich da trefflich eingesenket (eingenistet), ist ein bequemer Schützengraben samt Erdreich zur Batteriebettung, von uns selbsten den Teufeln geliefert, miniren und sprengen, wollen partout in den Graben herein. Wir: weite, sehr weite Schüß von der Mölker-Bastion ins Feindlager, dazu großer Effekt von 8 neuen unsrigen Kanonen auf der Kärtner-Bastey: zerschießen die Kontreskarp gegenüber vom Burg-Ravelin-Spitz, dort sitzen die unerbetnen Gäst klettenfest. – Die Donau, vor Morgengrauen angeschwollen, zerdruckt dem Feind die Brucken oberhalbs Nußdorff, soll ein halbeter Trümmerberg seyn, und wir pfeffern drauf im direkten Beschuß, so können sie's bei Tag nit reparirn mit noch so viel Getümmel und Blutvergießen.
Bin zu St. Stephan auch am Grab von des Mölker-Prälaten Vetter gewesen, war ein Wagnermeister und gelernter Konstäbler, ist dort mit viel andern beerdiget, haben alle sterben müssen, weil anfänglich die Stuckch auf den Basteyen zu wenig mit Schanzkörb versichert gewesen; ist kürzlich auch ein Lieutenant von Gassenfeldt, bey denen Mölkern im Quartir, auf dem Löbel oben erschossen worden,

bewegen, ist eine durch Jahrhunderte hartnäckig kolportierte Legende. Der Turmschmuck wurde Anno 1686 von einem Ziegeldecker namens Ressytko unter Verwendung eines primitiven Holzgerüstes für ein Honorar von 11 Gulden abmontiert und durch eine Öffnung in den Kirchenraum abgeseilt. Man brachte das Emblem zu Bischof Kollonitsch in dessen Wohnung, später in das Bürgerliche Zeughaus Am Hof. Heute befindet es sich in der Obhut des Historischen Museums der Stadt Wien.

wo desselbigen Tags der Türk schon eine Fahn aufgepflanzet, aber nur für kurze Frist; haben die Mölker auf Rat vom Grafen Guido den bildschönen jungen Mann in der zerschossnen Kapellen so lang hingelegt, bis er mit gebührender Ceremonie gleichfalls bey St. Stephan konnte enterriret werden. – Basta per oggi, gut Nacht.

Samstag, 7. August

Von Sonnaufgang an viel Blessirte und Sterbende, bin erst ums Abenddämmern zum Verschnaufen und Stiefel-Abschnallen gekommen, und wie ich niedersitz, tritt der Graf Guido samt Adjutant herein, grüßt, lacht, gibt mir rechts die Hand und links mein Fernröhrl zurück, der Bruder hätt das seinige bereits reparirt bekommen, dazu noch ein größeres zweites von der Universität, ein niederländisch fabricatum, und ließe er mir kameradschaftlich danken. Tuet mir leid, hätt mir's gern selber bei ihme abgeholt. – Vom Grafen Guido, er nimmt ein Glas, der Adjutant auch, erfahr ich, was ich den Tag über nimmer hätt zu erlauschen vermocht vor lauter Kranken-Plackerey: hat der Feind gestern zur Nacht stromauf Flöße bis nacher Nußdorff getreidelt, die Brucken zu flicken; ein junger Reitknecht, grad fuffzehn, schon zu mehreren Malen als Zuträger zum Feind hinüber, ist ertappt und wird der dreckige Spion dem Kommandanten vorgeführet, muß aber in Ketten warten, weil der Graf über Nacht von der Ruhr befallen, gottlob nit arg; Graf Alexander Leslie, Obrist-Lieutenant und Kommandant der Mannsfeldischen, ein Bruder vom General-Feldzeugmeister Jakob (Leslie), ist im Gefecht verwundt worden, hat aber verwundter weitergefochten, bis von einer Pistolen durch und durch geschossen, sodann ins Liechtensteinische Haus in der Herrengassen gebracht, dorten aber innert einer Stund verschieden; unterweilen auch sein Page von Pistolenkugeln tot, war ein heißer Tag; Obristen Graf Sigbert Heister hat ein Pfeil schwer am Kopf blessiret, Hauptmann Hennemann vom Regiment Souches einer am Hals. Obrist Souches und General-Wachtmeister Graf Daun seind den heutigen und gestrigen Tag Abschnittskommandanten gewesen. Daß nahe bey uns da in der Freyung Pulverkohlen gebrennet würden, ist uns nit verhehlet blieben, haben's gerochen, und vom Dr. Hocke weiß ich, daß das Geheimbe Collegium dem Reichsherold und Hofkammerdiener Christoph anbefohlen, es seye in allen Häusern nach Buchen-, Eichen-, Ulmenscheitern, auch Edelholz (für das Pulver) zu forschen und die Halbscheid davon ex officio zu beschlagnahmen – mit

Strafandrohung von Stockprügel bey Verweigern – und fuhrenweis an den neuen Meilern abzuladen; beißt einen der Rauch überall auf den Plätzen schon in die Augen, aber es mangelt an der Holzkohlen in allen Küchen ohn Ausnahm. Nit bewußt herentgegen war mir, was der Junggraf Guido weiß: es brenneten viel Feuer aus dem Marchfeld gegens Mährische hin, dort muß der Tököly umhausen, vom Lothringen sauber geschlagen und fein abgehalten, und drenter der Donau, man säh es von St. Stephans Thurm, habe der Herzog gegenüber der kaputten Bruckhen ein Lager aufgeschlagen, ist also wieder nähender geruckt, wachset einem gleich die Hoffnung.
Gestrigen Tags um 9 oder 10 des Abends hat der Feind von der Kontreskarp vor der Burg Erdreich abrieseln gelassen, auch viel Wollsäck und Sandsäck eingeworffen zu einer Rampen und Attaquen, dazu mächtig Lärm geschlagen; war aber alles ein Manöver; hat er uns ablenken, gantz woanders herum in den Galerien herschleichen und auf die Letzt in den Graben einstürmen wöllen mit Effort. Gleich hat's den Unseren gar nit geschwant und haben erst die Erdrutschen mit Tragbahren wegtransportirn angefangt – aber dann die Bahren bald weggeworffen und gegengestürmet; ist ein grausam Kämpfen geworden, viel Bluet geflossen, viel Türken geblieben, und hat eben das Mannsfeldische Regiment am meisten geblütet. – Um 5 Uhr des Nachmittags war ein Fornell (kleine Mine) gegen den Löbel aufgesprungen.
In Franken und am Oberrhein ordnet der Fürst Waldeck die Reichstruppen, sollen ihrer 9000 Mann seyn, und Kurfürst Max Emanuel sammelt 10.000 Bayerische und Salzburger; seynd alle noch weit. Ob der große Ludwig bald in die spanischen Niederländ einmarschiret oder da allbereits umhauset, wen kümmert's? Der Fürst-Erzbischof von Salzburg hat uns ein paar Fäßchen Schießpulver spendiret, dazu ein Quentl Blei und eine Handvoll Flintenkugeln, und wir lachen alle drey ob der Riesenmeng und späten Stund hellauf. Das Zeug hat aber den Feind erstaunlich glatt passiret vom Wienerwald her – ob da der Kunitz die Hand im Spiel hat?
Etliche Wiener Bürger seynd verbottener Weis ausgefallen, haben Wein holen wollen; gewiß alle gefangen und erschlagen, man habe ein Gefecht observiret; dumme Teufel, sollen Wasser sauffen oder denen Wirten und Klöstern den verräumten Rebsaft mit ein bißl Gold abschmeicheln, haben ja genug. Andere seynd gar durch eine Furth über die Donau (Donaukanal) auf die Insul hinüber, Kameele stehlen. Werden wohl auch bleiben (fallen); wollten sie die

Tierlein reiten oder verspeisen? Wie mundet ein Kameel? Wir lachen zum Abschied wiederumb.
Den Soldatenweibern ist endlich verbotten, in den Gassen und Winkeln ihre alten Salzhäring feil zu bieten, hat sich schon mehr dann einer aus so einem Faßl den Heldentod erfressen. Heut soll im Haus vom Stadt-Oberkämmerer Fockhy ein Consilium gewest sein von Professores, woher denn die Ruhr ihre Ursach hab? Bin neugierig. – Freu mich, daß mein telescopio wieder da ist, will bald damit ausschauen.

Sonntag, 8. August

Heut morgends nach beschwerlicher Krankennacht mit dem Chirurgus Blasl vor der colazion (Frühstück) ein Minütl im Hintergarten verschnaufet; ist ein schlohweißhaariger Argyrta (fahrender Arzt), der Blasl, hat sich zu Wien seßhaft gemacht, hilft noch emsig aus mit seine Achtzig; hat aber eine scharfe Zungen, lässet sie den gantzen Tag lauffen, und wie ich ihn frag, ob er vom gestrigen consilio beim Fockhy schon das ein oder ander erlauschet, knurret er: es würden die Herren academici rücksichtlich der roten Ruhr gewißlich nix viel Gscheiteres fürzubringen wissen als Anno 65 und 79 der Dr. Sorbait mit seiner fameusen Pestilentz-Ordnung. Wird nunmehro wohl auch das Ruhrgift aus göttlichem Ratschluß durch Zauberey entspringen, vom Straßenkot epidemisch gemacht und durch den „anklebenden Funken" übertragen gleich der Pestilentz. Hat ihn wer gesehn damals, den Funken? Wird itzo halt der Ruhrfunken heißen und wiederum die jungen Leut bei Vollmond befallen, kerngesunde Alte mit „offenen Schweißlöchern" beim Neumond, die Nüchternen, Hungerleider und Landstreicher aber bei jedem Mond; Kürschner, Gerber, Schuster, Kässtecher, Totengraber dagegen hätten wiederum wenig zum befürchten wegen dero beständigen Umgangs mit was Stinkendem. Prophylaxis: ein gottgefällig Leben, Therapie: Knoblauch oder Tobak käuen, Weihrauchfaßl schwenken, fest Schwitzen oder mehrmals am Tag die Händ reiben, Aderlaß, Schröpfköpf – hat's nit so geheißen dazumal? Wird dasmal auch nit anderster ausfallen, seyen allsamt Circumforanei (Marktschreier)! Und noch was: Sollte der Herr Baron (Anselm) eines Tags ärztlicher Hülf in domicilio bedürfen, nur immer gleich den Pfaffen dazurufen und gschwind den Leib des Herrn einnehmen, sonst gibt's nach der dritten keine Visiten, und ob sie gleich alle stürben. Ist so kirchlich wie amtlich bei uns dahier – ob ich das nit

gewußt hätt, nit? So pfuscht halt ein jeder auf seine Weis; tät mich nit wundern, wann sie auch denen Ruhrkranken Aqua laxativa Viennensis[15] verordneten wie bei der Pest. Am besten gleich derschlagen.
Macht kehrt und lässet mich stehen. Ein erfrischend ungerecht Lästermaul, rennt gwiß noch einmal denen Behörden ins Garn. – Gestern ein lang hartnäckig Kämpfen gewest, dieweil der Feind aus der neuen Batterie – Feldschlangen, Halbkartaunen, 7 Großmörser – auf die Kurtin zwischen Kärntner-, Burg- und Löbel-Bastion schwer hergespielet, aber der Starhemberg, so vom Krankenlager aus alles wahrnimmt, hat scharf zurückfeuern lassen, der Feind därf um keinen Preis in den Graben herein. Hat item der Kommandant das Aufwerfen von neuen Wällen und Aufstellen von Blenden anbefohlen für ein ruwiger (ruhigeres) Arbeiten dahinter bis zur Mölker-Bastey her. Eine Feindmine, nit weit vom Fornell am Freitag, ist aufgesprungen, hat aber den Stürmenden das Türl in den Graben vorm Löbel nit eröffnet, haben retirirn gemußt und die Unsern die flüchtig liegen gelassenen Schanzkörb und Sandsäck alle aufgelesen und inner die Mauer.
Heut bei 280 Kaufleut und Niederläger (Großhändler) zu denen Fleischern und Bäckern in die neu Burg eingeruckt, haben allsamt gute gezogene Rohr und nagelneue Doppelhaken (doppelläufige Büchsen) gefaßt, ballern con entusiasmo aus Fenstern und Einschlaglöchern hinauß. Die neue Feindbatterie am Reikowitzischen Garten hat mit schwerem Geschütz, dreiyfach Rohr, zur Burg her gespielet, doch nur kurz; hat ihr der Gschwind gleich mit zween Rohren mehr Bescheyd getan. Sonst das gewohnte Bombardement, sausen ja die Kugeln gestirnsgleich durch den Himbel, der Rauch machet das Gewölk dazu und nächtens Feuerbomben und Raggetten die Cometen und Meteor. Um 10 des Nachts ein explodirend Feindfornell gegen der Burg-Bastey Spitzn, effetto nullo. – Itzo soll doch die Bürgerschaft auch 800 Mann stellen und 200 mehr zum Feuer löschen. Für eingefallene Eisenkugeln gibt's ab heut im Kayserlichen Zeughaus für den Bringer ein Trinkgeld. – Unter Mittag hat der Baron Weltz eine Mission zum Pater Verwalter gehabt; wir haben einander schon lang nit mehr gesehen und intimiret er mich: ein Leutenandt Michael Gregorowitz vom

[15] Das „Wiener Trankl", ein sehr wirksames Abführmittel nach einem Rezept des kaiserlichen Leibarztes Johann Wilhelm Managetta von Lerchenau (1588–1666).

An der „Wasserfront" (Rotenturm-Bastei). Hier, am Donaukanal, kämpfte im Sommer 1683 die bürgerliche Artillerie zur besonderen Zufriedenheit des Stadtkommandanten gegen die türkischen Batterien im Unteren Werd (Leopoldstadt).

Heisterschen Fuß-Regiment, aus der Gefangenschaft frech in die Stadt geflüchtet, seye den Tag als Türckh verkleidet wieder hinaus; wollte durch den Wiener Wald bis nach Herzogenburg und weiter bis Mautern ins kaiserliche Lager sich durchstehlen mit Briefschäften vom Kommandanten und vom Grafen Kaplirs für den Lothringen; sei ihm als Lohn die erste erledigte (freiwerdende) Compagnie versprochen. Allah sei ihm gnädig! Allah geleite ihn! – Im Kayserlichen Klepperstall (einer Remise zur Unterbringung von Staatskarossen, Sänften und Pferden in der Teinfaltstraße 8, Innere Stadt) ist dieser Täg ein neuer, großmächtiger Backofen aufgemauret und angeheizet worden, die alten kleinen kommen all nit mehr nach; der Duft vom neuen Öfele mischet sich gar seltsamlich mit dem aus den Pulverstampfen vom Freiherrn Gottfried Kielmannsegg, so auch die Fabrication der Kartätschen und Spanischen Reiter custodiret (überwacht).
Der lieb Entzbaum befindet sich besser, gleichet zwar noch den sieben mageren Zeiten, nimmt aber schon ein Schälche heißen Würzweins zu sich, mit gedörreten Heidelbeerle drein, mümmelt auch ein geröstet Weißbrödle darzu; nimmt Anteil mit klarem Geist. Bin des Abends bei ihme gewesen, zugleich der Dr. Hocke, auch Ober-Stadtkämmerer Fockhy, sodann der Sohn Justitiarius und ein alter Familienfreund mit Namen Elburg, Hofmusicus und kayserlicher Notencopiste, ist in alles eingeweiht. Auf die Art hör ich was vom gehabten consilio beim Fockhy mit Fakultäts-Dekan Dr. Stumpf und zween medicinae doctores Ganser und Kremer; sonach habe die rot Ruhr zur Ursach: das schwartze Kommißbrot, das übersalzen Rauchfleisch, die vielen alten Haring, Hauptspeis der Armen, dazu das Wassertrinken oder sauren Wein, dahero die corruptio viscerum (Schädigung der Darmwände); schädlich auch das allzu junge Bier, item der hoch angesammlet Unrat seit der Stadttore Schließung. Die Blutexcrementa in denen Gassen beschmutzeten das Schuhwerk und transferiret man auf die Art die Ruhr ins Hauß; nit minder krankmachend das viele Blut vom Schlachtvieh, so bei derer Hitzen hochauf stinket bis über alle Kirchtürm und nit nur Ruhr, auch andre mala (Übel) provocire. Darzu nit geringer zu ästimiren: der Menschen Kummer und Traurigkeit, des langen Einsperrens ungewohnt; schädiget auch ein trüb Gemüthe unser Eingeweid. Sohin primo loco zu verordnen: die Bäcker sollten mehr weiß Mehl in den Kommißteig tuen und die Brauer im Bürgerspital ihr Bier heißer sieden und länger ruhen

lassen. Wichtig ad extremum: in den Häusern und Familien alle Kranken von denen Gesunden säuberlich separirn, bei größester Reinlichkeit in der gantzen Stadt – seufzet der Dr. Hocke, hilf Himmel, *wie* denn das alles?
Haben die Herren academici *doch* nit so schümpflich dumm berathschlagt, wie der Blasl heut morgends prophezeiet und den ehrwürdigen Sorbait dabey schlecht gemacht; klinget mir alles nach der Vernunft. – Den Schwager hat mittlerweil der Schlummer übermannt gehabt, so machten wir dem Besuch und Lamento ein Ende, und ich bin heim.

Montag, 9. August

Vergangne Nacht ein Ausfall gewesen von denen Grafen Daun und Souches mit 300 Mann bis in die Sappen (Annäherungsgräben); die Galerien großteils angezündet und zu Aschen gemacht, noch frühmorgends Wolken von Rauch darüber gestanden, hab's selber vom Dach mitm Röhrl erspähet. Viel Gefallene auf beyden Seiten. – Hab nach langem wieder einmal mein Sancta-Clara-Orakel aufgeschlagen: „,. . . und trohet fürwahr der über uns erzörnte GOTT durch viel Zeichen am Himmel und auff Erden mehrmalen ein wol verdienten Ruten-Streich", les ich da, „der gar grosse und erschreckliche Comet mag wol ein Rueten gewest seyn, die uns GOTT in diß grosse Fenster gesteckt hat, wormit er uns ein harten Straich trohet; disen lang geschwaifften Comet haben wir in Oesterreich, Steyermarck und anderen benachbarten Ländern zum erstenmahl gesehen an dem Fest-Tag deß hl. Ertz-Martyris Stephani (26. Dezember); es gebe der mildhertzigste GOTT, daß er uns nicht auch einen Blutkampff der feindlichen Stainwürff bedeute und uns damit der Edelstain Türckes (Türkis) zu keinem Elendstain werde." Ach, mein Abrahame, merket wol ein jeder, daß dein Büchl *vor* unserm Krieg aus deiner Seel an das Licht gehüpfet, ließest heut, denk ich, dein Wörterspiel und Sinngeplänkel und andre Späßle bleiben, und so du zu Wienn wärest, hätten wir itzo dein ernsthaft Predigen als Herzensstärkung; aber der Marco d'Aviano ist ja auch nit zugegen, und was die Stainwürff anlanget, so kriegen wir täglich genug davon, und unsre sündhaften Soldaten, die dein Büchl seitenlang geißlet, tuen ihre Pflichten mehr dann genug. – Hat heut früh der Schottenabt selber im Stift drüben den Grafen Leslie Alexander, den von den Mannsfeldischen, zur letzten Ruh ins Grab gesegnet, und hat's heut gleich wiederumb haufenweis „Türkis-Stain" hergeregnet

auf St. Stephani Kirchen und Stadt und des Kaysers Burg – ist grad die rechte Tagparol gewesen: St. Leopoldus und Wien. Du spaßest, Bruder Megerle (= Abraham a Sancta Clara), daß zu Mößkirchen im Schwabenland die Geistlichen einkehren, zu Hadersleben in Sachsen die zänkischen Ehleut, zu Schweinfurt die Metzger, zu Lauffen im Salzburgischen die Botengeher, aber die Soldaten sollten im Hertzogthumb Steyer hausen in eim Örtl, heißet Mehr-Zuschlag (Mürzzuschlag). Mußt sie nit mahnen, *sind* schon da daheim und schlagen zu, was das Zeug haltet, lieben itzo gantz gewiß die Schwertlilien mehr als den Frauenschuh. Ja, so ist sie, des Leopold und des Starhemberg und des Lothringen Armee.
Han heut so viel von der Burgschanz zu hören gekriegt, von alle Seiten, und wie ich mir's zusammenreim, muß es sich folgender Maßen zugetragen haben: Hat um 8 eine starke Feindmine 14 Brazzen (Ellen; rund 10 Meter) von der Mauer im Ravelin-Winkel weggerissen und denen Türckhen einen Zugang in den Graben gemacht! Ist aber die Besatzung augenblicks in die Breschen gesprungen, hat den attaquirenden Feind aufs Härteste angegangen und sich ohngeacht dessen, daß der Türk bis zur Schulter gedeckt gewesen, freistehend geschlagen. War der Kayserlichen Muet und impetus über alle Maßen. Seynd an einer Stell sechs Soldaten tot übereinand gelegen und gleichwol ein siebenter unerschüttert an dieselb Stell gesprungen, hat wild gefochten und schwer blessiret ins Knie gehen müssen, aber kniender weitergefochten bis zu der Ohnmacht. Nach abgeriegelter Breschen und einsetzend Trommelfeuer dahin ist der Feind endlich gewichen, sitzet aber nunmehro an 3 Stellen vor der innern Bastion. Viel Türken tot, gleich auch von der eigenen Min, so teils hintenaus krepiret; war aber auch der Unsrigen Blutzoll hoch. Hat mir zu Pfullingen unser Pastor Jäggle in der Lateinlection lebhaft berichtet von der Griechen Seekampf bei Salamis, allwo lang vor Christi Geburt gegen den zwanzigfachen Perser gefochten mit leichter Flotill gegen riesenschwere Galeeren und sich geschlagen auf Leben und Tod; und siegreich verblieben. Daran mueß ich die Täg her oft denken, auch was in der Bibel wo stehet: Förchte dich nit, du kleine Schar.
Der Kayserlich Proviantkommissarius Lyseck (Adolf) geht mit zween Beamten vom Zapfenmaß-Amt controllirender Weis um, zeichnet die Weinvorrät bei den Klöstern und Privaten auf, macht ein listam und wird sie dem Fockhy geben, so itzt für alles verantwortlich, was Leib und Seel zusammen haltet.

Um Mittag ist's dann vorm Löbel los gangen, war aber der explodirend Stollen schlecht verriegelt, also seynd viel Türken selber in die Luft; bei uns drei Kayserliche ebenso in die Luft, drei Tiroler; seynd aber unversehrt lebend exakt auf denselben Fleck wieder herunter; waren verdutzt, und wie der Officier sie fraget, wie sie sich fühleten, antworten die drei: Dürschten tat üns; also durften sie nach hinten und sich laben.
Unser Kommandant ist noch bettlägerig, Graf Kaplirs bringt von ihme die Befehle, lässet vom gefährdeten Burg-Ravelin die guten Kanonen abziehen und mehr Soldaten mit Musketen und Doppelhaken postirn, zugleich aufm Löbel und vor den Mölkern (auf der Bastei) zwo neue Batterien aufstellen.
Der ganze Tag wolkenlos. Das mueß einen noblen jungen Türken übermütig gemacht haben, als wär er nit in Feindesland, sondern friedlich daheim; also hat er sein aufgeputzt Rösselein hinter der Kontreskarp vor der Kärtner-Bastion kunstreich tänzeln lassen, eine richtige Bravata, exekutiret auch mit der geschwungenen Lanzen allerhand Luftstreich darzu. Aber die Kielmannseggische Jagdgesellschaft war grad auf der Bastey, und leget der Freiherr selbsten mit seim gezogenen Rohr auf ihn an und trifft! Über mehr dann 300 Schritt! Der Stutzer vollbringt ein zierlichs Sprüngl und rouliret wie ein Has Kopf über Arsch ausm Sattel in den Dreck, maustot. Großer Jubel, beteuren alle, so es gesehen.
Nit mindrer Jubel, wie ich ums Abenddämmern zum Entzbaum bin, gehet ihme wieder schlecht, Freund Elburg hat nach mir geschickt. Wie ich aber durch die Wildwercher-Straßen komm, rennet da ein Studiosus wie narrisch hin und wider, als hätt er einen Entenarsch eingeschlungen (verschluckt); hat auf der Halmbarten (Hellebarde) einen Türkenschädel aufgespießt mit eim schwarzen Schußloch mitten auf der Stirn, und auf der andern Hand hat er etlich säuberlich eingerollte Dukaten liegen, die zeiget er jedermann vor, tanzet dazu und ein jeder weiß auch schon, daß er den Janitscharen da oben bei den Palisaden erlegt, mit der Halmbarten hergezogen und ihme den Magen aufgeschlitzet, worinnen die sechs Dukaten gefunden. Schlucken ja die Türken manniges Mal ihre Goldmünzen als Medizin oder Zaubermittel gegen Verwundbarkeit, oder damit die bösen Giauren sie nit erbeuteten. Alles lacht, freuet sich des Burschen und lässet ihn toben.
Absunderlich übel han ich den Entzbaum eigentlich nit befunden; der Neffe (Entzbaums Sohn) war zugegen, und wie ich wiederum

geh, sagt mir der Justitiar, der Starhemberg fordre ab dem morgigen Tag täglich 1300 Mann von der Bürgerschaft an die Fronten, und zwar ohn Widerred. Aber sie haben durch den Kaplirs ihn ehrerbietigst bitten gelassen, er mög sie nit grad an die gefährlichsten Örter hintuen; er soll's auch gnädiglich acceptiret und zugestanden haben und wolle über kurz denen Hauptleuten betreffende instructiones erteilen. – Auch von der neuen Victualien-Satzung erfahr ich von ihm: Gersten, Erbsen, Linsen, Mehl, Brod, Grieß dürfen itzo ex officio ums Doppelte teurer verkaufft werden dann zuvor, will sagen vor der Türken Ankunft, Heu, Habern, Schmalz, Butter um die Hälft, Stroh und das Paar Hühner ums Dreifache. Daß man sich ums Genannte kümmert und die Ruechler (Gewinnsüchtigen) mit angedroheter empfindlicher Straff und Confiscation vergattert, leucht mir ein, nit aber, daß die Satzung alleweil noch Reis, Muskatblüh, Mandeln, Parmesan, gar Kapern, Ingwer, Safran, Gewürznägelein etc. etc. aufführet. Ja, wer kocht, bratet, bäckt und tafelt denn noch so pickfein in hiesiger geplagter, kranker, ringender Stadt? Wem schmeckt's denn noch, verflucht?
Bei denen Augustiner-Barfüßern haben sie eine mächtige Gruben eröffnet (ausgehoben) zu einem neuen Militari-Freythoff, die alten seynd allbereits übervoll.
Lang nach Mitternacht: Komm von eim jungen frisch Blessirten, hab nach ihme sehen müssen. Er war des Morgends im Kampf vorm Burgtor dabey, und itzo, wie ich mit der Latern ans Bett tret, zeiget er mitm Finger gegens Fenster und ruft: Sehet Ihr den Ravelin? Dort, dort! Ganz zerschossen! Schaut aus wie ein Schermaushaufen (Maulwurfshügel)! Durchs Loch aber daneben, da kömmt der Tod herein! Der Knochenmann, der holt euch alle, alle, die ganze Stadt! Er deliriret im Fieber, ich flöß ihm Papaver somniferum (Schlafmohn) ein, dazu ein scharf Schlückl vom Wacholderbrand, vielleicht betäubt's ihn für ein Weil. Sie haben ihn mit einer Pfeilspitzen tief mitten im Ohr herein gebracht, der Blasl hat ihm das Ding exstirpiret und versprochen, er rettet ihn. Möcht's wohl hoffen.

Dienstag, 10. August

Heut früh haben sie einen Meuterer vom Württembergischen Regiment, einen Landsmann, verdrießet mich, wenige Schritt von da auf der Freyung erschießen müssen, und nit lang drauf einen Lehrburschen angehalten, fuffzehnjahrig auch der, ihn gleich zum Grafen Scherffenberg auf die Burgschanz zum Verhör; hat, wie ich abends erfahren, auf allen Basteyen heimlich die Stuckh gezählet, sie dem Kara Mustafa zu verraten. Sein Meister, der Wasserbrenner (Schnapsbrenner und Limonadenbereiter) Frankh am Kohlmarkt, hätt ihn, weil allzu lüderlich, davongejagt, so sei der Bursch aus Zorn zum Türken und von diesem mit Spionageauftrag wieder zur Stadt herein. – Nachmittags hat der Feind einem unsrigen Geschütz, einer geladenen Quartir-Schlangen, die halbe Mündung abgeschossen, den Schuß gelöset und den Büchsenmeister, so auf der Lafette gestanden, samt der Kanon hintenüber geschleudert, und ist unverletzt blieben, der Gschwind war Zeuge. Aber was schreib ich das alles auf, Bruderherz? Geht mir doch heut nur das eine im Kopf um: Der Entzbaum ist tot.

Bin um Mittag mit zween barbitonsores (Feldscherern) und eim Geistlichen hinunter zum Passauerhof, dieweil der Kollonitsch mich bitt hat, ich mög um Gottes willen aushelfen, es ginge dort mit den Ruhrkranken drunter und drüber, sey der Verwalter, ein bischöflicher Notarius, ein gar zu schlampiger Gesell, so weder für der Kranken Leibliches noch Seelentrost zu sorgen verstünd, man müßt der Reinlichkeit rigoros nachhelfen, auch der Patienten Namen und Herkommen aufschreiben und ordentlich sie zählen, Weiber und Mannsleut separirn, item Soldaten und Bürgerliche, Reiter und Infanteristen etc. Find in der Tat zigeunerische Zuständ, Gestank und Gestöhn, faul Stroh, abgethane Kleider und Lumpen zuhauf, halb nackichte Lebende und Tote Leib an Leib durch alle Zimmern von unten bis oben. Hab daheim hinterlassen, wo ich zu finden wär, und so treibt mich die Stix-Muhme auf und schreiet schier: Der Herr Kayserliche Rat seie den Moment verstorben, neben ihrer nur der Elburg zugegen gewest. Wie ich hinkomm, sind schon der Justitiar, der Fockhy und die flennend Prämerin um die Leich im Alkoven; der Schwager habe sich des Morgends noch leidlich gefühlt, sich aber dann zum Leibstuhl heraushelfen gelassen, und wie er sich drauf niederlässet, so schüttelt ihn mit einmal ein so gewaltiger Durchbruch, daß ihme das schiere Blut heiß hinten ausgefahren, und war im selbigen Augenblick tot in der Muhme Arm. Keine Hülf mehr.

Bin eine gantze Weil am Lager gestanden. Antlitz und Händ gelb wie Wachs, so lieget er, und hat mir das Anschauen und Abschiednehmen weh getan, weicht ja mit dem Entzbaum auch ein Stückl von meiner Barbara aus der Welt. – Aber die Welt, die gehet weiter, noch in derselben Viertelstund zeiget sich's: Die Muhme wischt den

Die Belagerung wird vorbereitet, türkische Batterien werden in Stellung gebracht. Stich von Jacob Peeters.

Boden und fangt ins aufräumen an, und der Fockhy flüstert mir nach einer Weil, er habe gewisse Nachrichten, daß dem Sobieski von seinen Pollacken tagtäglich bey hundert davonrenneten, und der Herr Elburg – er wird die Totenurkund testiren müssen, weil er dabey war –, der weiß was Neuches vom Kaiser: sonach hat die Majestät dieser Täg zu Passau eine deutsche Komödi in Musik gesetzet, mit eim verliebten Gärtner oder Schafhalter als Helden, soll excellent ausgefallen sein.[16] Der Sobieski und seine Pollacken! Der Kaiser und seine musica! Ist denn die Stadt nit umcinglet und das Land weitum in Kriegsaufruhr? Müssen sölchene Zeitungen rein mitm Wind über die Mauer wehen oder mitm heiligen Geist herfliegen, Brieftauben werden's ja wol nit seyn. Muß das Zeug glauben oder verlachen. – Bin neben der Prämerin bis ins Hühnergäßl geritten, hernach wieder zum Passauerhof hinab. War unterwegs ein Trommelruf: Wer zu den loco stationirten Regimentern in währender Belägerung wünsche einzurucken, der stelle sich da und da, gut Essen, 3 Taler Werbgeld; nach dem End Entlassung zugesichert. – Nach dem End? Nach was für einem?
Der Pater Henricus bringet mir's Abendbrot aufs Stüble, mein Fuß tuet für heut nimmer mit. Des Nachmittags um 3 hat ein Feindfornell vorm Löbel aus der Kontreskarp ein Trumm Loch ausgerissen, Graf Souches aber die Anstürmer gleich mit Kartätschen in die Lucken retour gejagt. Dagegen ein unsriger Ausfall vor der Burg um 6 Uhr abends, hör ich, wenig glückhaft verlauffen, hat der Türk sich heldenhaft geschlagen dort und nur mit harter Müh von der Arbeit im Graben wegtreiben lassen, bey 30 Christensoldaten tot. Itzo ist's Nacht. Wird der Türk in der Finsternus wieder kommen und weiterwühlen? Den schüttelt eins nit so leicht ab, und einmal kann's, Gott verhüt es, in der Morgenfrüh heißen: er stehet am Ravelin! – Der arme Kerl mit der Pfeilwunden im Ohr lebt noch. Ob einen ein Fieber hellsichtig machen kann? – Kann den Entzbaum itzo nur mehr am Freythoff besuchen. Ist mir richtig ein Tropfen in die nasse Schrift gefallen, Bruderherz, je Vous demande pardon, ich vertrag nichts mehr.

16 Es handelt sich um das Singspiel „Der törichte Schäfer", dessen Uraufführung zum Faschingsbeginn am 26. Dezember 1683 in der Wiener Hofburg stattfand.

Krank seynd viel, hungern tuet keiner. Mahlen itzo im Bürgerlichen Zeughaus (Am Hof) 20 neue Handmühlen Tag und Nacht fein Semmelmehl für die Bäcken, im Rathaus aber 6 neue Roßmühlen (mit Göpelpferden betrieben) grob Mehl und Grieß für den Mehlmarkt. Wann Brod essen den Schlachtensieg verbürgen tät, wär mir um den Ausgang nit bang; der Liebenberg und der Kollonitsch haben brav vorgesorgt, senyd die Kornläger alle noch voll.
Hab frühmorgens mit der Suleika ein Faßl Haustrunk (gewässerten Wein) und vom Arsenal zwo Säck Pulver zur neuen Burg gekarret, dort wird's übernommen, danket der Kommandant auch für die kleineren Handreichungen. Dann mir eine Flinten geborgt und hinauf ins zerschossene Gebäu; ist voller Wehrleut, schießen wacker hinüber und ich halt eine Weil mit, bis mir ein Kanonentreffer unterhalb mit einer Wolken Malterstaub den Ausblick vertuet. Eil hinab und stütz zwo leicht Blessirte bis hinter die Burg zum Verbadern; hab dort bei der Ruhehütten den Esel angebunden. Bin dann die Kurtin entlang, ob etwan Verwundete oder Gefallene wären und ich helfen kunnt, lässet mich ein jeder passiren; han mich ein halb Stündle auch auf die Mauer hinauf gewagt, hat es dort itzo einen schier lachhaften Anblick: sie haben der Artillerie die Bühnenbrettln und die Bohlen vom demolirten Komödihaus an der Burgkurtin zum ausbessern für die Geschützbettungen überlassen, aber gleich auch allerhand Kulissenkram angefrachtet: grellfarbige Türen, hölzerne Stainbänk, marmorirte Griechensäulen, massive Rundpforten vergüldet, blau Leinwandhimmel mit Palmen und Flügelgöttern drin samt Lorbeer und Rosenketten, auch eine imitatio von eim eysernen Brunnhaus, dazu Spalierbäum und Bosketten, alles fürs Brustwehr- und Unterständbauen, wann's regnet. Wenn das der Leopoldus säh, wie seine Opera-Pomodoro-Herrlichkeit sich sub Jove (unter freiem Himmel) ausnimmt!
Soll im Feindlager allerhand Veränderungen geben, die Fouragen besser einzubringen, kriegen ja mächtig viel Nachschub dort. Plötzlich hab ich selber einen Schuß in der Schulter; war gewiß, es sei nur eine Fleischwunden, aber hinter meiner hat's einen Burschen, so mit seiner Musketen frisch herauf, am Kopf erwischt; schlepp ihn zur Hütten hinab, laß mich selber verbadern, und ist's richtig nur ein Streifschuß. Fühl mich dannoch nit recht gut und bin mit der Suleika und dem Karren zur Prämerin ins Haus, ein bißl Ruh und

ein Imbiß erbittend. Der Felix schafft schon in der Werkstatt, soll sich geschickt anstellen.
Ich schlaf ein Randl, wecket mich aber bald der junge Entzbaum; er schaut nach der Schwester, sie weint alle Augenblick um den Vater, morgen wollen sie ihn begraben, oder übermorgen, und reden vom Testament; ist ein friedsam lieb Geschwisterpaar; setz mich dazu, und der Justitiar weiß, es würden den Nachmittag die zwo Compagnien lediger Handwerksgesellen zu *einer* zusammengezogen und der freie Officier zu denen Schustern transferiret; und der Stadtrat habe den Gesellen zum täglichen Brod und Wein eine Geldzubuß von 1 Groschen genehmiget; arme Teufel, tun ihre Pflicht doch nur um Christi willen, ob sie's selber auch nit immer wissen und mehr fluechen statts beten. Item vertrauet mir der Entzbaum junior, der Sultan habe jüngst dem Großwesir einen Mohren als Nuntius hergesendet, Ali Aga mit Namen, und hat auch einen sündteuren Zobelpelz im Gepäck gehabt als Ehrengab des Türkenkaisers an den Feldherrn zusamt einem Reiherbuschen in einer Brillanten-Agraff. Der selbig Mohr aber soll dem Padischah aus eigenem Aug berichten, wie es denn um Wien stünde und ob die Festung nit bald reif wär? Soll für den Mustafa, so eilends aus der Stinksuhl (den Schwefelbädern in Baden) wieder in sein Zelt eingekehret, „nit viel Guts bedeuten", hat der Kunitz durch einen Diener berichten lassen, und der Entzbaum hat's vom Hocke, und der Hocke vom Weltz, und der wieder – Kunitz, so heißet die Brieftauben, itzt weiß ich's wieder! Baron Kunitz, Resident des Kaisers und privilegirter beweglicher Gefangener des Sultans in der Laimgruben!
Bin dann heim. – War heut das Bomben- und Staineinwerffen stärker als den Vortag, um Mittag abflauend, hernach im Gegenwall vor der Burg eine Mine, um 6 Uhr, so hör ich, die zweite, alle beyd von geringem Effekt, hat die zweit nur ein unbewohnt Häuslein vom Festungsrand gerissen. Itzt zur Nacht ein heftig Feuer nahe vernehmbar – ob die Kayserlichen gegen den schanzenden Feind ausfallen?
Bin noch ein Sprüngl zum Pater Verwalter. Der lacht über eine Begebnus an der Wasserfront (Donaukanal); haben die Türken einen brodlaibgroßen Stain eingeworffen, drauf die Schrift ciseliret: Questo melone è quello, che nasce sul Monte Carmelo – „Die Melon da ist von denen eine, so aufm Karmel-Berg wachsen!" Hat ja der heilige Prophet Elias im Judenland dereinst einem Bauern sein Melonenfeld verwunschen, weil er ihm von den Früchten keine

wollt ablassen, und itzt wachsen daselbst nur mehr stainerne. Die müssen viel Zeit haben da drüben, die Herren Türken, für sölchene Gspäß, meint der Pater, kennen aber scheint's die Moslem die biblischen Gschichten bald besser als wir.

Donnerstag, 12. August

Accurat hat's zur Nacht noch einen Ausfall gegeben gegen den schanzenden Türken vorm Ravelin, allwo er den Abschnitt (die Stellung) im Graben ausbauet; angeführt hat mein Herzog (Friedrich Carl von Württemberg) so brillant als unerbittlich, wie es seim beschreiten Kriegersinn anständig (wie es seiner gerühmten soldatischen Gesinnung angemessen ist); hat den Feind bis in den breiteren 3. Laufgraben zurückgejagt; dem Herzog in der Attaque wacker zur Seite gestanden Lieutenant Baron Polheim vom Souchischen Regiment. Seind 40 Kayserliche tot oder verwundet, aber Türken das Vielfache.

Der Mittag hat es uns dann gebracht. War schon von der Morgenfrüh weg ein stärker Kanonirn und Staineinwerffen, zwischen Glock 11 und 12 zwo Minen von der leichteren Art; hernach aber eine so gewaltigliche, daß unsere Kranken in den Betten liegend aufgehüpfet und in den Straßen die Leut dutzendweis auf die Erd gestürzet oder gegen der Häuser Mauern geschlagen. Die halbe Stadt bis zu St. Stephani und Petri Kirchen, Vogelsang und Wildwerchern durchauß erschüttert, ein veritabel Terremoto (Erdbeben) wie zu Kandia manniges Mal; seynd die Vögel aufgeschwirret und die Turmglocken von selbsten ins Schwingen und Summen geraten; und hat der Stollen, ausgebrochen exact unterm Spitz vom Burg-Ravelin, den gantzen Angle (die vordere Spitze) bis an unseren 1. Abschnitt in die Luft gejaget, ist das Vorwerck nur mehr ein Haufen Erd, und haben 300 Türken noch im Rauch mit Leitern und blankem Säbel ins Stürmen angefangt und richtig durch den Graben sich zur Eskarpen (Kurtine) herangekämpfet, mit Succurs Welle um Welle eine Stund und noch eine; wollten den Sieg partout erbeißen, haben aber am End doch wieder zurück gemußt bis an die Laufgräben am Gegenwall. Die Artillerie hat fein dazu gespielet und mit jedem graden (direkten) Schuß aus den hinterbey anruckenden Haufen zwo Dutzend Türken und mehr jämmerlich totgeprackt, nit zu vergessen unser hageldick Schützenfeuer vom Burgbastey-Eck hinunter ins blutige Gewimmel, die Grafen Serényi und Scherffenberg mitten drin; Graf Daun wär den Tag mit vom Kommando

gewesen, lieget aber seit der Nacht mit der Ruhr darnieder. Ich hab's alles von eim verwundeten Priester, so sich selber zu den Mölkern herübergeschleppt, seind ihrer 8 Kleriker vom Kollonitsch neu zu denen Truppen abkommandirt und haben alle Händ voll zu tun gehabt mit Hülf, Abendmahl und Ölung; sind stücker 100 Christen tot und halb so viel schauderhaft verwundt, und es mangle am Verband, so hab ich Linnen aufgeladen, bin mit der Suleika hin, und selber gesehen: müssen mehr dann zwomal tausend Türken im Graben und ums Vorwerck liegen, ist aber wenig Trost bei sölchem Anblick, weinen ja auch im Türkenland Frauen, Kind und Eltern zu ihrem Gott um sie. Haben bis anhero, heißt es, schon 10.000 Moslem ins Gras beißen müssen. Ist mir bisweilen das Herz voller Dörner.
Der Mustafa hat dem Gerücht nach einen Christen emittiret um Waffenstillstand fürs Einscharren von denen Türkenleichen, hat aber der Starhemberg es ihme nit concedirt zur Buß, weil der Feind in der letzten Zeit alle lebend Gefangenen ohn Ausnahm geköpft. – Ab heut will der Graf die Verteidigung gäntzlich auf denen zwo Bastionen zusammenziehen, so der Feind einzig berennet, Löbel und Burg. – Im Tarternlager unterm Sauberg (Kahlenberg), hat lauter rot und grün Gezelt, stehen die Pferd marschfertig, warum? Die Weinrieden dort hinaus und sonst um die Stadt seynd zur Halbscheid in Allahs Namen zerwühlet und verbrennt; aufm Ochsengries (am Wienfluß, dem Bahngelände der heutigen Station Wien Mitte) haben sie die Weinstecken samt den jungen Träubelein umgetreten und zerstampfet, gehorsame Koranisten (Zöglinge des Korans).
An der Ruhr krepiren 20 bis 30 von uns am Tag, Gott schütz den Daun. – Itzt ist's Abend, beinah schon Nacht, und hör ich, sie hänt den Ravelin nach drei Stund mit Woll- und Sandsäck wieder in der Ordnung gehabt und mit Palisaden gespicket, gute Arbeit! Vor Dunkelwerden hat die Garnison einen halben Monatssold gekriegt, allenthalben lustige Gesichter, schätz ich. – Feuerzeichen vom Bisenberg: Lieutenant Gregorowitz, am Sonntag hinaus geschlüpfet, ist bei der Armee angekommen! Kömmt er auch wieder?
Zwo Soldaten, weiß nit dero Regiment, haben sich über zu geringen Sold ereifert und kaiserliche Officiers meuterisch beschimpfet; hat der Starhemberg sie beide greiffen und auf einer Trummel ums Leben würfeln lassen. Der Verlierer wird morgen früh auf der Freyung erschossen.
Der arme Kerl mit der Pfeilwunden im Ohr ist mir gestorben,

einwendig verblütet, dazu den halben Schädel brandig. – Fünf Wochen lang haben wir dem Feind das Eintreten in den Graben verwehret – wo bleibt der Lothringer, wo die Armee? Haben die Pohlen schon sich alle verlaufen?

Freitag, 13. August

Für ein abergläubisch Gemüt wär das heut ein Unglückstag gewesen, hat sich aber beileibe nit so schwarz erzeiget als der gestrige. Au contraire: hat eine unsrige Mine, vorgetrieben und mit Effekt gezündet genau unterm Spitz vom Burg-Ravelin, die Türkenbrut von da herabgeschleudert; saßen schon fest, glaubten's zum mindesten. Dazu eine Feindbomben auf die Burg-Bastey eingefallen und eine geladene Halbkartaun gelöset, ist der Schuß a tempo hinüber, mitten in die Bombeneinwerffer. – Ab dem Morgen anhaltend Kanonenfeuer auf die Stadt, auch von der Wasserfront (vom Donaukanal her), dazu viel Flintenschießen. Zum Abend spat ist ein nit minder anhaltend Gewitter losbrochen, da sitz ich drunter seit zween Stunden, Rauschen und Donnern und Blitzen rund ums Haus. Der Regen hat dem Feuern hüben wie drüben ein End gemacht, ist auf einmal alles seltsam friedlich. Parol: St. Peter und Rom.

Heut haben wir den Entzbaum zu Grab getragen; wer ihn gemocht hat und nit grad auf posto hat seyn müssen, war zugegen, ihme sein Schäufel Erdreich auf den Sarg zu tun im Namen dessen, in deß Hand alle Ding stehen. Auch der Liebenberg war da, die Ratsherren alle und der Dr. Hocke; und wie wir ausm Freythoff hinaus wallen, hör ich den Hocke einem Kleriker was Bitteres berichten, was ich noch niemalen vernommen: Er, der Hocke, sei dieser Täg im Archiv auf ein Pergamen vom 13. Augusti(!) Anno 1529 gestoßen, des Inhalts: der damalige Stadt-Rath habe dem Kaiser Ferdinandus Primus, dazumal nur erst König von Böheimb und Hungarn, angesonnen, die Wienerstadt vor dem anruckenden Türken – seit dem Debakel zu Mohács (1526) Österreichs Nachbar – zu räumen, sie gäntzlich zu verlassen, zuvor aber in Brand zu stecken.[17] Sechs

[17] Der diesbezüglich Passus in der vom Statthalter und den Kammerräten „diser Niderösterreichischen Lannde“ abgefaßten „Instruction, was bey der Khuniglichen Maiestat zu Hunngarn und Behem (Böhmen), Erzherzogen zu Österreich angebracht und gehandelt (vorgebracht und besprochen) werden soll“, lautet: „. . . das wir sambt dem Cristenlichen Innwonnenden Volgkh aus ainer so augenscheinlichen nott, darzue unns dann der

Die Eroberung des Tabors und der Leopoldstadt durch die Türken.

Per. I. Peeters. ex An

Wochen drauf stehet der Türk an der Vorstadt, vier Täg weiter meldet der Kriegsrath deme Kayser nach Lintz, es seyen von denen wehrfähigen 4500 Bürgern kaum noch ihrer Hundert und etwas drüber vorhanden, alles andre fort und dahin. Das „etwas drüber" töne ihm extra spottlich ins Ohr, meint der Syndicus und wendet sich mit dem jung Entzbaum zum Rathaus weg. Wär's nit am Freythoff oder zu einer anderen Zeit gewesen, wir hätten alle gelacht, wiewohl's gar nit zum lachen ist. Ob's das einmal geben wird, daß man alle Bürgerschaft Mann für Mann wird zu den Waffen zwingen können von Kaisers und Gesetzes wegen? Glaub's nit; wird allemal unsereins von Nöten sein, der Soldat!

Hab die Prämerin und den Felix samt dem Altgesellen ins Haus begleitet, und seind ihr erst daselbst die Tränen wiederkommen; hat sich, des Buben nit achtend, mir an die Brust gelehnet wie um Schutz und herzrührend geweint; ist mir in all der Traurigkeit, ich gesteh's, doch sonderbar warm geworden von ihrem Zutrauen und Anschmiegen, war schon so lang nimmer und ein Fried verheißend Aufwallen in so friedloser Zeit. Verzeih mir's Gott, stammelt sie, schickt den Buben in die Werkstatt und mich gar freundlich ausm Haus, sie wölle den Tag allein verbleiben. –

Was muß nit alles durch Ruf und Anschlag befohlen oder verordnet werden: daß die Zivil-Verteidiger sich pünktlicher um 3 des Morgends Am Hof beim Fähnlein einzufinden hätten, von wo der Stadt-Obristwachtmeister sie um 4 auf die Posten verteilen würd; wie oft noch solliches Mahnen, in Dreiteufels Nam! Auch daß keiner sich ohn Officiers-Befehl von der Wacht absentiren dürfe und des Leibes Notdurft fortan an Ort und Stell zu verrichten habe, nit alleweil nach hinten schleichen; daß ein jeder, sobald er Waffen und Proviant gefaßt, sein Defens-Versprechen auch halten und dem Vorgesetzten Respect und Gehorsam bezeigen müß, wann aber aufbegehre, ohn Gnad getötet würd. – Den Bäckern hat der Rat den

verstannd dringen und weisen wurt, den abzug nemben (nehmen) und die Stat verlassen muessten (in) der Hoffnung, das unns sollches billicherweis kainsweegs verwisen (untersagt) werden mocht . . . Es wurd auch unnsers achtens pesser sein, zum aller letzten dise Stat an etlichen ortn anzufeuren, damit die Veindt so Sy daher raichen (bis hierher gelangen) dest weniger Ir auffennthallt, rast und leger (Lager) hie haben und nemben, sonnder(n) villeicht voraus (früher) im Wynter zu ainem abzug gedrungen wurden (würden)." – Am 17. September 1529 waren vom Magistrat mit dem Bürgermeister Wolfgang Treu nur noch die Stadträte Eiseler, Mangold und Schranz sowie Stadtrichter Pernfuß in Wien verblieben.

Verweis zukommen lassen: ihr Brod wär noch schlechter geworden als vordem und seye ein jeglicher von ihnen dazu verhalten, sofort in den Teig sein Zeichen einzutrucken, auf daß man ihn notfalls beym Kragen nehmen könne. –
Bin noch zu denen Kranken, hernach mit den Patres Medard und Henricus auf ein Minütl vors Tor, frisch Luft schöpfen und Umschau halten trotz der Finsternus; war der Regen bereits schwächer, aber noch immer ein scharff Windsausen, Blitz und schwarz Gewölk. Marschiren plötzlich zwo Männer eskortiert und türkisch gewandet an uns vorbei zum Tor (Schottentor) hin, siehet aber ehender eim Schutzgeleite gleich, Gefangene oder Überlauffer führet man anders. Ist eine Feinddelegation empfangen worden? Etwan doch ein Waffenstillstand mit dem Teufel? Nimmermehr, der Starhemberg bricht sein Wort nit. Später kömmt die Eskort allein zurück, gehet eilends vorüber. Wir schauen einander an: was hat's zu bedeuten? –
Itzt ist das Wetter wiederumb stark grollend wie zum Anfang. Gut Nacht, Bruderherz, und gut Nacht auch Dir, Entzbaum, getreuer Mann, grüß mir die Barbara, sollt es stimmen, daß wir Menschen ein ewigs Leben erlangen.

Samstag, 14. August

Hat itzo die Ruhr auch mich befallen? Der Durchbruch ist nur leicht, also hätt ich Hoffnung, bleib aber lieber eine Weil in der Kammer und schab mir Apfelbrei. Mein Medard sorget sich um mich, bringt vom Apotheker Puntz ein unfehlbar tincturam oder Elixir, schauderbar bitter. Weiß mir zu sagen, zwo kranke Leutenandts hätten gestern Abend noch ein müdes Feindfornell observiret, sollte das geflickte Eck vom Burg-Ravelin wegexplodiren, vermocht's aber nit. Vom Regenguß seyen denen Türken die Laufgräben verschlammt und gar nit practicabel; gut für uns, Allah hat's gewollt, er seye gepriesen. So ist heut ein bißle Ruh vor der Burgschanz, nur in der Luft beharrlich Schießen und Staineinwerfen.
Um Mittag kömmt der Pater Verwalter und spuckt brandneue Zeitung aus: die zwo Türken, so gestern nachts an uns vorbei, seien ein Raiz (griechisch-orientalischer Serbe) und sein Diener; der Raiz hieße Koltschitzky, ein Orientwarenhändler aus dem Untern Werd (Leopoldstadt), hat von der Insul herüber flüchten gemußt und bis den letzten Mittwoch in der Gastwirts-Freicompagnie vom Haubtmann Ambros Franckh gefochten oder Wachtdienst versehen. Sei in

der Stadt nit unbekannt und alles kein Geheimnus mehr, sintemal der Raiz selber es embsig ausgestreuet und männiglich ihme schon Glück und Segen gewunschen; sei ja in vergangner Woch wol mehr dann ein Briefkurir zum Lothringen hinaus, aber keiner retour! Spricht das Türkische besser dann deutsch, der Raiz.
Auf die Letzt schwanet mir endlich, worumb's gehet, und weil mich am Nachmittag der jung Entzbaum aufsucht – bleibt ja in hiesiger Stadt kein Furz verborgen, auch die meinigen nit –, so krieg ich finalmente auch noch den Rest zu wissen: daß nämlich der Liebenberg besagten Handelsmann unserem maroden Kommandanten ans Lager geschicket, er wär als Dolmetscher schon des öftern im Orient gewesen, auch sunsten ein brauchbar gefinkelt Subjectum, der es mit Succurs betreibenden Briefschaften zum Lothringen für guten Lohn wol wagen wolle, versehen mit Paß Diener, und hätten gestern Nachts die Soldaten und der Officier den zween Maskirten das verbollwerkt Ausfallpförtchen (des Schottentores) eigends geöffnet, doch sogleich wieder verrammlet. Vergangenen Donnerstag habe der Bürgermeister den Koltschitzky verabschiedet; doch wölle der Tausendkünstler beileibe kein Raiz nit sein, sondern ein wohlgeborner freier Pohle. Sei, was du willst, komm nur bald wieder und bring deine pollackischen Landsleut sambt ihrem säumigen König mit Roß, Sabel und Lanzen aufs schleunigste anher! – Den Kerl schau ich mir an, wann er mit Gottes Hülf wieder einrucket.
Ums Abendwerden war mir wiederum passabel, also daß ich zu meinen Kranken hinüber bin, seind mir welche frische gebracht worden, und wen find ich? Meinen Schwabendragoner mit eim Steckschuß im Arsch. Kotz Bluet (Gottesblut), fluch ich, der wahre Krieger hat die Kugel allemal in der Brust. Chirurgus Blasl plagt sich mit der Blessur, schwitzet, der Patient nit weniger, lacht aber und fragt gleich nach meim Wacholder. Ich bring ihm einen; er ist bald verbadert. Etzatle (jetzt) hämmers gschafft, grunzet er, trinkt kurios krumm am Bauch und berichtet, was mir aus der Nachbarschaft ohnedem bewußt: daß am Löbel oben trotz Störfeuer mit Granaten und Stainwürff die letzten Trümmer vom Cavalir herunter seynd und endlich dort Platz fürs auffahren vom schweren Geschütz; und daß, mir neu, die Burgschanz, wo er seinen Schuß abbekommen, bereits so stark von hinten unterminiret wär, daß nur ein Anfallen (Überfall, Attacke) von jenseits des Gegenwalles noch Verhinderung und Hülf bringen könnt, und ob *ich* etwan wüßt, wo der Entsatz bliebe, die Armee! Wie sie mich ausm Feuer getragen,

sagt er, ist an der Kontreskarp vis-à-vis von der Bastey ein Feindstollen höllheiß aufgesprungen, so stark, daß unsre Officiers in Deibels Namen die Kameraden da draußt itzt doch amol werden hereinnehmen *müssen* in die linke Flanken und beydseits abersche (abwärts) an der caponnière (gedeckter Weg) sich verschanzen lassen. Soll doch Gottverdammich der Türk den zerbrochenen Wall da drüben haben und sich anpissen vor Freud, die Stadt hat er deretwegen doch nit. – Die Feindgalerien (Tunnel), will mein Schwab gehört haben, laufen sieben Klafter (gut 13 Meter) tief unter der Erd auf den Stadtgraben zu; seind höllische Wühlmäus! Aber die Kayserlichen haben ihnen ein Stündle, eh mir die Janitscharensau 's Fiedla (den Hintern) verbrunnen, eine gantze Galerie mit Granaten eingeworffen (zum Einsturz gebracht), eine andre mit Palisaden außenbei nutzlos gemacht, noch eine mit Gegengraben. Da drüben, sagt er mir und deut auf den Strohsack, lieget einer, deme hat ein gfehlter Spatenhieb im Gegenstollen den Kinnbacken entzwei geschlagen, frag *ihn*, der weiß mehr. – Hätt fragen können, aber kein Antwort nit kriegt.
Ein Stadtguardist kömmt vom Neutor, dort schreyt's und schießt's; was denn wär, wollten wir wissen; ah, macht er, nix Ausderweisigs, ein paar Fürwitz haben in der Dusternus vom Bauholtz außerm Tor sich ein etliches holen wöllen, aber hinter die Brandmauern von der Roßau paßt der Türk, brüllt, wie wann's Gold wär, und galoppiret herbey, die Leut zu verjagen. Is ollas nahrisch, murret er und strottet weiter.
Beim Abraham steht geschrieben: „Es ist nicht genug, die Händ zu Gott aufheben, sondern die Händ aufheben und die Händ anlegen (zur Arbeit gebrauchen) müssen bey einander seyn. Auff Mirackel müssen wir uns nicht steiffen, weilen (solange) noch menschliche Mittel bey Handen, sondern mit Seegen und Degen bringen wir Victori zu wegen. Gott wird uns bewahren, also hoffen wir Christen ins gesambt; aber wir müssen uns auch wehren".

Sonntag, 15. August

Alle Täg neue Verordnungen, wo die verstorbnen Ruhrkranken zu bestatten wären; kommen itzo alle Klostergartln an die Reih. Fürs Seelenheil ist vorgesorgt, sollen nit ohne Trost hingehen, und mangelt's im Passauerhof am Beystand, mueß der ausm St. Marxer Siechenhaus vertriebne Pfarrherr substituiren, kriegt die Besoldung von der Stadt. Im Passauerhof geht's allgemach besser, han die Krankenlisten beym Kollonitsch im Heiligenkreutzer-Hof abgege-

ben, seine Abkommandirten seynd mir ohnermüdet beygestanden: sonderbar, daß so Gottesleut sich bey denen Patienten nit anstecken, kaum einer, und seynd doch Tag aus, Tag ein hautnah dran. Auch die Apotheker alle befinden sich gsund und hundswohl, treten freilich niemalen hinterm Ladentisch einen Schritt herfür, müssen auch keiner auf die Bastey hinaus mit der Wehr (Waffe) und bringen die Arzeneyen alle durch ihre Knecht an Ort und Stell. Die meiste Arbeit hat die Pharmacia „Zum goldenen Greiffen" (heute Stephansplatz 8a, die Alte Feldapotheke), versorget die kranken Stadtguardisten in St. Michaels Konvent, die Artillerie im Bürgerspital am Schweinsmarkt (nahe dem heutigen Lobkowitzplatz), das Regiment Kayserstain bei denen Patres Pazmaniten (heute Postgasse 11–13), die Starhembergisch Soldateska bei St. Augustin, meine Württemberger in der Jesuiten Profeßhaus (Alte Universität), die Souchischen bei uns (im Melker Hof), die Neuburgischen bei den Dominikanern, die Beckischen bei St. Dorothee und im Hofspital, die Scherffenbergischen bei den Minoriten, die Mannsfeldischen bei denen Franziskanern – kannst Dir denken, Bruderherz, wie daß der Apotheker Puntz Johann Sigmund außer Atem gewest is nach *dem* Lamento; hat mir, wie ich heut morgends mit der Suleika Bestelltes bey ihme eingeholt, sein Klaglied ausm Lieferbüchl vordeclamiret und ich mir's daheim aufgekritzlet. Über Not und Opfer der Kämpfer und Schanzer wird die Nachwelt viel Preis und Glori ausschütten, ob's gut oder ungut ausgehet; für der wackeren Salbenreiber, ihrer Officin-Gehilfen und Lauffer mühreich Tun aber wol keine Seel ein Federkiel eintunken oder sich heisrig schreien, also hab ich's hergeschrieben. – Der schwarze Mohr (Apotheke „Zum schwarzen Mohren", heute Wipplingerstraße 12) zum Exempl hat es schon leichter, versorget grad die Laufkundschaft und ein paar kranke Studiosi in denen Bursen (Stiftungshäusern).
Wie ich, noch vor der Sonn, zum Puntz unterwegs gewesen, hat es schon einer dem andern über die Gassen gerufen, wie daß bei Stämmersdorff (Stammersdorf) hinter Mitternacht des Koltschitzky Feuerzeichen aufgeflammet wär und auf St. Stephans Turm deutlich zu sehen gewesen; ist also heil hinüber und suchet itzo den Lothringen, soll heißt's an der March, etwan um Stillfried lagern.
Die Bürgerwehr hat die gantze Nacht Bereitschaft gehabt, vollzählig, gibt's überall stainerne Gsichter mit rote Augen und struppige Bärt. Hätten wol gern die Sonntagsruh, gehet aber nit, weil der Christenfeind an der Burgschanz der Giauren Kalender excellent

studiret und wie irr gegen der Hofkirchen (St. Augustin) herböllert, vermeinend, es würden am heutigen Tag Mariä Himmelfahrt in hiesiger Loretto-Kapelln extra viel Leut zum betten sich einfinden. Allein was tut's, das Dach is ehbereits ein Fetzn – weit, weit schlimmer, daß der Türk sich über Nacht im Graben vor dem Löbel eingearbeitet! Der Starhemberg, noch immer bettlägerig, hat durch den Kaplirs an beiden Bastionen, item auf der Kurtin dazwischen neue Stellungen machen anbefohlen mit ausgeworffener Erd, ganz nach des seligen Rimpler Idee, sagt mein Dragoner, der seine Loser (Ohren) rein überall hat, humpelt schon wieder von Bett zu Bett mit blöde Witz im Maul, aber gar nit blöde Zeitungen: würd nach des Rimpler conceptum immer ein Abschnitt vom andern bey 24 Schuh entfernt installiret, der hintre immer mannshoch höher wie der vordre, untre; so schießet der secundirend Hintermann dem vordern Schützen gefahrlos übers Haubt hinweg, macht doppelten Effekt, und seye die Anlag tief und hoch genug, wol dreyfach oder gar vierfach, und offerire eine jede Stufen Raums genug für Palisaden, dahinter sich's fein ducken und frisch laden lässet. Bricht der Feind dannoch durch, muß er das gantze Werck emporklimmen, wird aber im untern Quartir (auf der jeweils unteren Stufe) vom Oberschützen gut warm gehalten (tüchtig beschossen), biß er retiriret, geb's Gott.
Sieht aus, als säß der Feind im Graben vor dem Löbel endgiltig fest, hat eine Lünetten (Halbmondwall mit Hindernisgraben) aufgeworffen, gut 200 Mann dahinter zu decken, treibet auch seine Approtsch bis zu der unsrigen Lünett her. Graf Serényi und Graf Scherffenberg seynd sodann um Mittag ausgefallen, hänt die Eindringling mit Schwung ausgejagt, ihrer viele noch im Graben zum Tod befördert, auch den Halbmond samt Fornellen eingeworffen bey geringem Blutvergießen. Seynd aber die Janitschari mit der Nacht wiederumb herein, und han ich mit Latern und Röhrl hinauf bis unters nackerte Dach müssen, auslugen. Han das terrain bequemlich ausspähen mögen und angesehn, wie der Souches mit 200 Mann attaquiret, Studenten dabei, an der tête die Grenadir; hauen die Malefizzi zum andernmal hinaus, legen Feuer an die hölzerne Rampen, und stehet der Wind uns so günstig, daß die Flammen auf die Kontreskarp emporzünglen und daselbsten alles brennbar Kriegsgerät zu Aschen machen. Wird dem Mustafa ein unlieber Gutnachtgruß gewesen seyn. Lob mir mein telescopio, hat mich gantz intimamente Teil

haben gelassen! – Wär noch lang kein End nit gewesen, han aber hinab müssen, meiner verfluchten Haxn zu Lieb.

Montag, 16. August

Der Gspaß soll noch bey drei Stunden gewähret haben, dieweilen der Türk ob der argen Brunst, ist eine veritable Flammenwand gewesen, nit hat wieder in den Graben herabdringen mögen, also wir ihme daselbst die Anlag biß zum Letzten zerworffen und zerhauen. Ist doch kein Ding so bald endgiltig, als dem ersten Schreck es dünken mag, soll eins die Zuversicht nie zu früh einbüßen; schreib mir's selber hinter die Hasenlöffel. Im Stadtgraben wird itzo auf derer Seyten da schätzweis vierzehn Täg lang Ruh seyn. Hab heut durchs Spectiv an der Vorstadt drüben viel Mobilität gewahret, haufenweis Kameel und Gespann, sie frachten Munition, ist ja auch der Geschütze Spiel und Flintenschießen heftiger dann gestern, wohl als Vergeltung für den Brand. Doppelt lachhaft drum, daß bey uns ein Trommelruf vonnöten: es seye bei angetroheter Leibesstraff jedermann verbotten, fürderhin denen Soldaten Blei abzukaufen! Denkt denn schon der oder der wieder an ein lustig Pirschen auf Sauen und Fasanen, bald's friedlich wird? Was macht denn so ein verfluchter Kund mit dem Blei? Gwiß nit auf den Türken schießen, ehender auf Katzen.

Der Kommandant hat die Gwölb unter Löbel- und Burgbastion examiniren lassen, ist alles Erdreich daselber der Maßen wasserig, daß der Feind zu unterminiren nit im Stand wär; haben gleich vor der Burg zwo neue Brunnen gegraben, gar nit tief und schon ein feines Wasser. Auf Starhembergbefehl seind Burgschanz und Ziegelschanzl mit neuen Abschnitten (Gefechtsstellungen) versehen, die Kurtin dahinter kreuzweis: gegen Burg- und Löbelbastion, beyder Spitz gehörig zu bestreichen, wann der Feind etwan dort auftauchet; auch an selbigen Spitzen mehr Geschütz postiret, den Anstürmern Paroli zu bieten. –

Gestern Nachts in währender Feuersbrunst hat's am Neutor Rumor und ein andres Feuer geben, so mir nit ins Aug gefallen: erstlich war's kurtz und klein, zum zweyten ich vom größeren gantz eingenommen. Sollen aus der Roßau die Türken herbey und ums Bauholtz geschlichen seyn, so da lieget fürs Palisaden machen; haben's anzünden wöllen und mit gutem Wind wohl auch gleich das Tor. Haben einen christlichen Zimmermann geschnappt. Ein paar wachsame Infanteristen aber schlagen Alarm, das ruft bey 40

Kara Mustafa zu Pferde.

Reiter vom Dupigny-Regiment herzu, die lösen 3 oder 4 Musquetenschüß, nit mehr – und der Türk ist weg. Ein Stündele drauf aber rucken die Schleicher von neuem an, entzünden richtig den Stoß, und itzo macht die Soldateska Ausfall, die Studenten sekundirn ihr, löschen das Feuer und retten das Holtz hinters Tor herein. Das Mal auch vom Feind mehr denn einer ausgelöschet worden.
Was Sonderbares hat sich begeben: Seynd heut morgends drei Starhembergische Officers zu uns in Mölkerhof kommen, in des Kommandanten Namen zwo Musketen, ein Pantelier (Wehrgehänge mit breitem Ledergurt), einen Stecken mit Eisenspitz und Widerhaken, ein kurtz Gewöhr und ein schwartzen Springstock, sonsten ein Abzeichen der Fähndrichs, für den Pater Bernardus abzugeben ohne viel Wort, nur mit eim ehrenvollen Gruß vom Kommandanten. Was hat's zu bedeuten? Der Pater ist rot im Gesicht, lässet jeden Frager böslich an, hat das Zeug beiseit geräumt und bleibet stumm. Keiner weiß was und einen jeden naget die Neugierd. Will sehen, ob ich den Weltz dergläng (finden kann), mir's zu verraten.
Der Feind war aller Orten mit Fleiß bei der Arbeit, hat Stain und viel Bomben eingeworffen, krieget ohn Unterlaß Nachschub. Ein solch friedsam käuend Kameel-Tier tät ich mir wol gern zulegen, wann eines für mich übrigblieb, gefallen mir die Viecher herzlich gut. – Sehr tapferer Ausfall mit 200 Mann um 5 Uhr, der Feinde Arbeiten bei der Burgschanz zu stören, Kommando: General-Wachtmeister Serény und Obrist Scherffenberg; weniger dann 10 Mann Verlust, beim Goliath gewiß 100. Ums Abendwerden am Löbel ein christlich Fornell, viel Türken in die Luft gesprungen oder verschütt. Bei uns 3 tot, 5 blessirt; selbige zu uns herein.
Ein Stadtguardist und ein Musketir von den Beckischen seind gefaßt worden, haben an der Donaufront die Palisaden überkraxelt und mit eim Schinakel zum Untern Werd überlauffen wöllen. – 4 unsrige Kartaunen 3 Feindschlangen (Geschütze), so vom Gegenwall die linke Löbelflanken beschossen, maultot gemacht. – Nach Tisch ein Regenguß, hernach reinere Luft; per telescopio vom Dach Umschau gehalten und einmal müßig (mit Muße) der Türken Laufgräben genau betrachtet. Seind die langen Linien all ihrer Operationen einzige Basis, nehmen aber so seitlich links wie rechts viel Dutzend Parallelen (Quergräben) auf, und ist keine Bucht nit zu erspähen da, wo die münden, nirgends kein Räuml, sich zu formiren; müssen die Halbmondbrüder wie die Ameisen aneinand vorbeischlüpfen, flink

zueinand finden, behend sich hintereinand aufreihen und gedränget wie die Fisch im Lägel fürrucken, feuern, schleudern, Pfeil abschießen, ausschwärmen und dazu noch Huhuhu brüllen – sind wahre artisti. – Trotz allem Verbringen hüben wie drüben immer genug Leichen auf der Erd um die Stadt; viel Seelenvögel (Raben) überall und Gestank, sobald der Wind herstehet.

Auf der Hauptmauer links vom Löbel lieget ein mannshoch Stapel Schindeln lang hin; könnt eins ein Dutzend Häuser damit decken; die sollen itzt bei der Nacht entzunden und brennender in den Graben geworffen werden, auf daß man die wühlmäusigen Bluthund und Unruhstifter auch in der Finstern trefflich abknallen kunnt.

Heut ein Steurdiener vom Rat auch bei uns eingesprochen um ein Geldalmosen für die vielen Kranken, so itzt der Bahr-Ausleiher[18] mit seine Leut aufsammlet, beileibe nit um Gotteslohn, und was fürn Passauerhof zu viel ist, das liefert er bei der Franziskaner und der Himmelpfort-Nonnen Ballhäusern ab, stehen beyd unter der Obsorg vom Bürgerspital und das hat den Pfennigkasten seit Ewigkeiten bodenblank. – Ruhrtote 30 oder 40 am Tag.

Die Feindwägen vom Anfang Augusti (3. 8.) kehren vermehrt wieder, 2000 mit Speis, Futter und Munition, darzu 800 oder gar tausend frische Mann, so die Turmwacht richtig schätzet. Imposant.

Unser Mannschaften-Stellen durch die Stadt-Haubtleuth in den vier Vierteln functioniret itzt besser, kann aber doch nit jeder einem jeden nachrennen, destwegen eine neue Repartition ausgegangen (verlautbart worden): 800 Bürger ohne Widerred täglich auf Wacht oder zum Schanzen; und so die Compagnien einen eingeschriebenen besoldeten Bewaffneten im Versteck fänden, ohne Pardon an den nächsten Baum oder Fensterkreuz.

Lieutenant Gregorowitz vom Heisterschen Fußregiment, seit 8 Täg überfällig, soll aber seine Botschaft heil biß zum Lothringen gebracht haben; ist vielleicht nur ein tröstlich Gerücht, denn was frommt uns ein Bote, der nit wiederkömmt?

Dienstag, 17. August

Von meiner Schreiblust bei der Talgfunzel hat mein Aug sich entzunden, brennet und tränet mir; hab den Nachmittag mit eim

[18] Der Mesner von St. Stephan in seiner Eigenschaft als Verleiher von Totenbahren. Er wohnte unmittelbar am Heilthumstuhl im Bahrleihhaus, einem der 1792 abgebrochenen Häuschen vor der Stephanskirche.

bagnuolo von Flos Camomillae (Kamillentee-Umschlag) zugebracht, den Morgen noch im Passauerhof, aber um Mittag heim gemußt und mich legen. Besuch vom Pater Bernhard. Kann, Bruderherz, dir heut Abend nur aufs kürzeste aufführen, was es gibt oder geben hat. – War des Nachts noch ein halbstündig Gefecht im Graben, 50 Mann unter Obrist Beck ausgefallen, der Türken Arbeit zu hindern, ihrer 100 tot, 300 Wollsäck und Schanzkörb Beute. Nach Mitternacht erneut Einwühlen und Gegenstoß, siegreich mit Beystand aus 4 Kartaunrohren von Löbel und Burg zugleich; viel Lob für Beck, Scherffenberg, Daun, Serényi, Souches und den Schwabenherzog. Was noch brennbar rundum, in Brand gestecket, hat's der Nachtregen gelöscht. – Um die neunte Morgenstund, die Glocken waren wieder nit zum überhören, dazu Türkenmusi und extra grausligs Gebrüll; haben aber die Ausschwärmer vor Übermacht und starkem Bollwerck retour gemußt, doch unverdrossen neuen Ansturm gewagt, itzt von der Reiterei zurückgehauen und getreten, 150 tot, bei uns aber auch nit wenig. Unterweilen von der Kärtner-Bastion zwo Feindkanonen hinter den Approchen an der Laimgrub zu Schanden geschossen – bleib gesund, viellieber Kunitz! Hat der Türk hernach seine Fahnen von dort weg getan, sind unsrer Artillerie lang ein brauchbar Ziel gewesen.
Der Koltschitzky ist heil herein; gehet mit Windeseil um, daß der Entsatz sich sammle mit mehr dann 70.000, und der Lothringer hat den Tököly zum andern Mal an der March geschlagen, ihn bis an die Waag verfolget, Stadt und Festung Preßburg, fest in kayserlicher Hand, huldiget dem Sieger, halleluja. In den Kirchen Dankgottesdienst. Der Leopold hat mit dem Sachsen-Kurfürsten ein pactum geschlossen, führet ihm 10.000 Streiter zu. Der Koltschitzky cassiret 200 Dukaten in specie, war ihm zugesagt. Muß den Kerl bei Gelegenheit beschnüffeln, reizet mich der Raiz. – Zu Mittag, bin grad heim, lassen sie von St. Stephan dick schwartzen Rauch aufgehen, dem Lothringer zu signaliren: unser Mann wohlbehalten im Stall. Geheimer Rat, Bischof und Generalvicar haben, hör ich, raschest ein Decretum gemacht und ausrufen lassen, als stünd der Succurs zwo Schritt vorm Tor; die Trommler schonen nit Fell noch Kehl, allenthalben frische Lebhaftigkeit in Bein, Aug und Arm – tuet Hoffnung oft mehr Würkung als tausend neue Kanonen. – Die zwo Deserteurs von gestern hängen schon am Hohen Markt, der verräterische Bub vom 10. Augusti ist unterhalb vom Galgen vom selben Henker decapitiret worden. Ja, so läuft's. Enthauptet auch hat

ein kayserlicher Fußknecht unweit von da im Graben einen schanzenden Moslem mit der eigenen Schaufel, nachdeme sie lang miteinander gerungen, und entdecket der Sieger im Brotsack vom andern, in ein Regenmäntle gehüllet, mehr dann hundert Cremnitzer Dukaten; rennet in die Stadt, verschenkt eine Handvoll da und da, stampft und drehet sich wie von Sinnen, so daß nit wenige bangen, es würd ihn der Schlagfluß niederstrecken. So ist der Not, des Hoffens und der wilden dummen Geschichten kein End, haben nit nur die alten Weiber feminini generis, auch die andern ein wundes Maul. – Trotz Regen und Schlamm setzet der Feind sich immer an den alten Plätzen im Graben fest, von Mal zu Mal zäher, dünket mich. – Von den zwo Nachtgefechten erfahr ich noch, es wäre nit so trefflich ausgefallen ohne die gepechten brennenden Schindeln und Pechkränz als Mondschein-Ersatz; sei der Feind excellent auszumachen gewesen.
Bin wieder ins Schwatzen geraten, wohl selber schon ein alt Weib. Aber, Bruderherz, es lieget an dem, daß Zeit und Welt so heftig einhergehen im Großen wie im Kleinen: unerbittlich, gnadvoll, heilig, verworffen, fromm, lüstern, edel, schmutzig, in Würden oder gantz lächerlich – alles durcheinand gerühret in Gottes gewaltigem Sudelpott. Mein Samariter Medard ist kommen, bringet mir Brot, Äpfel, Nüss, Käs und ein Krügel Zider (Apfelmost), verbietet mir streng mein Geschreibe, will bei mir hocken, bis daß ich zu Bett, und selber die Funzel ausblasen.

Mittwoch, 18. August

Gehet mir wieder, und meines Dragoners Arsch ist auch wieder heil; hat sich lang vor Morgengrauen verabschiedet, mußt sich mit noch ein paaren zu eim Ausfall beim Regiment Bernhard Freiherr Dupigny, ehmals Dampierre, melden. Expliciret mir noch rasch einen jüngsten Befehl: sonach seien ab gestern hölzerne Rinnen am Grabenrand oben zu installirn, die Granaten schneller zu denen Kämpfenden hinab zu lassen, item seinen Unschlitt, Wagenschmier, Harz, Pech, Leinöl am Grabenrand fässerweis parat zu halten, es bei Nacht ins brennend Schindelfeuer hinab zu schütten, der Soldat im Kampf hat zum Anfachen keine Ruh. – Des Signor Koltschitzky glückliche Wiederkehr Abends auch noch mit 3 Raquetteln dem Lothringen angezeiget worden. Auf den Preßburger Sieg pfeifet männiglich, und seind die Jubilir-Messen und Predigten miserabel besucht, alles wuselt in den Gassen herum und fordert die unmittelbare Militari-Hülf für die Stadt, nit Dankgebete für die kayserlichen Waffen. Drüben (beim Feind) gestern 8 Standarten und zwo Fähnlein, rund 600 Mann, mit stücker 300 Wagen Heu und Stroh in Gumpendorf angekommen, dafür viel Infanterie samt Fahnen und Gefährt nach Schwechat hinunter, etwan dem geprügelten Tököly zum Succurs? Auch bei uns herinn beweget sich's: 600 Mann Mannsfeldische, die Zahl ist genau, aus Gezelt und Unterstand in die inner Stadt hereinquartiren befohlen; der Stadtrat will ihnen schnell Baracken bauen, aber der Starhemberg sagt: nein, in die Häuser, in die Stuben, in die Betten. Wehren sich gleich, die Bürger, nutzt ihnen aber nix, der Quartirmeister ordnet die Ubicationen (weist den Soldaten ihre Unterkünfte an).

Der Tag ist betrüblich angegangen: Um 7 der Ausfall mit Baron Dupigny an der tête; von den 60 Gemeinen sollen 40 gefallen sein, als Erster der Freiherr selber, Bauchschuß, dazu sein Rittmeister Marquis de Baville und ein Lieutenant. Ob mein Dragoner wol am Leben? – Hat der Dupigny, weiß ich, schon die ganze Zeit her sich geärgert, weil als Cavallerist noch nichts wahrhaft Tüchtiges zu vollbringen gekrieget, bloß immerzu Bagatellen; hat's endlich der Infanterie nachtun wöllen und den Ausfall beim Starhemberg erzwungen, sich aber zu weit vorgewaget. 1 Gefangener eingebracht, sonst kein Effekt, bloß nutzlos vorgossen Blut von der edelsten Art, darf eins schon darum trauern. Ist allemal wenig Segen dabei, wann Reiter zu Fuß attaquiren, sind's nit gewohnt. – Die Federfuchser, die Schreibhengst, *die* haben Sorgen! Lässet der Unter-Stadtkämmerer nach Magistratsbefehl auf allen Plätzen und vor denen breiteren Gassen die Fürzugketten (Absperrungen) controllirn und säubern, seind allsamt rot vom Rost, dieweil keiner sie mehr fürlegt seit Jahr und Tag; müssen itzt ein paar Schmid sie in Stand setzen und 12 neue dazu machen, traget gwiß weidlich bei zu einer Victori über den Türken und der Nachtvögel Sittsamkeit; springet ja doch ein jeder drüber. – Um die Vesper war auf einmal ein gantz wütiger Feindsturm, darzu nit minder wütig unserer Glocken Geläut; bei 3000 oder 4000 rennen mit Trummeln, Blasen und Geschrei gegen den Burg-Ravelin an, davon zwo Minen den Moment zuvor wiederumb ein hausgroß Trum vom Spitz abgesprengt; 12 Fähnlein drüber aufgepflanzet. Nach zween Stunden Sieg bey uns, muß aber ein grausig Gefecht gewesen sein, 300 Türken oder mehr geblieben, sagen die Heimkehrer. Item, es hätten diesmal die Kaufleut und Handlungsgehilfen in der neuen Burg viel dazu getan, seind echte

Scharfschützen drunter. Besser und breiter hätt der Leopoldus den Palast gar nit da hinauf setzen können, ist förmlich ein zweyter Wall, aber bald ärger mitgenommen dann Kurtin und Bastey.
Im Passauerhof mittags Bischof Kollonitsch troffen und den um die sonderbaren Präsenter des Kommandanten an den Bernhard befraget; 's ist eine simple Causa, rührend schier: der Pater hat viel öfter als wie ich vom Alten Mölkerturm oder vom Dach ins Feindlager geluget, ohne Spectiv, nur mit seine zwo gsunden Augen, und nit nur aus plaisir; hat vielmehr das ein oder andre Observirte durch einen Frater in des Kommandanten Haus melden lassen; zuletzt, daß der Feind beim Spanischen Kloster hinterm Gebüsch eine Batterie installiret, bereits zwo Stuckh aufgefahren und gebettet. Man hat sie dieselb Stund noch von dort wegputzen gekonnt. Solcherley Vigilanz habe den Grafen hoch erfreut und er den bescheidenen Pater vor versammelter Generalität gerühmt, ihme sodann das Waffengeschenk übermittlet. Ja, der Starhemberg weiß zu strafen und zu beloben, aber auch elegant zu honoriren. Frag den Bischof noch, wo ich etwan diesen Koltschitzky[19] derglängen kunnt, wüßt zu gern was Genaures. Das sey nit schwer, der Mann wäre heut zum andernmal zum Starhemberg ins Palais beordert, er werde ihn mir hernach schicken.
Ist auch gekommen und war eitel Freud, daß schon wieder einer ihn ausfragen wolle. – Bin, wie bekannt, den vergangnen Freytag mit meim Diener, alle zwo janitscharisch vermummt und gewaffnet, mit hoher Mütz, im Gewitter hinaus, beginnt er; hat uns des Kommandanten Adjutant in Person zum Tor eskortiret. Seind sodann über die Währingerstraß zum neuen Lazarett an der Als (Alserbach),

[19] Georg Franz Koltschitzky, laut Trauungsbuch der Dompfarre zu St. Stephan „von Samborstadt in Pohlen (Sambor in polnisch Galizien) gebürtig", war als „türckischer Unterdolmatsch" für die von Leopold I. zur Pflege des Osthandels gegründete „Erste Privilegirte Orientalische Compagnie" (Kontor Belgrad) tätig und betrieb nebenbei einen Gelegenheitshandel mit allerlei Orientwaren, wie sie seinesgleichen unterkamen. 1665 fungierte er als Hilfsdolmetsch des Hofkriegsrates nach dem Sieg Montecuccolis über die Türken bei St. Gotthard. Im selben Jahr am 26. November „nimbt der ehrenfest und führnemb Georgius Franciscus Goltschitzki die ehrentugendreiche Maria Ursula Heissin, des ehrsamen Thomae Heiss, gewesten kay(serlichen) Reitknechts, unt Catharinae, seiner ehelichen Haußfrau seel(ig) eheleibliche Tochter" zur Gemahlin. 1666 wohnte Koltschitzky im „Goldenen Hirschen" am Haarmarkt, einer platzartigen Erweiterung der Rotenturmstraße nahe dem alten Waag- und Mauthaus, ab 1680 lautete seine Wohnadresse Leopoldstadt Nr. 48 (heute Große

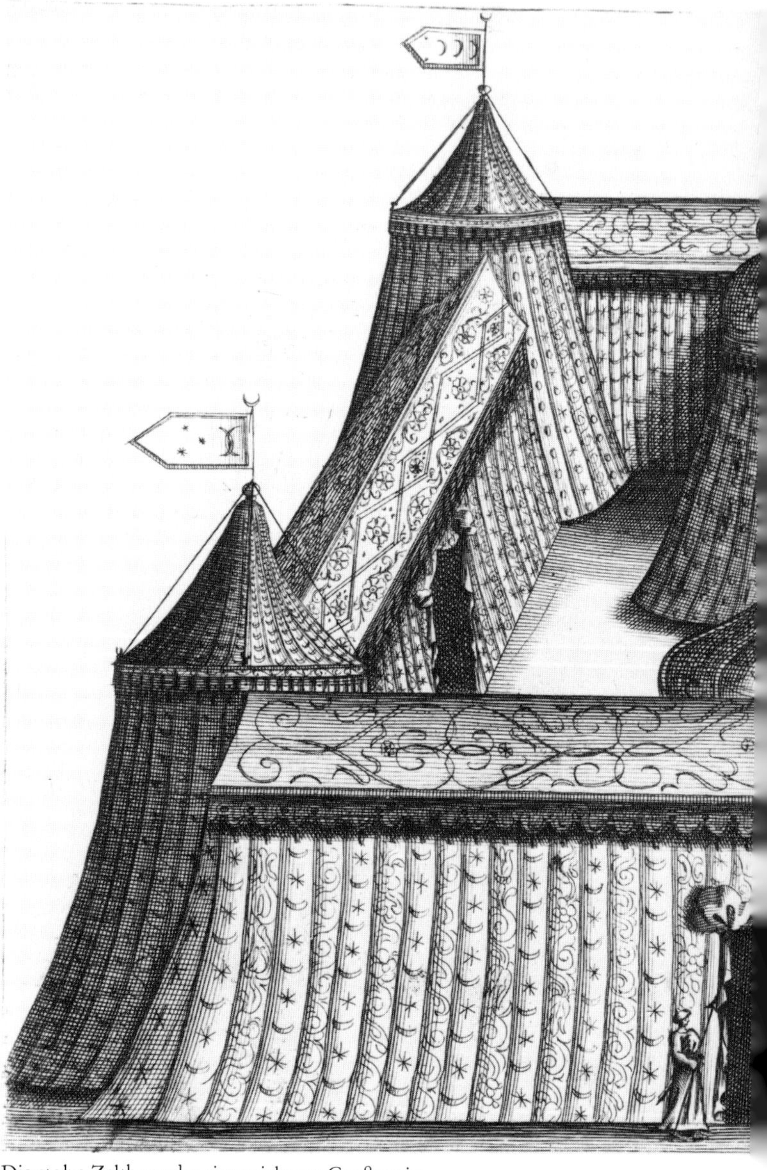

Die stolze Zeltburg des siegessicheren Großwesirs.

allwo wir Rast gehalten zwischen zwo Feindlägern mitten inne; haben bei Morgenrot die vielen Gezelt ganz aus der Näh erblicket, ein türkisch Liedlein singend an eines Aga Zelt uns vorbeistehlen gewollt, ist uns aber nit gelungen, weilen uns der Aga zu sich gerufen und ob unseres durchnäßten Gewandes bedauret und des Umherschweifens Zweck ergründen gewollt. Wir sammelten Trauben und andere Frucht für den Tisch unseres Herrn, sagen wir; er bleibet ohn Argwohn, labt uns auch mit eim kräftigen Trunk Chavve (Kaffee) und wir sollten uns nit zu weit hinauswagen und etwan in der Christen Gefangenschaft fallen. Wir sagen's zu und steigen die Weingärten hinan, darein es sich ungesehen lauffen lässet. – Wer denn sein Diener wäre, wollte ich wissen; tuet nix zur Sach, erwidert er, bloß ein Handlanger. Sind hernach Hügel auf, Hügel ab durchs Gebüsch am Kahlenberg (Leopoldsberg) hin bis ober Klosterneuburg; unwissend, ob da der Feind hause, vermeiden wir die Stadt und eilen bis nach Kahlenberg Dörfl zurück; erspähen ich und mein Gesell nahe gegenüber eine baumreiche Insul, erlauschen an denen Waschweibern dort, daß es christliche wären, bekommen auch ein christlich Flintenfeuer ab, seind aber nit troffen worden; winken und rufen: wir wären auch Christen, und bedeutet man uns, wir sollten höher oben ans Wasser treten, so würde man uns mit eim Schifflein zur Insul abholen; geraten aber dort dem Richter (Ortsvorsteher) von Nußdorf in die Händ, so uns überaus ärgerlich aufhaltet und dem Paß von Graf Kaplirs eigenen Handen mißtrauet, uns aber endlich doch mit eim andern Boot ganz hinüber ins christliche Lager bringen lässet zum Obristen Herrn Heißler; gibt uns der zwo Pferd und seind wir reitend in der Sonntagfruh

Pfarrgasse 22). Auf seine Herkunft als Untertan der polnischen Krone legte Koltschitzky stets besonderes Gewicht, weil er mit größter Wahrscheinlichkeit ein Armenier gewesen ist und sich von der „natio Armenorum", die man in Wien zum Sammelbegriff der Raizen (aus Ungarn stammenden, nicht minder handelstüchtigen Serben) dazuschlug, zu distanzieren bestrebt war. Diese „Raizen", in deren Händen der gesamte Osthandel lag, mußten im Juli 1678 bis auf drei, zu denen Koltschitzky gehörte, die Stadt verlassen, weil sie für die mit ihnen Handel treibenden Türken als Spione arbeiteten. Daß Koltschitzky nach der Vertreibung Kara Mustafas 1683 das erste Wiener Kaffeehaus („Zur blauen Flasche") gegründet habe, ist eine erst 1783 aufgekommene Legende, die sich bis in unsere Tage hartnäckig erhielt; Kaffee wurde in Wien schon viel früher ausgeschenkt. Koltschitzky ist niemals Kaffeesieder gewesen. (Näheres, auch zu den weiter oben zitierten Fakten, bei: Karl Teply, „Die Einführung des Kaffees in Wien", Wien 1980.)

zum allergnädigsten Herren Herzog von Lothringen an die March zwischen Anger und Stillfried gelanget, daselbst die Brief glücklich übergeben; der Kaiser würd es ihme danken und die gantze Stadt dazu, wann der Entsatz bald käm, will er dem Herzog gesagt haben, der Schwatzhals; han lachen müssen, ihn aber belobet, nur eynmal gedämpft, weilen er plötzlich von seiner polnischen Herkunft zu berichten sich angeschickt und mit der Lebensbeicht bey Adam und Eva begonnen. – Will sich auch gesträubet haben, des Herzogs versiegelt Ripost (Antwortschreiben) wegen sorglicher (zu befürchtender) Lebensgefahr auf gleichem Weg in die Festung zum Starhemberg zu bringen, und habe er sich zu seiner Beurlaubung und Abfertigung erst nach wiederholter Versicherung unfehlbarer (unausbleiblicher) kayserlicher Gnaden-Recompens dazu bereit gefunden; haben die Insulaner vorm Kalenberg Dörfl die zwo Kurir wieder auf ihr Eiland übergeholet, nach Nußdorf geleitet, daselbst in deren abgebrennten Häusern mit dahin geretteten Victualien gespeiset, und wären sie beyd hernach in ungestümem Regenwetter der Donau entlang herabgeschlichen, von 5 streifenden Türken beargwöhnet, in weiß Gott wölche Abentheuer noch verwickelt worden, den gestrigen Tag aber frühmorgends aus der Roßau über die Alstergassen (Alserstraße) zu der Stadt Palisaden gerennet, durchs Schottentor unverletzet herein und der Generalität den portefeuille übergeben. Des Lothringers Antwort wüßte er wol nit genau, tuet er wichtig, doch enthielte sie gewißlich, daß der Entsatz mit 70.000 sich bei Krems herenter der Alexanderbrück sammle, da kämen die Kayserlichen (Reichsheer), die Sachsen, Bayern, Franken und Rheinländer herüber, so auch seine (!) Pohlen samt dero König; der Sachsen und Bayern beyde Kurfürsten rucketen gleichfalls in Person an. Item bei der Armee vernommen, der Herzog habe dem Tököly beim jüngsten Sieg an der March 10 Standarten weggenommen, dazu alle Bagage, Schiff und Roßwägen; 4000 Tökölysche (Ungarn, Slowaken) und succurirende Türken tot, seye wol endgiltig aufs Haubt geschlagen etc. etc. etc. Der Kramer, des Dankes immerhin wert, will sein Heldenstück trucken und alsbald verkaufen lassen, gehet am End noch mit gloria in der Nachwelt Memoriam ein. –

Ist mir kund worden, wie daß vor etlich Nächten ein junger Leutenandt aufm Löbel eingeschlummert sey und nit gewahret hab, daß indessen der Feind sich unter der Bastion eingegraben, auch mit Brettern stark abgeschirmet; wär mit einiger Vigilanz auch ohne Feuerschein zu erspähen und verhindern gewesen. Der Fall kömmt zum Starhemberg und der stellet dem Leutenandt im Rapport zur Wahl: entweder mit 24 Mann ausfallen und die Schanz zerstören oder auf der Stell dem Henker übergeben seyn. Der Officier wählet nach seiner Ehr, wird gleich im Angriff erschossen und in Stücke gehauen, auch von seinen Leuten die mehrsten zu Tod getroffen, der Rest gefangen und gnadlos geschunden. Ich bitt den Amigo Henricus, er möge meiner schonen; er schweiget auch, schaut mir eine Weil beim Essen zu, sagt aber unvermittelt: es gäb in der Stadt noch reichlich Fleischvorrat, und es wäre der reine Fürwitz, daß die Soldaten auf Katzen schössen und die Weiber die abgehäuteten Kadaver teuer für Hasen verkauften. Neuerdings fingen die Leut gar an, ihre Esel zu schlachten und aufzufressen. – Will noch zur Suleika hinüber, schauen ob die Stalltür ordentlich versichert.

Donnerstag, 19. August

Vor vier Täg, beim Ausfallen, hat Hauptmann Ferdinand Gottschalck von Heistermann im Zweykampf im Graben einer türkischen Nobilität den Sebel aus der Hand gehauen, blitzschnell aufgeklaubt und dem Verlierer im selbigen Wischer damit den Kopf abserviret; hernach auf einen Pfahl gethan. War aber das krumm Ding samt Griff und Scheide also köstlich ciseliret, auch mit Edelstain übersät, daß der Hauptmann kein besser und schöner Verwendnis dafür gewußt, als die Waffen dem Stadtkommandanten mit eim verehrungsvoll gehorsamsten Gruß ans Krankenlager ins Palais zu senden.

Heut früh eine eigene Mine am Ravelin, hat den Feind von dort totaliter abgetrieben, haufenweis verschütt, arbeitet sich aber gleich wieder im Graben ein, auch vorm Löbel; auf unserer Bastion (Mölkerbastei) ist ein Hauptmann vom Regiment Pfalzgraf zu Neuburg durch eine zündende Bomben gefallen, nit gleich tot; zwei Fratres haben ihn ins Haus herein, ist uns aber unter den Händen verhauchet; war ein Deutsch-Ordensritter, Hocheneck mit Namen, hat noch gebeten, seine bald hundert Jahr alte Mutter zu grüßen.

Wenn nit Krieg wär, wär's der schönste Sommer und blaueste Himmel seit lang. Nach Tisch aufs Dach mitm Röhrl, schau aufs unfaßlich zerwühlete Erdreich im Land rundum, aufs Feindlager, dann auf die Mauer und seh mit gächer Freud den Grafen Starhemberg vorn auf der Bastion, macht aufrecht den Rundgang, nimmer im Tragsessel; hat seine Leut noch nie nit allein gelassen, nit amol uffm Krankenlager; haben Tag und Nacht gespüret, er is da.

Vorigen Montag hat's einen Bürgerwehrmann beim Laden erwischt – tuen die auch auf der Bastey itzt immer mehr richtig und wacker mit – und ist der Mann einen halben Schritt vorm Starhemberg seiner Sänften tot hingefallen. – Ein Hauptmann neulich avanciret im Kampf nit zur rechten Zeit und war auf der Stell vom Grafen, der es bemerkt, schimpflich in Arrest geworffen.
Merkwürdig: der Weltz, ich treff ihn endlich, weiß von St. Stephans Turm herunter, daß viel Fahrzeug und Kameeler übern Wiener Berg südwärts tun, Proviant auftreiben? Oder Kranke verbringen? Bewegung auch auf Schwechat zu; lacht der Obrist: statt daß der Tököly mit Macht daherkömmt, dem Mustafa helfen, muß ihm der von Wien was schicken. War gwiß anders ausgemacht! Er klaget ein bißl, weil die rot Ruhr die aufgebotene Bürgerschaft bald genauso arg decimiret wie der Feindbeschuß; wüßten die Stadthauptleut bald nimmer, wo die befohlnen 800 Mann herkriegen. – Ein übergelaufner Türckh ward verhöret: 10.000 Erkrankte im Feindlager, mehrstenteils item an der roten Ruhr, 11.000 Gefallene, zwo Bassas (Paschas) dabey, von Albanien und gar Mesopotamien, schwöret er. Wahrheit oder Gefasel? Was hülf's, wüßte man's auch exact? Wahrheit aber ist, daß in der Augustiner Hof 3 Totengraber bis anhero 2000 Tote verschaufelt haben, und im Klostergebäu schlafen die vom Starhembergischen Regiment gleich denen Leichen einer aufm andern, von der Sakristei bis zum Roßstall.
Vom Deputirten-Collegio per decreto verordnet: es sollten die freiwilligen Compagnien nit alleweil eigenmächtig die Stellung wechseln, vielmehr die geworbene Soldateska vor derley Unordnung billigerweis verschonen itzt, wann von Tag zu Tag die Attaquen sich mehrten. Müsse jedweder nach der Ordinanz des Herrn Kommandanten auf *dem* Ort bleiben, dahin sie von Ihrer Excellenz beordert worden, vom Obristwachtmeister Nitschky und denen andern Freiwilligen-Hauptleuten gefälligst ad notam zu nehmen! Item seien nunmehro 4 strenge Commissiones eingesetzet, verborgene Helden aufzuspüren. Seynd aber auf einmal auch viel neue Krieger aus freien Stücken angetreten, dieweil reichlich gut Essen und für jeden 3 Reichstaler ausgerufen worden. – Die Weinvorrät[20] müssen immer

[20] Um Mitte August hatten der Klerus und die in der Stadt verbliebenen reichen Adeligen und Bürger ihre Keller allgemein geöffnet, zugleich waren die letzten bis dahin noch verschlossenen Wohnräume in den Palais der kaiserlichen Minister und anderer geflüchteter Adeliger den Regimentern zur Unterbringung von Offizieren zur Verfügung gestellt und auch hier die

noch erklecklich seyn, schier übers frisch Fleisch. Unfaßlich: hat heut im Morgengrau, lang vor unserer Mine, ein Schüppl Wahnwitziger, man redet von zwo Dutzend, in den Weinrieden um die Ruin von der niedergebrennten (Neuen) Favorita dem Türken über 30 Ochsen weggefangt und ohne Schuß und Verlust inner die Mauer herein manövriret. 's kömmt aber noch feiner, Bruderherz! Christliche Fuhrleut, wahrhaft christliche, haben hinter den Feindgräben 100 Stück Schlachtvieh unerschrocken vorbeigetrieben und vor der Mauer uns verkauft. Ja, des Großwesirs Augen mögen so groß sein wie sein Maul, überall kann er sie doch nit haben. Aufm Rückweg freilich sollen die braven Frächter denen Janitscharen in die Händ gefallen sein; hoffentlich nur Stockprügel. Aber wahrscheinlich werden sie's köpfen. Der Herr sei ihnen gnädig. Er wird wohl müssen.

Freitag, 20. August

Des morgends um 8 eine Mine an der Burgschanz aufgeflogen, kann schon die Richtungen alle genau erhorchen; ihr Effekt wird nit über Maß groß seyn, ein paar Verschüttete, heißt's. Hernach beydseitig ein so heftig Bombardiren und Kanoniren als nie zuvor. Gegenüber Löbel- und Mölkerbastion am Schützengraben eine neue Feind-Batterie mit 4 Stuckh, seind aber bald verstummen gemacht. Gelachter um ein windigs Ausfallen von denen Hofbedienten, bei 30 Mann, haben a tempo retiriren gemußt; sollen lieber wieder Staubwischen exerciren, Türen und Wagenschlag aufreißen, die Leibstühl austragen und am Zehrgaden (dem Lebensmittelmagazin der Hofburg) Wacht halten. Sind aber gewiß kreuzbrav, vielleicht nit klug geführet.

Meine Blessirten versorgt, einen Toten hinaus, zwo Ruhrleidende mitm Karren zum Passauerhof verlegt, zurück, die Suleika gefüttert und mitm Fernröhrl einmal auf der Minoriten Turm gestiegen; machet mir Müh, hat mich aber näher am Burg-Ravelin hinüberzuspähen verlangt, weilen in aller Fruh von mouvements vernommen, gleich als ob der Türk sich schon vorm anruckenden Entsatz verzög! Pures Gefasel. War leichtlich zu recognosciren: sind Reiter und Fußvolk gewest, und so die würklich schon um 5 dahinzuwal-

Kellervorräte zum Verkauf freigegeben worden. An Wein lagerten damals 170.000 Eimer in den städtischen Kellern, in den drei Jesuitenkollegien über 32.000, beim Bischof 20.000, im Melker Hof 12.000, im Schottenstift noch 7000 Eimer.

len begonnen, als man ausstreuet, so können's bis um halber 11, da ich in Turm hinauf bin, bey anderthalbi tausend gewesen seyn; Fahnen, Kameel, Frachtwägen, alles nach Aufgang (ostwärts), Schwechat zue; und ihnen entgegen türkische Reiterey, minder zahlreich; nehm auch 3 Karossen aus, mehrspännige, davor eine vierte, ganz in Rot – wird doch nit der Padischah (der Sultan) selber heraufkutschirn, Nachschau halten? – Unter Tags erfahr ich von eim Jesuiten, man sieht von St. Stephan oben das Feindlager gegen Nikolsdorf und Ottakring dünner werden, verstärket sich aber am Wiener Berg; item auch schon mehr Zelte als früher die Donau hinauf. Die spannen was.

Aber, Bruderherz, hab noch was ganz andres erfahren den Tag heut: daß ich namlich wahrhaftig einen Schutzengel gehabt, so mich zu der rechten Zeit mit Fuß- und Augenweh vom Turm hinabgetrieben. Eine Stunde drauf ist der Minoriten Turmhelm weg gewesen, zu hundert Trümmern geschossen, und haben die Brüder alsogleich angefangen, ihre kranken Soldaten zu verbringen, den einen Teil nebenan ins Hofspital, den andern ich weiß nit wohin. Han zum ersten Mal ein groß katholisch Kreuz über mir geschlagen und statt unsres Herrn Jesu Christi an die Heilige in der Schotten Kirchenruin gedacht, ob etwan *sie* es gewesen? War schon lang nimmer drüben, bin ihr's itzo wohl schuldig und ein Paternoster darzu. – Der Turm stehet armselig halbirt da, bin gangen ihn anschauen, war um und um noch alles voller Gestain und Dreck, hab bei mir sinniret: da oben, wo itzo die staubige Luft wehet, bin kürzlich noch ich gehockt – wird uns das Daseyn oftmals mehrmals geschenket; müßt im Grund der Herrgott zu uns heruntersagen: Führet mich nit in Versuchung, anstatt daß wir's stets zu ihme hinaufbetten. Will das Ding (er meint sein Fernrohr) eine Weil weg tun, es mueß ja nit seyn, bin ja nit der Graf Starhemberg, nur ein neugieriger alter Hinkfuß.

Am Nachmittag beim Zeughaus Am Hof zu tun gehabt, treff einen Kayerstainischen Reiter, kömmt aus des Liebenberg Haus (Nr. 7), fraget mich eilig, ob ich etwan den Dr. Sorbait gesehen, man habe ihn beim Bürgermeister vermutet, seye dorten aber schon weg, und es wölle ihn seyn Obristlieutenant Gschenkh (Schenk) so viel gern haben, nur ihn und kein andern, liege an der Schulter arg wund auf der Biberbastion unten, seye dort ein überaus stark Geschützfeuer vom Untern Werd her gewesen den ganzen Tag; auch ein Leutnant tot. Weiß dem Mann keinen Rat, er sitzet auf und galoppirt weiter.

Ausfall der Belagerten. Stich von Jakob Peeters.

PRO FIDE

Ja, der Liebenberg hat schon seit zween Wochen die Ruhr, hat's ein Zeitl übertauchen mögen und verschweigen lassen, ist mir aber beim Begräbnus vom Entzbaum schon nit recht passabel fürkommen, Gott erhalt ihn uns. Auch der General-Feldwachtmeister Daun neu vom Übel befallen. Viele Tote alle Täg, ein Hauptmann Haller von den Herzoglich Neuburgischen auf der Kurtin von einer Janitscharenkugel weggerafft wärend der Ablös.
Gegen Abend machen die Türken in ihre Laufgräben musique. Bei Nachteinbruch mit Donnertosen eine Eisenkugel bei uns eingefallen, durch alle Stockwerck durch bis in die Kuchl – und niemand beschädigt, nur der Staubnebel im ganzen Haus, ein miraculöser Tag. Die Kugel besehen, wieget gut und gern ihre 30 Pfund oder mehr, der Pater Verwalter wird bald gehen sie abliefern samt allen aufgesammleten Bombentrümmern und Bleikügelen, davon ihm eins eines Nachts handhoch übers Bettuch an die Stubenwand gefahren.
War noch auf ein Verschnaufen unterm Tor, kömmt einer von den jüngeren Schotten-Konventualen mit der Flinten von der Bastion herab, berichtet, es wär um 9 vom Bisamberg ein Kreidfeuer (Signalfeuer) zu sehen gewesen, also seye auch der Kurir von der vorigen Nacht heil über die Donau hinüber. Wer es wäre, frag ich. Er wüßt es nit.

Samstag, 21. August

Obrist-Leutenandt Hoffmann hat die zerschossene Turmsäul der Minores inspiciret, ist froh, daß die Brüder und Kranken heil geblieben und er mich blöden Rohrgucker nit an der Totenbahr besuchen muß, und im Lachen intimiret er mir, wie daß zwo pausbäckige Christen, türkisch vermummt, in die Stadt herein wären und dem Starhemberg vorgeführet: man habe sie eines Tags bei Schwechat gefangen, erzählen sie, neunmal guet verkauft und allzeit mißbrauchet, auch in eim hübschen seidenen Zeltlein gehalten; wüßten vom Krieg nit viel, aber daß ihre Herren auf 3 oder 4 Täg zum Futter holen fort, da wären sie ausgerissen. Auf die Bastei, zum Schanzen! – Geheimbe Nachricht vom Residenten: 4000 Türkenfahrzeug ab nach Ofen (Budapest) um Proviant und Munition, dazu ein paar tausend Christenweiber, Maidlein und Knaben von weitumb zusammengetrieben; item nach Ofen, von da zu Schiff nach Weißenburg (Belgrad).
Frag den Freund, Hoffmann *ist* einer, ob er vom jüngsten Boten

zum Lothringen des Näheren was wüßte, o ja, heißet István[21], sey des Koltschitzky Diener, ein Ungar und gleich seim Herrn des Türkischen excellent mächtig, ein tauglich Subjectum, unerschrokken. Ei, ei, mein Herr Pohle, hast mir den Gesellen fein klein gemacht, daß er dir dein Helden-Glori nit verschatte!
Den ganzen Tag stark Kanonirn und viel Bomben. – Muß was Kurioses aufnotiren: Haben heut früh 18 Mann von des Herrn Ambros Frankh freiwilliger Compagnie sich bis in die Wieden-Vorstadt hinauf gewagt, beim „grünen Baum" in einen Hinterhalt geleget und zwo anreitende Türken, so Brennholz aufladen gewollt, angehalten; der eine salvirete sich zu Fuß, den andern aber haben sie eingebracht sambt einem Christenweib von achtzig Jahren, so zu ihnen übergeloffen, flehend, man mög sie um Gottes willen mitnehmen. Ein Stadtguardia-Soldat, so bei den Mölkern ums Dunkelwerden patrouilliret, berichtete mir sölches, und man habe das alt Weib im Juli bei Klein-Mariazell im Wald gefangen, es mehrmals gut verkauft und tüchtig gemißbrauchet, sey aber am End nur noch 4 Kayser Groschen wert gewesen, weilen die Feind aller Orten bereits genug jüngere aufgetrieben und damit ihr Sprünglein gehabt. Hat mir recht vor Augen gestellet, wie daß doch einem hungrigen Krieger vor gar nichts grauset, er sei welches Glaubens und in weß Herren Diensten immer.
Um die selb Zeit (gemeint ist die Dämmerstunde, in welcher der Stadtguardist von dem Hinterhalt auf der Wieden und der alten Frau erzählte) hat der Starhemberg vom Löbel und der Löbelkatz aus mit allen Stücken da vorn einen türkischen Kessel (ein Geschütz) beschießen und stumm machen lassen. So gut seye die Würkung ausgefallen, daß er denen Konstäblern (Büchsenmeistern) auf der Stell höchst eigenhändig ein ansehnlich Trinkgeld überreichet.
Heut wären die kranken Soldaten, zumeist Scherffenbergische, im Minoritenkloster zahlreich von Bomben erschlagen geworden; ist der andere Teil, weiß ich, in den Bischofshof (Erzbischöfliches Palais) verbracht worden, allwo bishero die Dupigny'schen Reiter einquartiret gewesen; nun muß die Regiments-Cavallerie von da heraus und andere Stallungen kriegen. Und alles derley gehet durch Starhembergs alleinigen Kopf zu Entscheid und Befehl; was für ein

21 Stephan (István) Serhadly bekam 100 Dukaten im voraus, nochmals 100 nach seiner Rückkehr. Er hat das Türkenlager mehrmals passiert. Bei seinem Zunamen handelt es sich um einen türkischen Beinamen (Serhadly = der von der Grenze).

geringer Soldat ist doch unsereins gewesen. – Geht seit heute um, man habe gestrigen Tags einen Zehnjährigen ergriffen, so der Spie (Ausspähung) verdächtig, ihn gleich zum Kommandanten hinauf, von dort ob seiner Jugend dem Bürgerspital in die Obhut, zur Inquirirung aber dem Stadtgericht übergeben worden. Drohet schon wieder einem der Richtblock? Soll der Bub dreymal in Feindesauftrag bey uns gekundschaftet haben und eines Stadtguardia-Soldaten Kind sein! Mir schneidet solches ins Seelenfleisch – könnt ja *mein* Bübli sein, wann ich ihn gleich noch so ehrlich und kerzengrad aufgezogen und samt der Barbara mit herzlicher Lieb, Zucht und Ruten an ihm nit gesparet hätt. Will morgen selber zum Ober-Stadtkämmerer, ihn befragen; steh nit an, beim Kollonitsch den Fürsprech zu machen, im Fall der Bub nit gar zu schuldig befunden würd.
Noch was? Daß auf Collegiums-Befehl der Unterstadtkämmerer in ein paaren Häusern die schönen schweren Preßbäum von denen Weinpressen ausheben lässet, auf Burg- und Löbelbastion die zerbreschten Schießscharten damit auszufüttern. Und noch, daß ich heut zum Mittagmahl ein echt türkisch Brod erstmals verkostet, weilen am Neutor heimlich drei Armenier, so als Feldbäcker beim Feindheer arbeiten, heimlich einen Karren würzig Backwerk feilgeboten. – Parol war: St. Ludwig und Paris – kommet mir sauer ausm Kiel, wiewohl der Unheilige desselbigen Namens ja nit gemeint ist. Des noblen Heiligen und Kreuzfahrers Tag wär exact freylich erst über dreien (am 25. August), weiß es noch guet von Kind auf.

Sonntag, 22. August

Die Armee zieht mit dem Herzog stromauf, so wird das drentere Ufer von Stund zu Stund mehr schutzlos.
War beim Fockhy des Knaben wegen; wie ich hinkomm, führen sie grad den Buben vom Verhör weg die Treppen herunter und die Mutter, eine reputirliche, gstellte Person, wartet am untern End und will ihrem Sprößling gleich an den Leib, ihn zu executirn, wird aber von denen Wachtern barsch abgehalten, so flucht und klappert sie in Holzpantoffeln hinterdrein. Beim Fockhy oben erfahr ich, man seye der Mutter schon Freitags auf dem Weg ins Bürgerspital begegnet, sie hätt den Ausreißer auch sogleich gröblich beschimpfet und bei den Ohren kriegen wollen, dieweil er vor 4 Wochen schon einmal für 8 Täg von daheim ausgeruckt, dermalen aber auf 14 Täg verschwunden gewesen und seye sie armes Weib gäntzlich ohnwis-

send, wo sich in der Zeit herumgetrieben; von der Guardia belehret und kurz inquirirt, hätt sie Gift und Gall gespien, und es wär ein faustdicker Lug, daß sie samt des Buben Vater, so nie kein Stadtguardiste gewesen, von denen Türken wär gefangen genommen worden, habe auch niemals, wie der Schelm ausstreue, im Feindlager Wollsäck genäht, und sie hätt der Zeit überhaupt keinen Mann, da sei Gott vor, man sieht ja an dem Sohn, was die gantze Hosenbrut wert sei, keinen Schuß Pulver nit, und man mög es in Gottes Namen bei einem munteren Schilling (einer herzhaften Tracht Prügel) bewenden lassen, wozu sie gern das Ihrige beitrüge. Nun, ich an des Buben Statt ließ mir den Schilling lieber vom Henkersknecht auflegen, han der Mutter Augen an der Treppen unten genug funkeln und ihre Pranken winken sehen. – Saget mir der Herr Stadtkämmerer, der Bub seye unter scharfer Examination vor der Gerichtsperson geständig worden, er habe dem Feind bislang 4 zerschossene Stuckh (Geschütze) gemeldet, dazu Pulvermangel und allgemeine Kampfesunlust, dazu kohlschwarz Soldatenbrod und keine Semmeln, wisse aber nit mehr, wer dies alles ihme verraten oder geklaget: redete sich in jäher Todesangst plötzlich auf einen Schneider aus, seinen Lehrherrn, doch hätt dieser, ins Verhör befohlen, sich gänzlich unschuldig und honorig erwiesen und der Bub ihn destwegen angegeben, weilen er gedacht, der Schneider wäre längst gefallen, lebt aber noch, was den Knaben sehr verworren – worauf einen andern, ihme namentlich nit bekannten Buben angegeben, so ihn aus der Stadt hinaus verführet hätt, mit ihme in eim Wäldle gewesen sey bei vielen gefangenen Christen, von Türken bewacht, so ihn um ein guet Wienerisch Kommißbrod ausgesendet, den andern Buben aber dabehalten. Also seye er wiederumb bey Numero 2 in die Stadt herein.[22] Woher er denn von Nummer 2 wisse? Er könnt's nit mehr sagen, vielleicht vom Schneider, meint er; so geht's im Kreis. Man werde den sonderbaren Spion im Bürgerspital belassen, hernach zu erneuter Inquirirung und endgültigem Urteil abermals zum Kommandanten bringen, bis dahin wolle das Gericht in der Causa nichts Endgiltiges beschließen. Der Fockhy plaudert noch ein Minütl mit mir von zwo Mineuren, die in einer Contramine vor der Sprengung ein paar Türken über den Grafen Kollonitsch reden gehört, ist ja im Feindlager beschreit (rühmlich

22 Es scheint, daß „Nr. 2" die militärische Geheimbezeichnung für einen bestimmten Ausschlupf aus der Stadtmauer gewesen ist.

bekannt), dieweil er seyn gantz Vermögen für Arzeneyen und Essen in des Giaurengottes Namen hingäb, stets bei denen Kranken mit Trösten und Ermunterung umgehe, sey ein sollicher mehr wert dann 10 neue Batterien und sage der Großwesir wiederholentlich, er werde dem Hund nach Fall der Stadt nit nur selber den Kopf abschlagen, auch zuvor noch die Zung herauß reissen. Ein Viertelstündle später waren die schwatzenden Türken maustot im eigenen Stollen bestattet, hat der Ofen (die Sprengkammer) zu früh Feuer bekommen.
Ansonsten heut das gewöhnliche Bombardement. Gegen 11 am Ravelin an der Burgschanz eine gute eigene Mine, doch rucket der Feind gleichwohl herzu, hat ein veritabel Gemäuer aus Sandsäcken aufgericht, so wir ihme des Abends wieder zerstöret. – Sonderbar: nach der Mine um 11 hat der Feind auf einmal den Ravelin bis auf zwo Mann für eine Weil verlassen; ist ein Beckischer Fourir gleich in den Graben gesprungen, in eine offene Mine hinein, findet fünf Türken waffenlos, dreie flüchten, den vierten erschießet er, den fünften, so sich mit eim Grabscheit defendiret, trifft er in den Kopf und will ihn, vermutlich Gold bei ihm witternd, wegschleppen und bindet dem Toten einen Strick um den Fuß. Aber der Erschossene lebt auf einmal, strappelt sich frei, rennt weg und dem Fourir bleibt nix wie der Cisma (Reiterstiefel) in der Hand. Nun springet er aufwärts auf die Schanz, bittet einen Corporal vom Regiment Kayserstain und 20 andere, so dabey lungern, um Succurs, aber der Corporal sagt: I mag net, und einer, ein Musketir, wirft die Flinten weg und trotzt: er ließe sich überhaupt nirgends mehr hinkommandiren. Der Fourir hat seine Flinten im Stollen vergessen, springt von Neuem hinab, holt sie und geht mit dem Cisma in der Hand spornstreichs zum Starhemberg auf die Kommandantur. Der Graf lässet Corporal und Musketir auf der Stell ergreifen und dem Kriegsrat übergeben. Ja, Bruderherz, so was gibt es, die zweye wollten einfach nit mehr mittun, kannst dir denken, wie das die Runde macht! – Um die Vesper hör ich noch eine Mine von der Burg herüber, soll an der rechten Bastey-Flanken aufgeflogen sein, dem Feind eine Passage in den Graben zu bahnen. Es regnet.
Muß den Kommandanten immerzu bewundern, was alles vor ihn kömmt und wie er's mit ein paar Befehlen schnell in die rechte Ordnung und Bewegung bringet; dazu das ewige Antreiben beim Stadtrat, beispielsweis schon wieder ob der Lumpereien von denen Bäckern, die das Brod ungleich groß machen; müssen itzt zwo

Comissarii, Buchegger und Ruckebaum, kenn sie beide, die Laib und Wecken nachwiegen, und der städtische Metzenleiher Motz (Matthias) Nauz muß feststellen, wieviel daß man Brod aus eim Strich Mehl machen kann, und sie sollten auch für die, so vom Land hinter die Mauer geflohen, ausreichend Brod backen, der Magistrat habe Mehl die Fülle und seie ein satter Mensch allemal kampfesfreudiger, auch gegen allerhand Krankheit mehr gefeit dann ein hungriger. – Auf Starhemberg-Befehl lässet itzt der Magistrat die allerstinkendsten Räumlichkeiten von Amtes wegen lüften und die eingesammelt Scheiße in immer tiefere neue Gruben absenken. Am besten, sie katapultirten den Dreck nachts über die Mauer dem Türken an die Köpf oder in seine Laufgräben.
Die Vorhut der Armee soll schon bey Tulln stehen, wo die Bruckhen geschlagen ist, die Hauptmacht mit dem Lothringer bey Stockerau. Es regnet noch.

Montag, 23. August

Nachricht von St. Stephans Turm: auch die Nachhut vollends abgezogen, das ganze drentere Ufer entblößt.
Im Morgengrauen trabt mir mein Dragoner in die Kammer; er habe an dem schlimmen Ausfall vom Dupigny damals nit teilzunehmen gebraucht, sie hätten dort im letzten Moment fremde Verstärkungen abgelehnt, aus Eifersucht. Dem verdanke er müglicherweis sein Leben; seither wär er wieder nur beim angestammten Haufen und mit selbigem vergangene Nacht gleich dreimal ausgefallen, vom Hauptmann Wesel ausm Heisterschen Regimente excellent geführet. Hat die Heiden groß verworren, zögen bei Regenwetter die Waffenruh vor oder ein ungestört Einsenken (Schützengrabenbauen) und Miniren; hätten ihnen das dreimal verleidet mit Flinten, Handgranaten, Sengsten und Morgenstern; zwo Laufgräben gantz verschaufelt wie die Totengraber. Bin vor lauter Zorn auf die Grindbrüder beim andern wie beim dritten Mal freiwillig dazu, berichtet er, han auch den Sebel nit geschont. Die Ratzen haben untertags eine fertig geladene unsrige Mine ergründelt, das teure Pulver total heraus und gestohlen! Vor Mitternacht eine Feindmine am vorderen Eck von der Burgschanz aufgeflogen – wir sogleich auf mitm Hauptmann Reckha und dem Grafen Guido zur letzten Attaque, der Wesel war um *die* Zeit schon verwundet. Den Feind ganz ausm Graben gejagt, zur Kontreskarp hinauf, und was nit schnell genug geloffen mitm Musketkolben erschlagen, wohl bei

drei Dutzend Schädel zerdroschen; der Guido bringet 8 abgehauene Köpf ein, und zwo Gefangene – Graf Serényi hätt sie gern lebender in der Stadt haben wollen – seind gegen den Befehl gleich im Graben abgehäutet worden, man müsse es ohnedem bis über die Mauer vernommen haben. Ja, es würd immer grausamer, die Unseren seien mit Schinden und Köpfen ganz sinnlos geworden, dauert ihnen die Sach schon zu lang. – Daß Hauptmann Wesel 4 Kugeln abgekriegt, han i erscht z'nachts erfahre.

Mein Schwab hat dann noch vom Wall hernieder zugesehen, wie die Türken drüben ihre Toten an die Füß zum Gegenwall hinschleifen; er lacht, dann fraget er mit eins: Wie lang währet's noch bis zum Entsatz? Alloi schaffe mr's net. Statt einer Antwort, die doch keiner zu geben vermöchte, weis ich auf mein Bett. Er legt sich fromm und ist mitm Hinlegen weg, schnarchet aus vollem Rohr.

Will itzo in die Kuchl hinum, mein Abendbrod fordern; die haben meiner vergessen, han aber ich den ganzen Tag bei denen Kranken verbracht, auch Leinwand und ein Faßl Salz leihweis zum Passauerhof gekarret. Mein Schwab war um die Zeit schon wieder auf und davon. Der Bursch tuet mir wohl, der murret gegen kein Unbill oder Befehl und ist dabei am meisten ihme selber gehorsam. – Heut nur schwach Geschützspielen, mehr Bomben. Gestern 4 Moslem von zwo andern Koraniden an denen Palisaden beym Weintrinken ertappt und gleich mit Springstöck executiret worden; item am Neutor eine Handvoll Fuhrleut aus Syrmien, heißt's, gar beim Weinfeilbieten ertappt und verschleppt. Wir brauchen die Feilscher nit, haben selber Weins genug.

Dienstag, 24. August

Diesen Morgen schon früh zum Schreiben aufgerafft, wiewohl im Eingeweid noch immer hundselend, im Kopf ein Hammerwerck. Han zum Abend gestern ein gesurt (eingesalzenes) Büffelfleisch verzehren müssen, zum Teufel mit allen Beuten! Stainschwer Magendrucken, mich ein Viertelstündle gelegt und mit Wacholder remediret; hat aber nit geholfen, also ein kräftigs Schlückl heiße Milch hintnach, so mir noch alleweil wohlgetan. Dermalen leyder nit, und a tempo speiben gemußt; hernach an die frische Luft – umarmen sich in der Straßen etlich Bürgersleut, schreien wie die Narren, einer tanzet und schwingt's Hütle; auf die Art erfahr ich, daß des Koltschitzky Diener glücklich zur Stadt hereingefunden und vom Lothringer tröstliche Zeitung gebracht: es wäre nunmehr

Der 1821/22 demolierte Passauer Hof am Fuß der Kirche Maria am Gestade. Die Anfang des 19. Jahrhunderts entstandene Radierung scheint die üblen Zustände, die in dem hier 1683 eingerichteten Notspital für Ruhrkranke herrschten, in beklemmender Weise zu illustrieren. Der Freiherr von P. hat auf Wunsch des Grafen Kollonitsch hier ein wenig nach dem Rechten gesehen.

unfehlbarer Ernst und sammleten sich die Entsatzheere allbereits an der Brück zu Krems, deme importäntesten passagio (wichtigsten Übergang), da weder Türckh noch Ungar noch Tartern die Ankömmling molestireten. Als Erster, so schreit's einer dem andern zu, seye der Bayernfürst herüber; als Zwoter der General Degenfeldt; die neu geworbnen Schwaben und Franken würden folgen, und seyen in kurzem auch die Kursachsen zu erwarten; zu Schiff vielleicht gar der Kayser! Den Sobieski aber erwarte man zu Hollabrunn, dahin der Hertzog von Lothringen bereits entgegen ritte. Noch 6 oder 7 Täg, so wären sie alle beysammen und ante portas, der Feind aber erledigt. Geb's Gott; tönet mir allzu glatt ins Ohr. Ein Blessirter neben meiner saufet sich vor Freuden halb tot, speibet und ich muß vom Hinschauen mithalten. Sechs Raquettln, schreiet einer, wären den Augenblick von St. Stephan abgeschossen worden, des Boten heile Zurückkunft anzuzeigen; hoff, es blinzen dem Lothringen die Fünklein bis nacher Stockerau hin. Die noch lebenden Mölker- und Schottenbrüder rüsten zur permanenten Seelsorg auf Burg und Löbel, müssen Tag und Nacht oben zum finden seyn, der Wiener Bischof und Graf Kollonitsch haben's befohlen. –

Glock eins Mittag. Sitz wieder beym Geschreibsel. Ist heut der Westwind für ein Zeitl steif auf Wien her gestanden, also hat der Feind, sölcher Gunst vertrauend, viel brennende Ballen Pechs eingeworffen, die Brise sich aber jählings gewendt und den Qualm dem turco gantz zurück in die eigne Visasch geblasen.[23]

Eine Mine hat mitten durch den Graben vorm Ravelin eine Bahn gerissen, der Feind sich da tief eingeschnitten, occupiret von der Burgschanz schon den dritten Teil vom Spitz her; gleichet dort alles wahrlich dem prophezeiten Schermaushaufen (Maulwurfshügel); ist kein Vorwerck mehr, nur ein Trümmerwerck, will's gar nit mehr

[23] In der Darstellung eines zeitgenössischen Geschichtsschreibers erscheint dieses Faktum so: „Den 24. Augusti ward die Stadt durch den Feind in grosse Gefahr gesetzt; denn weil der damalige ungestümme Wind zu seinem Vortheil gar bequem schiene, so warff er nebenst denen vielen Bomben auch eine grosse Menge brennender Pech-Ballen hinein, der ungezweiffelten Vermutung, es werde die im Rauch aufsteigende Stadt sich bey einem darauf erfolgenden General-Sturm unter die Türckische Gewalt bucken müssen. Aber der im Himmel wohnt, lachte ihrer, trieb allen Schaden ab und benahm einer solchen bösen Hoffnung die Freude eines Wunsch-erfüllten Ausschlags." Aus: Christoph Boethius, „Ruhm-Belorberter und Triumph-leuchtender Kriegs-Helm Dero Röm(ischer) Kayserl(icher) auch zu Hungarn und Böhmen Königl(icher) Maj(estät) und

selber sehen, berichten mir die Blessirten eh alles haarklein. Auf denen anderen zwo Dritteilen halten sich noch die Unsrigen. – Was nützet uns da eines Boten lieblichste Botschaft? Ich träum nit gern. Tulln oder Krems seind weit, der Ravelin nahe.
Um halber eilf, nach der Kranken Versorgung, zum Passauerhof geritten, denen Patres dort ein Säckchen ungeweihter Oblaten zu bringen, seind ihnen ausgegangen; hernach auf die Hauptmauer am Wiener Wasser (Donaukanal) zu denen Bürger-Artiglieri hinauf, dem Kommandanten seine Liebling; wollt auch da Ausschau halten, weil von drenterm Kaiserwasser (dem Hauptstrom) schwartzen Qualm aufsteigen sehen; saget mir ein Konstäbler, es brenneten da draußt schon seit einer Stund Langemenzers Dorff (Langenzersdorf), Jedleser (Jedlesee), Stämmers Dorff (Stammersdorf), Eypeltau (Eipeldau), Kageram (Kagran) und um Ullrichskirchen alle Flekken; seyen in der Herrgottsfrüh schon haufenweis Türkenschiff hinüber! – Bin nach St. Ruprecht und ins Entzbaum-Haus, es von oben alles besser zu observiren; find die Stix-Muhme und besuchsweis ihr gesellet die Prämerin, war mir ein lieb Antreffen. Die Stix traget mir zur Stärkung eine Schwarzwurzn (schweres Räucherfleisch) an, würget mich sogleich vom Denken, bitt sie aber, sie mög mir von ihrm Rosmarin-Stöckl freundlich ein etlich Blättl abrupfen und davon ein Absud machen, mit Honig würzen, das wär mir lieb. Schau dann neben der Prämerin durchs Fenster über den gebrandschatzten Werd (Leopoldstadt) und die Schotten-Au ins Land: von der March herauf bis zum Bisenberg alles *ein* Feuer, kein Dörffl verschont, und scheinen die Flammen bey der klarsten Sunn nit weniger glührot als bey der Nacht. Ach, sag ich, was haben die da drüben sich all die Wochen her doch gut gefühlet mit Viech und Arnt (Ernte) unter der Armee, schmecken itzt auf einmal auch sie den türkischen Tod und gehet all ihr Fleiß in Rauch auf. Die

Dero sämtlichen Hohen Bunds-Verwandten wider den Blut-besprengten Türckischen Tulband (Turban). Das ist: Wahrhafftiger Historischer Grund-Bericht aller derer GOTT gesegneten Kriegs-Actionen, welche so wol wider die Ungarischen Malcontenten als wider den allgemeinen Erb-Feind, den Türcken, beydes vor und nach dem denckwürdigsten Entsatz der Kayserlichen Residentz-Stadt Wien vorgenommen und zu allerhöchstgedachter Römisch Kayserlichen Majestät wie auch Dero hohen Alliirten unsterblichen Glori bishero GOTT Lob sieghafft nicht weniger in Belagerungen als grossen und kleinen Treffen und Scharmützeln fortgeführet worden“ etc. etc. Erschienen „in Verlegung Johann Christoff Lochners“, Nürnberg 1686.

Prämerin schluchzt im Hinschauen, und ich tu ihr den Arm um die Schulter. Sie leidet's ein halb Minütl, dann begleit ich sie auf der Suleika heim; schmerzet der Fuß mich arg.
Frisch Verwundete fürgefunden, die mehrsten leicht. Einer weiß vom Obristen-Wachtmeister Roßtauscher von Reuthoffen, gehöret zu des Grafen Schultzen Dragonern, er seye an beyde Schenkel schwer blessirt im Hofspital, ein andrer weiß von des armen Haubtmann Wesel schmerzreichem Hinscheiden nach dreien Stunden. Einer wiederumb lacht, weil die brennenden Pechschindel im Graben den Feind nit nur bei der Arbeit oberhalb entlarven, ihm mit anschwellender Hitz auch das Miniren unter der Erd sauer machen; seien vergangene Nacht ein paar herfürgeloffen, den Brand auszutreten und verstreuen, hätten aber von der Kurtin her brav Bleihagel gekriegt; die mehrsten gefallen, einer als lebende Fackel mit Geschrei davon.
Der Starhemberg hat hinterm Löbel die unbenutzten, itzo sanirten Fürziehketten (für die nächtliche Straßen-Absperrung) allesamt einhängen lassen, seind ein guet Hindernis gegen der türkischen Reiterey, so etwan die in die Stadt einbräch; schauet halt der Kommandant doch ein Schrittl weiter voraus dann unsereins. Lässet auch ab gestern die letzten Tor – nit das Stubentor, wo's ruhiger ist – gantz sperren, mit Stain und Holtz verbollwercken und die letzten Brucken abtragen; die vorm Stubentor nur zur Hälft, aber ein bsunders massiff Bollwerck davor hinsetzen.
Viel Lobs hört ich vom Haubtmann Haffner: soll mitten unter der verdorbenen Burgschanz eine neue, großmächtige Feindmine ausgekundschaftet haben, ihr contra gegraben und die Minirer so gäch ausgejaget, daß dero Werkzeug gänzlich in unsere Hand gefallen; der Stollen wär vergangne Nacht gesprungen! Manche Mine, schwöret mir einer von des Haffner Leuten – er hat durch eines Türkensabels Spitz ein Aug eingebüßet –, liefen oftmals nur 6 Schuh voneinand unter der Erden übereinand dahin, und weil die Red nit verstummen wolle, es seye des Türken Absicht, unter der Hauptmauer durch bis inner die Stadt eine Hauptmine zu treiben, müßten itzo die kayserlichen Hellebardire in denen Kellern am Wall rundum patrouilliren und Obacht geben. – Muß mich wieder legen, ein Randl schlafen, 's Fasten macht saumüd. Aber der Schmerztöter (Schnaps) mundet mir wieder.
Mitm Abendbrod, ein Stückl Huhn in der Suppen, ein Seitl Meßwein darzu, hat mir mein Medard lieb das letzte Neuste

gebracht von dreien christlichen Überlauffern aus der Schotten-Au; haben an unserm Tor (Schottentor) inständig Einlaß erfleht und was Seltsams zu vermelden gewußt: es seien nit lang nach zwölf – man hätt schon um vier, halber fünf ein ungewiß Geschrey durch die Stadt lauffen hören, aber do han i scho gschlafe und vom Entzbaum obe han i nix noch gsähe –, seind also durchs Fahnenstangenwasser und sunst wo von der Insul mitm Bassa von Erlau zum wenigsten 3000 Türken – auf St. Stephans Turm hätten sie gar 4000 gezählt – mit Schiff und Zillen, die Pferd am Zügel nebenher schwimmend, über die Donau ans leere (schutzlose) Land hin und daselbst eilends stromauf; seien aber zu wenig Nachen, auch zu klein und rammelvoll gewesen, in der Strommitten viele gekentert; auch von denen, so gehorsam über die hinteren Insulen zu waten begonnen mit oder ohne Roß, massenweis welche ersoffen; die Abschnitt im Untern Werd wären voller Unruh und decimiret: die müsseten alle dem Bassa von Warasdin beistehen, so mit 1000 Mann heißt's in Gran unten übers Wasser hinüber und ab Preßburg auf Korneuburg und Bisenberg zumarschiret samt des Tököly rachsüchtigem Gesindel, hat schon am Vortag an der March alle Flecken ausgeraubt und angezunden. Der Bassa will dem Lothringer in den Rücken fallen, der Armee einen Streich anbringen. Mehr habe er bis zur Stund nit ergründet, schließet mein Medard. Gut Nacht.

Mittwoch, 25. August

Bin schon zu Bett gelegen, war gestern noch ein Attaque mit großer Furi (Wut) auf die Burgschanz mit Paucken, Pfiff, Gebrüll; haben wir, hör ich, alles bald stumm gemacht, unsre Kartätschen, Granaten, Musketen, im Handgemeng auch Hacken, Sengsten, Morgenstern fleißig reden lassen, von oben heiß Wasser und Pech darzu; sollen an die 200 Attaquirende ihr Leben mit Tod vertauschet haben. Am Löbel um die gleiche Zeit nur halb so viel, haben dort, mit Feuerhülf aus allen Rohren, absolute in den Graben herein wöllen, und ist vor Mitternacht in Todesängsten und Christi Namen um Einlaß flehend ein Wallach von Nußdorf zum Neutor herein: sei mit genauer Not denen Scharfschützen entronnen und wisse für gewiß, der Lothringer habe am gestrigen Morgen den Rauch aufsteigen gesehen und gleich Hülfsvölcker gegen die Mordbrenner stromab gesendet, sodann Glock zwey selber mit erlesener Mannschaft nachgestoßen, sich mit polnischen Truppen, so just an dieser Stell als erste die Donau erreicht, vereiniget und zwischen Korneu-

burg und Bisenberg beide Bassas furchtbar geschlagen, den von Erlau getötet; was sich nit schnell genug salviren gekonnt, zum Ersaufen in die Donau getrieben, auch viele Ungarn. – O hoffnungsreiche Prob, glückhaft Vorzeichen! – Nur wenige mehr hätten sich stakend oder rudernd zur Au (Brigittenau) oder zum Werd (Leopoldstadt) retten mögen, etliche schwimmend auf die Nußdorfer Länd, von denen habe man alles erfahren. Ein große Victorie!
So viel noch vom Dienstag. Und von heut? O mein Bruderherz, muß mich laben, tuet mir die Schreibhand bald weher dann der Fueß. – War ein harter Tag heut mit Bomben und Stainwürff. Die Türken schürfen und schaufeln wie die Tollhäusler, haben am Ravelin die Palisaden angezunden und seind die Kayserlichen, der Eimer ermangelnd, mit Brunnwasser in ihre Hüt zum Löschen gerennt, verteidigen die zween verbliebnen Dritteil wahrhaft christlich mit Musqueten und Granaten, machen immer noch neue Abschnitt und mit ein paar Schanzkörb armselige Parapetti (Brustwehren). Der Türk hat itzo eine Galerie vom Gegenwall lang in den Graben herein, stürmet aus ihr verlustreich, faßt jedoch mehr und mehr Fuß auf dem Hügel, senket sich ein und schickt aus einer Batterie in der Kontreskarp ein mörderisch Feuer darzu. Der Herr Kommandant hat vom Stadtkammeramt ein halb Hundert Klafter Holz auf Burg und Löbel frachten lassen, schiert sich aber der Feind um unsere Grabenfeuer allbereits einen salveni Dreck. Seine gräfliche Excellenz verbringet die Täg und Nächt auf der Mauer, die Morgen, Mittäg und Abende auf St. Stephans Turm – wann der schlaft, fragt sich ein jeder. Itzt, wo's handgreiflich ums Überleben gehet, stellen die Bürgerlichen an allen Punkten gantzer ihren Mann, nit mehr bloß beym Schanzen oder Wachthalten. Fechten als wahre Krieger, schlagen sich kein bißle schlechter als die Soldateska neben ihnen, feuert eins das andre an, liegen schon gar viel Freiwillige schwer blessirt in denen Lazaretten, viele unter der Erd, bsunders Handwerker vom Löbel oben. Dort ist ein Bomben knapp neben dem Starhemberg eingefallen, muß einen vigurösen Schutzengel gehabt haben, meint ein halb lahmer Drechsler, so dabey gewesen und einen pfundigen Splitter ins Kreuz abbekommen; Chirurgus Blasl will ihn durchbringen.
Nach dem Mittagmahl mit meim spectivo ins Dach hinauf gehumplet, es hätt mich anders nit gelitten: bin namlich inne worden, daß sich unter Graf Serényis Oberkommando ein Ausfall mit 300 Mann vom Löbel aus vorbereite, eine Nasenläng vor meiner, dem Feind

das Unterminiren im Graben zu vereiteln. Sind dem Grafen noch etliche Cavaliers zugeteilt gewesen, so mir freylich verborgen, seh aber bey den Soldaten deutlich meines Herzogs Friedrich Carl Gestalt. Am oberen Punkt, mir nähender, allwo vordem die Katz (das inzwischen abgetragene Oberwerk der Löbelbastei) gewesen, ist der Starhemberg mit denen General-Feldwachtmeistern Serényi und Souches nebst deme Grafen Daun postirt, die Action zu verfolgen.

Wie nun die 300 in möglichster Still und truppweis ausgefallen, bald jedoch vom furiös ausbrechenden überlegnen Feind in Not gebracht waren und um Hülf hereinschickten, führete mein Fürst, nach kurzem Wortwechsel mit dem Serényi oben, persönlich, als wär er ein gewöhnlicher Hauptmann, einhundert, schätz ich, eilig Herbeibefohlene durch den Graben zum Gegenwall hinüber ins Gefecht, hat bis zum sinkenden Tag gedauert. Hab klopfenden Herzens viel Officiers fallen gesehen, nit den Herzog, item viele Gemeine; muß aber auch beym Feind höchst blutig abgegangen seyn. Hab nach einer mir allzu kurzen Weil ins Haus hinabmüssen, war Bewegung, Lärm und Klag von den eingebrachten Blessirten zu hören; find den Grafen Collalto, gewesten Kroaten-Obristen und freiwillig in Wien, heftig blütend, erfahr von ihm, daß 4 adelige Hauptleut vom Regiment Kayserstain und noch 4 von Pfalz-Neuburg geblieben seynd, dazu zwo Fähndrich, und auf die Letzt bringen sie doch meinen Herzog herein, ist aber nur eine Pfeilwunden unter der Hüft, fluchet wie ein Sauschneider und sie hätten denen feigen Hunden über den hinteren Laufgräben oben, bis dahin sie denen nachgesetzet, leicht 3 große Stuckh von der neu aufgeworffnen Batterie vernageln können, wären nur eiserne Stefften (Nägel) zur Hand gewesen; müßt ab sofort jeder Soldat etwelche Stefften mit sich führen, hätten als Waffen zu gelten wie Spieß, Pistol oder Gewehr und wäre Nitdabeihaben mit Erschießen zu ahnden. Nach der Vesper ist auch Seine Excellenz mit dem Serényi bei den Mölkern eingetreten, dem blessirten Herzog zu danken und gratulirn, gehet ihm schon wieder; entnehme der Herren Gespräch, daß vom Türken gut 300 gefallen sein müßten, von den Unseren drey Dutzend – war eine brillante Action. Auch dem Collalto ist sein Blut gestillet, fängt freylich ins Fiebern an. Und ich armes Schwein sitz da und schreib's auf; eine trübsälige Leidenschaft. – Den gestrigen Tag verbraucht: 4 neue Kiel, 3 Lichter, den heutigen Abend: zween Kiele und anderthalb Lichter. Mein Wacholder ist gar. Muß auf Kirschwasser umsatteln. –

Der Hohe Markt rund dreißig Jahre nach der Vertreibung der Türken. Der Vermählungsbrunnen in seiner Mitte entstand erst 1732, das imposante Gerichtsgebäude, die Schranne, rechts vorne, bot 1683 schon den gleichen Anblick. Vor der Schranne stand einer der auf Befehl Starhembergs errichteten Galgen, in dem Türmchen auf dem Dach läutete die Armensünderglocke.

Ist eine ruhsame Nacht geworden, der Himmel klar. Um 9 herum war in der Jakobsstraß (Milchstraße) überm Feindlager ein langer, ganz schwartzer Balken zum sehen; ist allmählig vergangen. Seltsam, ein schwartzer Komet! Soll denen drüben zum Omen werden.

Donnerstag, 26. August

Heut schon die Stadt voller Freud über des Lothringers Strafgericht an den Mordbrennern drüberm Wasser und den zwo Bassas: anderthalb tausend Tote, 500 oder mehr Rebellen vom Tököly zur Armee übergeloffen. Sollen die Kayserlichen vom linken Ufer noch gegen die Leopoldstadt geschützfeuert haben, in der Dämmerung aber stromauf wieder fort. Heut früh seynd dann ein Trupp Türken mit Zillen zur nächsten Insul hinüber, daselbst ein paar alte, verlassene Kayserliche Schanzkörb anzuzünden. – An der Mauer, da vordem des Leopoldi Komödihaus gestanden, ist ein neuer Abschnitt mit eigenen Gräben und Brustwehrn befohlen zum Ersatz, im Fall die Burg-Bastion verloren ging; wird schon hart geschanzet.
Vor dreien Tägen ist einer hinabgesprungen, einen Janitschar zu fangen, so angeblich sich horchend hab vergewissern wöllen, wie weit die Seinen mit der Hauptmine vorangedrungen wären, ich hab's vom Obrist Hoffmann; hat selbiger Gfangte aber vielleicht nur Spionirn oder Leichen fleddern im Sinn gehabt, im Verhör aber verraten, die Janitscharen müßten bei einer Belägerung nur 40 Täg kämpfen, hernach noch einen dem Sultan zu Lieb, einen für den Wesir, noch einen für ihren Aga. Dann ist's gar. 's wär heut schon der 41. Tag und er und seine Mitstreiter gern den kommenden Sonnabend südwärts aufgebrochen bis nach Venedig, Beute und Weiber holen. Aber der Wani Effendi (türkischer Hofprediger), was ihr Feldkurat wär, beschwöre sie in Allahs und des Propheten Namen, sie möchten doch zum wenigsten bis zur Mine am Freitag, also morgen, ausharren. Haben die Unsern itzt schon den vierten Tag mit dem Schwadronör den Graben sorglich inspiciret, von der Hauptmine aber nichts Gewisses zu entdecken vermögen, den Kerl so lang (vorläufig) in Arrest geworffen. Ich aber sag mir und allen, die es hören mögen, sie sollten sich gar keine Hoffnung machen, der Mustafa wird denen die Reiselust schon austreiben und sie herzubinden wissen.
Heut früh zwo Minen am Ravelin, hat die eine eine Palisaden-Brustwehr umgelegt, der Feind durch das Loch im Zaun zu stürmen probirt, sich aber blutige Köpf geholt; sehr viele Tote; Komman-

dant war Graf Scherffenberg. 40 Janitscharen waren in unsre Abschnitt aufm Ravelin gesprungen, der Scherffenberg hat zweye davon selber erlegt, sich eine Handwunden darbey geholt. Trotz denen Toten verbauet (verschanzt) sich der Feind im gesprengten Minenloch. Von den Kayserlichen senyd 5 Mann von *einer* Kanonkugel gleichzeitig geköpft. Eintönig Stainwerffen den gantzen Tag, gehet aufs Gemüthe; am Nachmittag ein geringer Ausfall an der Burgschanz, soll eim Hauptmann Gemagne, einem Artilleristen, das Leben gekostet haben. Ums Dunkelwerden noch zwo Fornelli aufgesprungen, weiß nit wo. Seitdem eine ruwige (ruhige) Nacht. – Allgemach stellet sich doch schon ein bißle der Hunger ein, ist wahrlich der best Koch, die Leut werden bald alles fressen. Rindfleisch sündteuer geworden, Dachhasen und Eselbraten rarissimi Leckerbissen; Zugemüs schier nit zum kriegen, ist ungut für die Kranken! – Die Hurerey nimmt zu, bezahlet schon mancher, sagt man, denen Marktweibern, was die jüngeren seynd, ihre Waren ums Dunkelwerden „in natura". Einem ist sein Ehweib dahintergekommen, hat die Fratschlerin der Guardia angezeigt und man sie brav geschoren, hernach zum Scheißdreck-Einsammeln kommandiret. Bin begierig, wieviel Kegel (ledige Kinder) und Kuckuckseier in neun Monat ausschlupfen werden; wird wol auch denen Engelmacherinnen der Weizen blühen. – Deputirten-Collegium und Stadtrat haben austrummeln lassen: das Hilfsheer und die Armee näherten sich bereits, vielleicht würd die Hauptschlacht schon in etlich Tägen am Wall geschlagen, doch möge keiner sich nur auf den Succurs oder die eignen Waffen allein verlassen, viel mehr auf den göttlichen Beystand. Ergo allen Priestern verordnet worden, sie müßten hinfort in allen Kirchen mit Schärf gegen Wucher und Unzucht predigen. Kunnten sich beim Sancta Clara dafür was abschreiben, mein ich, beispielmäßig dieses: „Was ist anderst die Sünd als eine garstige und abscheuliche Bildnuß, welche unser böser und verkehrter Will verfertiget. In diser wilden Gestalt find der Sünder einiges Wolgefallen und ein begnügliches Lachen; aber mercket wol, auff dises Lachen kombt bald ein Krachen, auff dise Freud kombt bald ein Leyd, auff disen Lust folgt bald ein Unlust; Risus dolore miscebitur, & extrema gaudii lucutus occupat. Man hat es Anno 1679 (im Pestjahr) genug erfahren. Die Sünd tragt die Straff auff dem Buckel, wie die raisenden Handwercks-Bürschel ihre Rantzen." Und so fort ohne End.

Freitag, 27. August

Han gschlafe als wie der Igel im Winter; wär mir solches auf der Burgbastion widerfahren, ich wär längst ein toter Mann: den Officiers von der Artillerie und den Constablern war's allen bey Füsilir-Androhung verbotten bloß einzunicken: hätt namlich der seit dem Vorabend geplante Ausfall jeden Moment beginnen sollen, wenn der herrschend Sturmwind es nit von Stund zu Stund verhinderte. Soldateska und Bürger haben auch brav durchgehalten, und um 7 war es dann. Sind nach eingetretener Flauten 200 Mann in den Graben und da von einer starken, viel Tod bringenden Salven empfangen worden, zu bösester Kampflust gestachelt. In eim breiten Kessel (Grube) seynd bey einhundert Türken gestanden, die haben von Kartätschen, Doppelhaken, Musket und Granat ein so mörderisch Feuer bekommen, daß nur mehr tot und rot Fleisch darinne zu sehen gewesen, untermenget mit Kleiderfetzen, sagen mir die Blessirten. Wird uns bey den Mölkern der Platz allbereits zu eng, die armen Teufel liegen schon unterm offenen Himmel im Hof. Ein Dutzend Türken aber hätten sich in deme Kessel noch bewegt und lauthals zu Allah gefleht, seynd aber von den zornigen Bürgerwehrlern mit türkische Schaufeln gnadlos lebendig im Kessel eingegraben worden, alles gantz zugeworffen. Fähndrich Benedikt Baron Spindler verwundet, 1 Starhemberg-Leutenandt und 1 Mannsfeldischer tot, dazu stücker drei Dutzend Gemeine geblieben, heißt's. Ein Nobeltürk, aufs prächtigste gekleidet und geschmücket, soll furiös umkämpft worden seyn des Goldes und Edelgestains halber, haben ihn auch lebender zur Stadt herein geschleppt. – Und was nutzt's alles? Ruckt der Feind nach dem Ausfall ja doch in Seelenruh wieder in die alte Position ein und stellet die Arbeit, so wir ihm auf drei Täg zerstöret, unverdrossen wie die Ameisen wieder her.

Um 9 Uhr mit der Suleika ins Bürgerspital, ob der Bub noch lebend in Arrest; der Pater, so ihn leiblich wie geistlich versorget, meint, Seine Excellenz werde ihn in Ansehung seiner Jugend wohl laufen lassen; die Mutter kauert Tag und Nacht unterm Fenster, rührt sich nit weg und man lässet sie. Wollt ihr ein Trostwort sagen, vermocht's aber nit, ein schwacher Mensch im Elend macht zum Beystand rüstig, ein rüstiger in der Verzweiflung stoßet uns oftmals in die Ohnmacht; was tät ich mit der Frau, wann sie ihren Buben hinrichten *müßten?* Hilft ihr dann wer, wo doch alle Welt ein jeglicher Leibs- und Lebensstraf Beyfall spendet?

Heimzue über den Mehlmarkt, und han da gleich das Exemplum

davon erhalten: sie hatten zwo Desserteurs gemeinsam an *einen* Galgen geknüpft, hingen beyde schon still, und unterbey legten sie grad den andern Fuffzehnjährigen, so vor dreien Wochen spionirend gefaßt worden, auf dem Block zurecht. Ein paar Leut erregten sich noch, weil einer der Hängenden, den Strick schon um den Hals, von der Leiter herab im Volck auf einmal den Koltschitzky entdecket und ihme zugerufen hab, er seye den Türken verrathen, man habe dort von ihm die genaueste Beschreibung von Antlitz und Kostüm, seye er doch schon zuvor da drüben vielen als „deutscher Tatar" bekannt gewesen, er möge sich nur ja kein neues Mal durchs Lager wagen, man lauere ihm auf, und so wäre er im Augenblick verkundschafftet und der Tod ihme so gewiß wie ihme (dem Delinquenten) itzo der seinig. – Als man dem Jungen den Kopf abschlug, erblaßten die an Mutterhand anwesenden paar Jungfräuleins und schluchzten vor Mitleyden, die drängelnden Weiber aber klatschten in die Händ; zum Magenrecken.
Nachmittags kömmt der Kollonitsch controllirender Weis zu den Mölkern, dünkt mich ungewohnt ernst: die Mineurs hätten unter der Burgbastey arbeiten hören, der Feind habe sohin den Graben unterirdisch passirt! Graf Starhemberg sey zum erstenmal ernstlich betrübt, man werde die Stadt nimmer lang halten können, die Gefahr seye größer, als dem Volck einzugestehen ratsam wär; dannoch dürfte man ihm in besonnenem Maß schon auch ein bißl Angst einjagen, den Defens-Willen tropfenweis zu beleben. Die Granaten gingen bald aus und bey denen Geschützen mehrten sich, aus Ursach des minderwertigen Materials, die Rohrkrepirer mit nutzlos vergossenem eigenen Blut! Die Ruhr wüte wohl beim Heiden auch, wär aber niemals ein wirksamer Verbündeter, meint der Kommandant. Soeben hätt er einen neuen Kurir mit Briefschaften, auch wieder vom Kaplirs, nacher Korneuburg abgefertiget, der Herzog seie noch da drüben, vergattere die siegreichen Truppen und formire sie neu zum Abmarsch auf Tulln. Der Bote sey verläßlich, auch ein Raiz (Serbe) und mit Namen Michaelowitz[24], des Türki-

[24] Georg Thomas Michaelowitz, geboren vermutlich in Belgrad, war, nachdem er als Diener Gianbattista Casanovas, kaiserlichen Residenten bei der ottomanischen Pforte, mit diesem zwölf Jahre lang in Adrianopel und Konstantinopel zugebracht hatte, 1672 mit seinem Herrn nach Wien zurückgekehrt und hatte hier im Herbst desselben Jahres in St. Stephan die Tochter des Arztes Dr. Josef Schritt geehelicht, dürfte also ein sozial gehobeneres Ansehen genossen haben als Koltschitzky. Er lebte als

schen mächtig und gleich deme Koltschitzky türkisch vermummt, hätt 100 Gulden ausgehändigt bekommen, die andern 100 nach erledigter Commission. Die Briefschaften stellten den Entsatz dringlicher vor denn je: So es dem Feinde geläng, unterm Graben weg die Facen (Flanken, Außenseiten) beider Bastionen und zugleich die Hauptmauer darzwischen zu unterhöhlen, so stünde der Einsturz des gesamten Bollwercks bevor und dem Generalsturm nichts mehr im Wege.

Der Stadtrath läßt auf Collegiums-Befehl alle Kranken ohne Ausnahme und Rücksicht von den Straßen in die Ballhäuser tragen, ob sie sich noch so wehren, auch die Strohsäcke gewaltsam in den Häusern requiriren. – Nach des Kollonitsch Weggang beym „Goldenen Greiffen" Arzneyen eingeholt; vertrauet mir der Puntz, das alte Weib, es hätten die Apotheker durch ihro Senior Gnaden, Herrn Melchior Zorn, von der Stadt Wien Geldvorschüsse gefordert, weil sie fürs Geleistete zum End der Belägerung ausbleibende Bezahlung beförchteten und kunnten ohne Vorschüß denen Lazaretten nit mehr pünktlich und ausreichend liefern. Krämerseelen. – Hör im Heimreiten von zwo Feindminen an beyden Basteyen, später von eim Sturm, so Obrist Scherffenberg mit wenig Verlusten

Kaufmann in Wien und soll nach zeitgenössischen Quellen außer seiner serbischen (raizischen) Muttersprache und Türkisch noch folgende Sprachen beherrscht haben: Tatarisch, Griechisch, Kroatisch, Dalmatinisch und Welsch (Italienisch), auch in der „manier" (Lebensart) und den Sitten dieser Völker bewandert gewesen sein. – Die bisher erwähnten Kuriere Starhembergs waren nicht die einzigen, die den Botengang zur Armee jenseits der Donau mit mehr oder weniger Glück gewagt haben, und sie wie auch die offenbar sehr geriebenen Spione, die sich ins Türkenlager selbst einzuschmuggeln verstanden, scheinen der Wiener Bevölkerung stets sofort bekannt gewesen zu sein, sonst hätte der als Geisel beim Türkenheer weilende Resident Baron Kunitz nicht jene Warnung an den Kriegsrat der belagerten Stadt von Stapel gelassen, deren Text er unter dem 25. August seinem Tagebuch anvertraute: „Überläufer und Gefangene bekennen in examine (im Verhör), daß aus der Festung unterschidliche Spionen inß Lager geschickt werden, auch hat der Gros Wesir jüngst einen solchen Überlauffer durch 3 Lager zum Visitirn gesandt, welcher deren 2 (Spione) gefunden, so consequenter gleich decollatirt (enthauptet) worden; dies zu verhindern, wäre ich der unmaßgeblichen Mainung, unsere in diese Sachen bestellte Leuth und Brieff-Boten vor iedermäniglich (vor jedem) ins gehaimb zu halten und nicht durch offentliche Strassen ein und auß zu begleiden" – eine Selbstverständlichkeit, sollte man meinen, wie Karl Teply anfügt, dessen Schrift „Die Einführung des Kaffees in Wien", Wien 1980, Seite 34, das Zitat entnommen ist.

abgeschlagen. Gehet gleich hernach ein Trommelruf durch die Gassen: es seyen gewisse Nachrichten über frische Hilfsvölker beim Feind und stehe möglicherweis bald eine Hauptaction ins Haus – die *haben* ihren Succurs! Oder sind das etwan schon die Finten Seiner Excellenz zur Belebung der Defens?
Sonderbar: der Türken Abend-Salv nach dem Gebet heut so stark wie seit Wochen nimmer, ein wahres Kanonengewitter, auch viel Musket- und Flintenschüß aus unterschidlicher Direction, aber alles nit lang. Was hatt's zu bedeuten? *Wir* haben grad nur mit ein paar Bomben Bescheid getan. Itzo ist's still.

Samstag, 28. August

Seit Morgengrau das gewöhnlich Feuern. Starke Beinschmerzen mit Fieber. Dazu ein heftig Frühgewitter: redet der Donnerschlag zum bösen Gewissen der Erdenmenschen, indeß die Trommelrufer hohe Gefahr und die Mahnung spargiren (verkünden), es hätten alle, so ihre Namen eingeschrieben, sich ohne Zaudern zum wirklichen(!) Dienst einzufinden, andernfalls man sie unweigerlich zum Fenster hinaushängen würd, ich han aber noch *immer* keinen da hängen sehn. Dieser Ruf gehe durch alle Viertel: Schotten, Widmer, Karner (Kärntner), Stuben, gälte auch allen registrirten *fremden* Personen, schreit es, egal wem sie derzeit unterstünden. – Die Lauffer müssen durch ein wahres Meer von Regenschlamm kreuzen.
Gestern Abend um 10 hat der Freiherr Kielmannsegg nit weniger als 30 Raketen abgefeuert, dem anruckenden Hülfsheer die Bedrängnis der Stadt einzufunken und höchste Eil zu empfehlen. – Ist geheimbe Nachricht eingetroffen und gehet fleißig um, warumb des Türken Salut am Vorabend gar so wild ausgefallen. War der Grund: der armselige Effekt einer langwirig präparirten Mine vor dreien Tägen am Ravelin und der Unmut der Janitscharen wegen der überlangen Dauer der Belägerung; habe beydes den Großwesir in Sorgen versetzet, es möchten seine besten Truppen nit nur aus denen Laufgräben auslauffen (desertieren), nein, auch ihme etwan den Kopf vor die Füß legen. Also habe er verbreiten lassen, der deutsche Kayser sei zu Passau plötzlich verstorben, die Christenheit in der Confusion und würde man in kurzem den Giauren das Gewehr aus den Händen reißen und die Übergabe erzwingen, dieweilen auch die Stadt ohnedem bald nix mehr zu fressen hätt, wie jedermann wisse. Innen der Hunger, außen die Janitscharen – das könne keiner lang aushalten. Auf die Weis will der Mustafa die Seinen bei der Stange

12. September! Die Entsatzheere stürmen aus dem Wienerwald gegen die Stadt, die Stunde der Befreiung hat geschlagen.

n per Iacobus Peeters. ex Antv.

halten. Zum Zeichen aber, daß sie ihme mit alter Treue zustimmten und ausdauern wölleten, sollten sie des Abends ein grausigs Feuer-Gebet loslassen, grobes Geschütz und Feuerröhren zu einer mächtigen Salven unirn (vereinen), auch mit Flinten aus denen Gärten und Vorstadthäusern dreinschießen. Wir, dünket mich, achteten's, wenngleich überrascht, bloß als ein Schlangengezisch und war auch nit mehr.

Nach 4 Nachmittags war es an den Fronten mausstill, aber nur für ein halb Stündle, dann gab's eine Feindmine am Ravelin mit starkem Sturm; ist vom Geschütz und 4 Fähnlein Fußvolks abgewiesen worden, leyder mit viel Verlust. Der Feind hat sich schon gantz im Burgbastey-Graben eingeschnitten, bis an die Stadtmauer her verschanzet! – Um die Vesperzeit zur lieben Heiligen hinüber, hernach mit der Suleika auf Besuch zum Schottenabt Schmitzberger ins Dorothe-Kloster. Hab wol vernommen, er seye an der Ruhr darnieder, aber nit arg und es gehe ihm leydlich. Also wollt ich ihn – mehr zum Aufheitern – nach langem wieder einmal um den Namen von der Dame im Altargemäld fragen. Aber wie ich hinkomm, tritt mir ausm Tor kein Geringerer als Graf Rüdiger Starhemberg entgegen, staubbedeckt vom Marsch um den Wall, und hinter ihm der Kollonitsch; sagt mir dieser, es wäre der Hochwürdigste Abt zu den Schotten, Weihbischof von Wien und Episcopus von Hellenopolis, um die dritt Nachmittagsstund, gar nicht mehr sichtlich marod, plötzlich verstorben. Will's kaum glauben. Fragt mich der Starhemberg, mein Grüßen mit eim Nicken erwidernd: was *ich* denn dächte, worumb es bey dem gantzen tristen Gemetzel wol ging? Ich sey doch ein weltkundiger Mann, wisse er. Ich sag: es gehe doch wol um den zweigeteilten Gott über der Welt, um Christi Sonne oder Allahs Mond. Nimmer, lächelt er bitter, nach *Seinem* Wissen stecke hinter allem ein gantz gemeiner (gewöhnlicher) Mensch – der Wesir. Der wölle ein zweyter Sultan werden gegen seinen Herrn zu Istambul unten. Kara Mustafa Moslemkaiser zu Wien, dies sey sein Träumen, und München, Augsburg, Ulm etc. etc. bis an Rheinstrom und Nordmeer alles ihm unterthan. *Dafür* flösse das viele guete Blut. Ich will's merken und bedenken, sag ich, indeß der Bischof mir schon deutet, ich möge nit weiter mehr reden und seitwärts treten, sie hätten es beyde eilig. Da han ich mir ein Herz gefaßt und den Kommandanten gehorsambst um Gnad für den Buben im Bürgerspital gebeten und die Mutter dazu. Er stutzt, denkt, und mir war, er habe genickt, mehr mit die Augen als mitm

Kopf. Der Kollonitsch war, scheint mir, ein bißl ungehalten, und sie gehen weg. Im Gehen aber wendet der Kommandant sich auf einmal nach mir um und sagt: Ich werde Ihn rufen lassen. – Was meint er? Bin confus.

Am Abend erfreuet mich wieder ein Patient mit der Nachricht, sie hätten bey dem kurzen Stürmen am Nachmittag einen noblichten Türken, so sich im Gefecht zwischen zween Palisaden eingequetscht, lebendig abgehäutet, seine Kleider und teuren Waffen verteilet; auch hätt eine Feindbomben unter der Burgbastei eine noch leere Feindmine freigelegt, die Schanzenden nach hinten geblasen und tüchtig mit Erdreich bestattet. Ich war schon müd, wollt nix mehr hören.

Vorhin um 9 das Losungsfeuer vom Bisenberg: der Raiz ist heil hinüber. – Muß mich schlafen legen, das Fieber ist fort, aber der Fuß schmerzet noch. – In der kayserlichen Burg soll von denen Hofbediensteten ein Schmalz-Überschuß vorhanden seyn, die Stadt will ihn schätzen und feilbieten lassen.

Sonntag, 29. August

Tag der Enthauptung Johannes des Täufers. Der Heilige sey ein Intimus ihres Propheten gewesen, glauben die Moslem, und so wäre der Tag ein Lostag für erfolgreiche Actiones, da würd ihr Wagemut allemal belohnet. Für die Christen aber sei's ein Unglückstag – wurden nicht Rhodos, Ofen, Belgrad alle an einem 29. Augusti eingenommen? Nit auch die Ungrer samt ihrem König bei Mohács an solchem Tage vom Sultan Süleiman vernichtet?

Also find ich, wie zu Kandia, die Wachtposten auch hierorts verdoppelt. Es gibt aber vorerst nur eine kleine scharfe Kanonad mit eim kleinen, abgewiesenen Sturm hinterher, weiß nit genau wo.

Gestern Nachts hat der Kielmannsegg anderthalbe Stunden nach dem Losungsfeuer von St. Stephans Turm 30 Ragueten springen gelassen, die Leuth faseln was von über 100, und so will er's jeden Abend machen. Lieber Herr! Lieber Herr Herzog und Kaiserschwager, heißet dies, nur keine Zeit verlieren, nur das nit! – Ab der Matutin (Frühmette) ist heut in allen Kirchen um schnellen Entsatz gebetet worden. Ein verwundter Kürassir bey uns im Haus, Haudegen par excellence, gilt denen Fratres als eine verworffene oder irre Seel – hat namlich gelacht, wie einer von ihnen ihm tröstlich zugeraunet: ein zu Gott hoffendes und seufzendes Herz schlägt jedes Feindes gewappnete Hand. Ich kümmer mich ein bißl mehr um ihn,

die Fratres ein bißl weniger; sag dem Mann, es hätt ja auch der Kaiser, sein oberster Herr, stets ein gleiches Leibsprüchl parat: Qui confidit in Domino, non confunditur. Er beruhiget sich.
Über den Sauberg (Kahlenberg) war deutlich Schießen vernehmbar; muß von der Armee sein, schreien ein paar, und zu Mittag soll ein unsriger Spion gemeldet haben, zwo feindliche Wachtrupps wären samt Verpflegs-Troß den Nußberg hinan, richteten oben eine Art Feldlager ein, schwach genug; sonderbar: von des ersten Türken Aufscheinen bis an den heutigen Tag Sauberg wie Nußberg blank (ohne jeden feindlichen Truppenbesatz).
Um halb 10 Feindmine unterm Ravelin – da, wo wir noch ausharren; hat, hör ich, 100 Christen ins Gras beißen gemacht; wachset dorten aber schon lang keines mehr, wird wohl die Burgschanz bald ganz erobert sein. Zum Generalsturm ist's aber trotz St. Johann Baptist nit gekommen und hat der Feind auch unsern letzten Abschnitt, davor er itzo stehet und wir ein Schrittlein weichen gemußt, noch nit berührt. Schlag 12 eine Mine in der Kontreskarp rechts vor der Burgbastion, machet denen Heiden den Abstieg zum Graben noch leichter; sie wühlen sich neu ein, ist ja der Boden leider Gotts schon wieder getrücknet. Wir stören sie erst zum Abend mit Pechfeuer. Im Zeughaus Am Hof klüben (spalten) Invalide und Weiberleut die abgerissenen Schindeln; auch die Flugdächer vor den Häuserpforten haben schon dran glauben müssen. Sie tunken alles Holz ins Pech und frachten's auf den Wall, da stehen Nacht für Nacht Soldateska und Bürgerliche selbander in Bereitschaft. Keiner denkt an Ruhen. – Nach der Abendgebet-Salven plus Katzenmusique und Huh-hu-hu auf einmal kein Feindschuß mehr. Alles totenstill. Die wölln uns auf *die* Art den Nerv rauben. – Umso mehr waren zwischen denen zwo Minen wiederumb gezielte Schüß auf St. Stephan her, aber alles daneben! War ein gleicher Beschuß schon im Morgengrau auf den Stummel vom Minoritenturm gewesen, ist er ihnen noch nit kurz genug? – Steinmetz und Dombaumeister Adam Hartssleben heut früh an der roten Ruhr verstorben.
Sollen gestern zwischen 12 Uhr Mittags und 7 Uhr Abends drenter der Donau bey der Wolfsschanz (am Brückenkopf der zerstörten Donaubrücke bei Jedlesee) kayserliche Truppen ausgemacht worden seyn, schätzweis drey bis vier Compagnien; hätten sich da zusammengezogen, formiret und hergespähet, zum Abendwerden aber wiederumb in der Marschordnung stromauf beweget und ent-

schwunden. – Meine Suleika fiebert ein bißl mit Dünnschiß. Bin in Sorg.

Montag, 30. August

Glock eilf vor Mittag. Sitz schon am Diario, die Kranken seind versorgt und die Haxn braucht Ruh. – Gegen Mitternacht, wer's glaubt, 100 Ragueten von St. Stephan herunter. Das Artillerie-Duell hernach han ich verschlafe. Heut früh Stainhagel und Feuerkugeln, es kracht bald nah, bald fern. Ist der Ravelin schon in Feinds Besitz? Ich hör, es sollen noch 50 Mann sich dort halten im verbliebenen Abschnitt, von einer lukerten Palisaden-Brustwehr armseligist gedeckt; eine Ablös folget der andern, nit Officier noch Mann wöllen weichen, erst auf des Grafen allerletzten, expliciten Befehl. Ob Burgbastion und Löbel schon unterwühlet, es weiß es niemand gewiß, aber befürchten tut's ein jeder. Bruderherz, mir pocht der Schädel, weiß nit, was von alledem zu halten sey. – Unsre Genesenden, so zum Waffendienst noch zu elend, müssen die Wasserbottich und Fasseln im Haus und Dachstuhl auffüllen helffen, das Collegium hat ausrufen lassen, es seye aller Brandschutzvorsorg aufs peinlichste zu achten. Wir haben auch in die Kirchen-Ruin Bottiche hinüber, ich controllir's; hab darbey auch ein Minütl auf meine Heilige hingeschaut mit allerlei unheiligen Gedanken: wie sie im Leben doch gar so schön und von rosiger Haut gewesen, und itzo samt dem Kindl nur noch ein Haufen Mulm in der Erd.

Hernach zu denen Kranken vom Notlazarett im abgebrennnten Harrach-Haus drenterm Freythof hin und daselbst einen Gesellen betreten, so sich samt seim Gewaffen hinter eim Strohsack in der Ecken verschanzet. Reiß ihn herfür, schlag ihm ins Gesicht, verlang seinen und seines Herren Nam und Domicil, jag ihn tretend ins Freie und er solle sich ja in der allernächsten Minuten am Mehlmarkt stellen, ansonsten hinge er dort noch heut am Galgenholz, könnt es ihme a Tempo besorgen! War sehr zornig.

Der Kielmannsegg hat alle Mann vom Turm (von St. Stephan) vorderhand abgezogen wegen erneuten Beschusses mit grobem Geschütz und Karthaunen. Der tägliche Trommelruf: alle tauglichen Mannsleut, ausgenommen das kaufmännisch Lägerpersonal und die Laboratoriums-Gehülfen in denen Apotheken, sollten sich bey Todesstraff stellen! Hausbesitzer, so einen Drückeberger verhehleten, würden der Kommandantur angezeigt, hätten ohne Gnad den Strang zu gewärtigen. Wasserbottiche auch *vor* die Häuser, allzeit

voll bis oben; bey Feuersbrünsten die Hauß-Inwohner und Bediensteten fürs Löschen responsabel! –
War in Unruh wegen dem blassen Buben, bin mit der Suleika, gehet ihr schon wieder, hin zum Arrest (Bürgerspital), sagt mir der geistlich Herr dort, man hätt den Arrestanten in der Morgenfrüh auf Befehl ausgelassen, sey mit der flennenden Mutter hinweg und sie hätt ihn kein bißchen geschlagen. Deo gratias. –
Itzo ist's Abend geworden und ich lab den Fuß im Wasser. Zu Mittag war ein Ruf vom Kommandanten persönlich: Freiwillige für einen Ausfall! Obrist Hoffmann und der Baron Weltz spüren mit zween Corporälen in denen Lazaretten die Simulanten auf, seind um die Vesper auch zu uns gekommen, sagen mir, es hätten sich zum Ausfall unerwartet viele gemeldet aus Angst, weil bislang im Versteck verblieben; zähleten nunmehro auf Pardon. Ist noch ein gantzer Haufen gesundes Gesindel in der Festung, lacht der Weltz. –
Am Nachmittag lauffet die Kund um, es zögen viel Kameel und Fahrzeug vom Feindlager zum Wald (Wienerwald). Starkes Geschützdonnern. – Bei den Dominikanern und Augustinern haben sie die Genesenden ohn Rücksichten zur Schanzarbeit für neue feste Stellungen geholt, wann der Succurs etwan sich zu lang hinauszög.
Herr von Kielmannsegg ruhrkrank! Sein Schwager Baron Schwarzenau führet sein Kommando, sind alle beide freiwillig da. Um halber 3 hat der Kielmannsegg auf dem Platz im Arsenal (Streitschiffarsenal, Renngasse-Wipplingerstraße) noch vor versammelter Generalität seine neue Granate demonstriret: ist aus gemahlenem Holtz und Ochsenblut gemischt, in der Sonn gedörret und hart wie das dickeste Glas; ein Drechsler dreht die Form, man füllet sie und sie springt und kracht gewaltig; so wird der Granatenmangel uns nit gar zu arg treffen. In der Morgenfrüh hat der Kielmannsegg auch eine neue Pulvermühl hinter einem Wallstück installiret, ist von Ochsen getrieben. Im Arsenal – ich bin hin, han absolute zugucken wöllen – war aber der Kielmannsegg am End von der Demonstration schon kalkweiß vor Bauchgrimmen, haben zwey seinige Jager ihn heimbringen müssen. Auch im Arsenal seind jung und alt am Holzklüben und Pechen, machen auch Pechkränz, handlich zum werffen.
Ein Blessirter wußt mir von eim Kameraden zu erzählen, einem Mannsfeldischen Grenadir, den hat am Gegenwall ein Türk um Hülff angerufen, er seye in Wahrheit ein Christ aus Neusiedl (am Neusiedler See) und wölle zu uns herüber; der Grenadir streckt dem

Christen die Hand hinüber und hat auch schon einen heidnischen Säbelhieb drauf, duckt sich aber und schmeißt dem Schwein eine Handgranat mitten auf die Stirn. Hat ihn zerrissen.
Nun ist die große Leichengrub am Auerspergischen Haus (an der Freyung) auch bald voll, Soldaten und arme Leut drinn, alles durcheinand; im Stadtgraben verscharren die Unsern ihre Toten gleich, wo sie gefallen. Priester ist da wie dorten keiner mehr zum sehen, sind alle aufm Wall, bei denen Kranken oder in der Kirchen, hat niemand mehr für sölchene Ceremoni Zeit noch Kräft.

Dienstag, 31. August

Verwichene Nacht war dreymal ein Sturm auf den Ravelin, alle drey Male abgewehret mit Ausfallen in den Graben beyderseits der Schanz, nur wenig Tote, beym Feind das Zehnfache. In der Fruh den Dr. Hocke im Haus angetroffen, war beym Pater Verwalter gewesen und hat ihme das Geschrey bestätiget, es sey vom Deputirten-Collegio eine Anfrag um ein Darlehen von Gulden 60.000 für Zahlung ausständigen Soldes an die Regimenter beym Stadtrath eingegangen; doch hätten Stadtkämmerer Fockhy und er (Hocke) alsogleich die Unmüglichkeit sollichen Begehrens dem Kommandanten nachgewiesen, und selbiger sei's zufrieden, müßten halt die Kämpfenden sich fortan mit Essen, Wein, Bekleidung und Pfleg im Krankheits- oder Blessurfall begnügen. – Mittags etliche türkische Fornelli rechts am Ravelin und hernach ein Freikorps-Sturm entgegen, schwungvoll executiret. Nachmittags Feindmine vor der Burgbastey, den Zugang in den Graben zu erweitern; hernach eines Mörsers Getös, der ist auf der Kurtin explodirt, hat die andern Mörser daneben entzunden und Tote gemacht. – Han trotz Fußweh und Atemnot mitm Rohr aufs Dach müssen: führet der Feind tatsächlich Kanonen gar nit wenige aus denen Batterien zum Waldland hin, war schon den Tag über von dorther stark Geschützfeuern zu vernehmen – gilt's anruckendem Entsatz? – Dem Feind soll's an Tierfutter manglen, müßten die Christen-Sklaven drey oder vier Täg weit um Heu reisen. Armes Bauernvolck! –
Doch was registrir ich da, mein Bruder, als wär's ein Tag wie alle? Hat es für mich heut doch nur *ein* Ereignis gegeben: Ich war beim Grafen Starhemberg zu Gast. Wie ich bei den Mölkern vom Dach hinab komm, stehet da ein Starhembergischer Fähndrich, grüßt und sagt: Seine Excellenz bitten mich für den Abend um halb 8 ins

Begegnung Leopolds I. (rechts) und König Sobieskis in Schwechat, drei Tage nach der Entsatzschlacht. Federzeichnung von L. E. Petrovits.

Palais zu einem Imbiß en petite compagnie ohne Aufwand, ich möge kommen, wie ich wär. Und da saß ich dann im Roten Cabinette als der einzige Civilist am untern End vom Tisch bei kargen Kerzen und eim Nachtmahl so bescheiden wie im Feldlager; der Hausherr aber mit Bruder Guido, Obrist Hoffmann, Eidam Weltz, Bischof Kollonitsch und zween Adjutanten recht degagirt, Soldat unter Soldaten, hatt Küraß, Krause und Parucken abgetan, bindt sich beim Speisen das Mundtuch für, und war mir's seltsam, sein schmal Gesicht mit dem großen Blick und hoher Stirn unterm geschorenen Haar einmal so frei zu schauen; hatten aber auch die andern all es sich kommod machen gedurfft, daß ich in meiner modesten Kluft gewißlich nit aufgefallen bin. Wär's ein Souper bei Seiner Majestät dem Kayser gewesen, ich hätt mich wie aller Orten unbeklommen gefühlt; da hier aber ward mir eng ums Herz – eng und doch wiederumb ganz weit. Saß da mir vis-à-vis der Mann, auf den seit zween Monaten das ganze Europa blicket! – Die Rede gehet allein ums Militärische, der Kommandant lobt den Hauptmann Frankh und seine Leuth ob des tapferen Ausfallens zu Mittag und lauschet sodann dem Bericht des einen Adjutanten: Ein Reyter vom Regiment Dünnwald und ein junger Pohle, so sich bei selbigem habe anwerben lassen, weil er, auf Besuch bei den Eltern, kleinen Gutseigentümern in Wien, vom Krieg überrascht worden sey, hätten beyde nach einem Scharmützel vor der Kärntner-Bastion ein Rudel Janitscharen weit gejagt, sie zum Theil auch abgefangen und getötet, aber von drüben Beschuß und ihrerseits Verfolgung gekriegt; seien jedoch in rasendem Ritt durchs ganze Feindlager retour und unversehrt zur Stadt herein. Vom Tisch weg lässet der Kommandant den beyden aus eigener Tasche ein Geldgeschenk überbringen. – Um halb 9 war dann auf einmal ein Rumor vor der Tür; der Fähndrich von Nachmittags reißt den Flügel auf und meldet des Michaelowitz Zurückkunft. Herein mit ihm! Der Kurir, seines Türkengewandes ledig, grüßt auf der Schwelle, Graf Guido eilet ihm entgegen, nimmt des Lothringers Antwortschreiben und gibt's dem Bruder. Wie der das Sigill aufbricht, lachen auf einmal vor der offenen Tür ein paar allzu laut, will mich bedünken. Was gibt's? Der Fähndrich stehet stramm, sagt „Mit Verlaub" und berichtet: Es habe der loco anwesend Kurir auf dem Rückweg durchs Feindlager mit einem fouragirenden Türken Freundschaft geschlossen, ihme aber nach kurzem gemeinsamen Weg den Schädel vom Rumpf gehauen, sich auf des Toten Roß geschwungen und

samt denen prallvollen Futtersäcken vor einer halben Stund die Palisaden passirt.
Der Starhemberg hat ihme lachender zugewunken, aber denselben Moment ist ein Officier herein, eilet auf den Kommandanten zu, meldet was Halblautes, und schon erhebt sich ein jeder um den Tisch, verlangt nach Degen, Küraß, Paruck, Hut. Mich hat keiner mehr wahrgenommen, han niemand mehr zu grüßen brauchen, bin lentamente hinweg und sinnend heimzue. Der Kommandant hatt die ganze Stund das Wort an mich nit gerichtet; ist mir aber dennoch, als hätt ich – weiß nit wie – vertraulichste Zwiesprach mit ihme gehalten. Muß es Dir, Bruderherz, mündlich ausdeutschen, demnächst; lang kann ja alles nimmer dauern. Ich umarme Dich.

Freitag, 3. September, ums Tagwerden

Dir fehlen zwo Täg, Bruder Armin? Mir dreye, dieweil mir schwanet, ich würde auch vom heutigen Tag nur Brosamen gereicht bekommen von irgendwem statts eyner gründlichen Zeitung, ist doch die Stadt in einer sollichen Aufruhr des Gemüts, daß keiner mir von draußen – allwo es seit der vorigen Morgenfrüh ein dauernd fein Regenwetter macht – was Raisonables, Eigenes von der Front zu melden vermag. Ich war krank, bin es noch, han den 1. und 2. Septembris in meiner Stub verfiebert mit eim nassen Bausch von Kräuterabsud über Aug und Stirn, dazu dick Salben ums halbe Bein, stinket also wie die meinige fürn Satteldruck; 's schauet her, als wollten das Knötle (der Knöchel) und der Waden brandig werden, verhüt es der Himmel. Mein Obrist Hoffmann hat bey uns im Haus blessirte Officiers besucht, mich nit bei meinen Patienten getroffen, hernach mein entzunden Aug und Fuß selber inspiciret und sogleich den Dr. Sorbait zu einer Visiten vermocht. Hat mir der das Schreibzeug verbotten, sintemalen auch der einäugige Riese Polyphem beim seligen Homer in seiner Höhlen den Glotzer zeitweis habe schließen müssen und ausruhen lassen, meinte er, und überhaupt, zu was der turmhoche Packen verkritzelten teuren Papiers denn taugen solle, würd ihn ja doch nie keiner lesen. Han mir gedacht, er mög mich samt seiner Ordination am Fiedle leckhen, ihme dann aber doch ubbediret (gehorcht) und bey verfinsterten Scheiben zu ruhen begonnen, und unterweilen bricht draußen die Kriegsfuri durch Bastei und Kurtin; kann aber nit exact vermerken, was an dem oder dem Tag sich ereignet. Sollen die Approchen zwischen Löbel und Burg schon bis an die Hauptmauer heran seyn, ein halbtausend

Heisterische unter Serényi, Scherffenberg und eim Hauptmann Grundler ausgefallen, den Türken bis zum Gegenwall gejagt, ihm die Gräben verschütt, rucken aber gleich noch mehr Feind herbey, haben die Unsern weichen gemußt und 200 im Graben verloren; muß ein grausiges Schlachten gewesen seyn, insonderheit vor der Burg; queren auch immer mehr Guglkrieger den Löbelgraben, nisten trotz Feuerbomben und Stainwurff ganz nah an der Bastey, stürmen zugleich viel Hundert gegen die Burgschanz bei offenem Paß (ohne jede Deckung), wöllen partout den Ravlin haben, kriegen aber Kartaun, Musket, Doppelhaken und Sengsten zu schmecken, viele tot. Studenten haben Ochsen eingebracht, einer hinket mit eim tiefen Hörndlstich bey uns herum, von dem erfahr ich dies und jens: so klagten ein paar paar Blessirte, wir versäumten uns nach erfolgreichem Gegensturm immer zu lang mit Kanonenvernageln, unterweilen sammle sich der Türk zu erneutem Stoß, erschlägt unsre Verwundeten und senkt sich bey zu geringem Sperrfeuer am alten Ort aufs neue ein.
Der Dr. Schack hat auch mich heimgesucht, weiß von eim kayserlichen Handschreiben aus Passau, so der Dr. Hocke im Rathaus einhundert dienstfreien Freiwilligen verlesen; soll darinn von „gnädiger Zuerkenntnisnahm standhafter Defension Unserer Stadt“ die Rede seyn, ingleichen von „mild-väterlicher Obsorg für schleunige Zusammenbringung eines namhaften Succurses zur allergnädigsten Befreiung“ samt Vermahnung, in Treu und Eiffer unterthänigst durchzuhalten etc. etc. Ich mag derley nit, wecket den Ketzer in mir auf. Von der Bürgerwehr seye bereits der dritte Teil gefallen, von der Garnison nur mehr 4000 kampffähig, 8000 gefallen oder von der Ruhr tot; der Michaelowitz ist neuerdings (2. September) mit Briefschäften zum Lothringer hinaus. Muß lachen: hat der Medard zwo Weiber in die Kuchl herein gekriegt, eine von Hainburg, die ander von St. Pölten, waren dort gefangen, wissen zu melden, der Türk getraue sich im verhauenen Wald nimmer zu fouragiren, seyen zu viel bewaffnete Bauern um die Weg, ’s gäb stündlich Alarm und berittene Recognoscirung. Die jüngeren Weibsleut wollten von Entsatz und Abzug nix hören, verzählen sie, gingen schamlos geschürzt, nur die älteren oh Jeggerle weinten und beteten gottsjammerlich coram publico, bsunders wann der Türckh sie behüpfet; hänt alle ihr Gspäßle darbey.
Gestern 7 in der Frue Feindmine von 40 Halbzentnern Pulver, heißt’s, unter der Burgbastion; etliche Mauerlagen abgesprungen,

große Bresche rechts vom Spitz; sollen die Koranisten auf der Stell angfangt haben, sich da einzuwühlen wie Maulwürf und Wildsäu – ob wir das Loch noch verriegeln mögen mit Stain und Pfosten und Mauerwerk oder nur mehr noch mit Menschen? Ach, was sag ich da! – Seit zween Nächten rumoret der Feind auch *unterm* Löbel, brennen obendrüber die Palisaden. – Stark Artilleriefeuer auf die Burgbastey. Herr Obrist-Lieutenant Gschwind des Nachmittags durch Bombensplitter schwer blessirt an der Schulter, Hofspital; erfahr erst itzt, daß schon sein Urgroßvater Gschwind von Pöckstain vor Wien (1529) rühmlich gekämpfet. Abendsalv des Feindes mit viel tausend Schüssen, aber noch kein Generalsturm. Hoffmann meint, der Mustafa hätt den Tag über (2. September) so wenig stürmen gelassen, weil er unser Capitulation erwartet, ersehnet: da wär namlich sein eigener Beuteanteil größer, als wann die Stadt kriegerisch fiel und er mit seine Soldaten teilen müßt. So profitiren wir von seiner Habsucht. Das Kayserlich Zeughaus hat dem Geheimben Consilio die letzten Gewöhre ausgliefert für eine neue Compagnie aus streunenden Ledigen. – So oft itzt die Studiosi noch ausfallen, etliches Schlachtvieh beizutreiben, watschelt immer zum wenigsten eyn Türk mitherein, der die Deif (Taufe) will haben; Komödi oder nit, er kriegt sie, muß sich's aber zuvor mit niedrigster Fron sauer verdienen.
Der Starhemberg soll es dem Hauptmann Heistermann schon in der Nacht zum Freitag nach Stunden währenden rasenden Feind-Attaquen freigestellt haben, den bedeckten Weg am Burg-Ravelin samt dem „Bärenkasten“ in der Kontreskarp mit seinen fuffzig Mann zu räumen, haben aber ausharren wöllen und erst nach in Brand setzen der Palisaden und Caponnièren im Morgengrau sich in die Nachbarwerckh abgesetztet; bis zur Ablös mit dem Hauptmann Müller waren's aber nur mehr 30 Mann. Tuet mich vom vielen Schreiben schiergar pfengstelen (ist mir sonderbar, fast wirr zumute), als hätt ich zehn Stund lang gefochten. Will mir die Stub wieder duster (finster) machen, mich legen, ein bißle eiduslen (schlummern). –
Ja, so wollt ich; aber kaum hatt ich den Bausch aufs Aug gelegt, so platzt der Studiosus mitm Hörndlstich herein und schreit, die Burgschanz sey vor einer halben Stund gefallen, Geschütz und Mannschaft bis zuletzt furiös fechtend abgezogen, der Türk Herr am Ravelin! Doch seien zuvor acht Störch in einer Reih über die Stadt hinweg geflogen, was wiederum ein günstig Zeichen wär. Geh zum

Teufel, blöder Römer, schrei ich und werf ihn hinaus. Itzo revoltiret mein Herz – was soll ich denken? Was fürchten, hoffen, schreiben? Ist's auch nur mehr ein Erdhaufen, er war doch *unser!* Der Ravelin ist weg, wo bleibt die Armee? Was nutzet alles Beten und wär's zu meiner Heiligen drüben – nichts! 23 Täg hat die Burgschanz getrotzet, nun steht der Feind am letzten Wall. O mein Herr und mein Gott!

Die ungewohnte Tonart, mit der diese sicherlich mühsam zustande gebrachte Eintragung endet, läßt auf eine Art seelischen Zusammenbruchs schließen, von welchem der Freiherr sich erst im Lauf des Samstags so weit erholt zu haben scheint, daß er Einzelheiten über den Fall des Ravelins zu erfragen vermochte, die er dann recht wortkarg, beinahe stammelnd nachtrug. Auch später war er anscheinend nicht mehr in der Lage, die militärisch-historische und soldatisch-menschliche Bedeutung der Kapitulation an der Burgschanze zu würdigen, wie es sonst seinem Naturell entsprochen hätte. Der Herausgeber ergreift deshalb die Gelegenheit, eine Würdigung aus anderer Feder einzuschieben, die durch ihren zeitlichen Abstand und ihr reizvolles, begreifliches Pathos auch den Leser von heute beeindrucken kann. Es handelt sich um jenes Gedenken, das der Historiker Onno Klopp in seinem Werk „Das Jahr 1683 und der folgende grosse Türkenkrieg bis zum Frieden von Carlowitz 1699" (Graz 1882) dem Burg-Ravelin gewidmet hat:

„Die Veränderungen der nachfolgenden Zeiten haben jede Spur des einstigen Burg-Ravelins völlig verwischt. Unter den Tausenden, welche täglich dort passiren, wo die Bellaria-Straße auf den Burgring trifft, oder welche an schönen Sommerabenden im Volksgarten sich an den friedlichen Klängen der Musik erfreuen, kommt sicherlich sehr Wenigen der Gedanke in den Sinn, daß einst in den Sommertagen des Jahres 1683 andere Laute dort vernommen wurden, oder überhaupt, daß sie selber eine Stelle betreten, denkwürdig durch das, was dort geschehen, wie wenige in Europa. An anderen Orten sind Schlachten geschlagen, einmal oder auch, an wenigen, zweimal. An dieser Stelle aber haben sich vier lange Wochen hindurch die Kämpfe täglich erneut, auch mehrmals an Einem Tage, mit dem Menschenverluste vieler Tausende auf türkischer Seite, mit nicht geringem auch auf kaiserlicher Seite. Aber das Object des Kampfes? Man darf sagen, daß in die Kämpfe um diese Stelle, um das Burg-Ravelin, sich die Belagerung von Wien im Jahre 1683 gewissermaßen concentrirt. Im ähnlichen Sinne sprach der Großwesir Kara

Mustafa sich aus. Er nannte die Stelle eine Klippe, unter welcher die Christen alle ihre Zauberkünste vergraben hätten.
Daher ist die Stelle des einstigen Burg-Ravelins vergleichbar jedem anderen wichtigen Schlacht- oder richtiger Sieges-Felde der kaiserlichen Monarchie. Denn ob auch zuletzt die Vertheidiger dennoch weichen mußten: an dieser Stelle hatten sie die Angriffskraft der Feinde, wenn nicht gebrochen, so doch bis zur Lahmlegung hingehalten. An dieser Stelle hatten sie die Zeit gewonnen für das Herannahen des Entsatzheeres. Darum haben die Vertheidiger des Burg-Ravelins sich wohl verdient gemacht nicht blos um die Stadt Wien, nicht blos um die Monarchie des Hauses Habsburg, sondern um die gesammte Christenheit des Abendlandes. ‚Denn es handelte sich', ruft ein Zeitgenosse, der Florentiner Malagonelli, aus, ‚unter dem Namen der Festung Wien zum zweiten Male um die Freiheit oder die Knechtschaft des Menschengeschlechtes.' Das Burg-Ravelin von 1683 war das Thermopylä der Christenheit. Aber die Spartaner setzten dem Könige Leonidas und seinen Getreuen ein Denkmal zur Erinnerung an ihre Hingabe für das Vaterland. Kein Stein und keine Inschrift mahnt die Nachwelt an den schuldigen Dank für die einstigen Vertheidiger des Burg-Ravelins und – setzen wir mit Nachdruck es hinzu – der Christenheit. Und selbst die Stätte als solche kennt man nicht mehr."

Samstag, 4. September, ums Tagwerden

Es regnet, regnet. Der Ravelin preisgegeben; war schon an beyden Facen (Flanken) totaliter besatzt, nur ein klein Spitzl noch übrig gleich eim Schiffsbug, drauf die letzten Christen mitm armen Müller als Kapitän; gehet auch als Letzter von Bord und mußte fallen. Ist wol ein Tränl ins Grab hinein wert. Der Türk aber zahlt jeden Schritt hinauf mit Strömen Blutes; postiret 2 Kanonen und 2 Mörser, bestreichen die Nachbarbastionen. Den Tag zuvor (2. September) war Parol: St. Barbara und Grätz (Graz). Vor der Burgschanz Fall eyn halber Monatssold. Die Bürgersleut wölln nit mehr recht arbeiten, mueß die Bürgerwehr dahinter seyn mit Säbelfuchteln und Anherrschen, die sollten sich was schamen. Auf Commandantenbefehl ist uns der leere Dachstuhl weg getragen, viel andre auch, das Holtz Tag und Nacht auf die Bastionen (Burg und Löbel), Palisaden, neue Abschnitt, Barrikaden machen. Feindtrupps mit Fähndln Schwechatwärts. Vermuten die den Entsatz von dort? Glaub bald selber alles. Finden Kayserliche und Pollacken doch

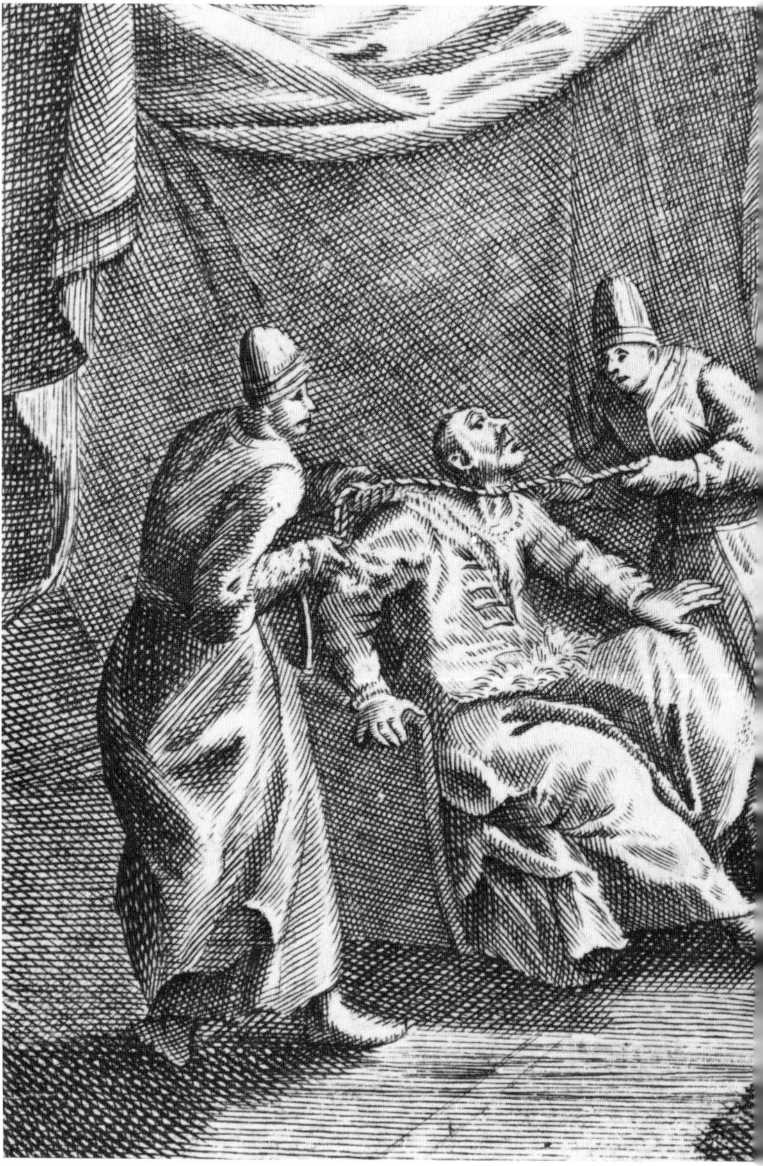

Kara Mustafas schmähliches Ende: Er wird auf Befehl Sultan Mehmeds IV. am 25. Dezember 1683 zu Belgrad in Gegenwart des Janitscharen-Aga mit einer ihm vom Sultan übersandten grünen Seidenschnur erdrosselt.

erst bey Tulln zusammen, wo dann sonst? Kenn mich nit aus. Graf Guido schon vor ein paar Täg: es wären grad noch Soldaten zum Verteidigen in der Festung, zum Ausfallen neama genug (der jüngere Starhemberg hat also den Freiherrn besucht, aus dem folgenden wird dies noch deutlicher). Rumoreten die Guglkrieger nit mehr nur inner der Löbelmauer, seyen bereits item in der Burgbastion verspürbar, arbeite ihnen der Obrist-Wachtmeister Roßtauscher mit Mineurs entgegen. „Mein Bruder (also Graf Rüdiger) hat befohlen, alle Generäl und Obristen bleiben insgesamt auf posto, keiner gehet heim, alle hänt Dienst rund um die Uhr, konnt selbsten nur auf meim Dienstgang zum Arsenal (in der Renngasse) rasch vorbeyschauen, wie's (Euch) gehet." – Nistet der Türk sich überall tiefer ein. Seit gestern vor Burg und Löbel am Grabenrand neue Holzrinnen, wie Dachtraufen anzuschauen, da poltern sie itzo Stain und Schotter auf Janitscharenköpf und Händ hinab, könnt vom Rimpler seyn die Idee! Allzu müde Soldaten werden itzt von Bürgersleuten abgelöst, zeitweys.

Das zentrale Ereignis des Tages aber, eines der furchtbarsten während dieser Belagerung, ist Herrn Anselm offenbar nicht mehr bewußt geworden, obschon er dazu keines besonderen Informanden bedurft hätte, weil alle Bewohner der Stadt augenblicklich davon betroffen waren. Der Tagebuchschreiber dürfte, allzu erschöpft, „eigeduslet" sein, er machte eine Krisis durch und schlief wahrscheinlich bis in den Nachmittag des folgenden Sonntags, an welchem er dann plötzlich in alter Frische wieder zu notieren beginnt, wobei das bittere Geschehen bereits ohne dramatischen Akzent aufscheint als eine Tatsache, mit der jedermann zu leben hatte.
Der Herausgeber kann die entstandene Lücke vom 4. September nicht besser ausfüllen als durch den Abdruck der entsprechenden Stelle aus den klassischen, in französischer Sprache abgefaßten Erinnerungen des Oberstleutnants Hoffmann, dem Anselm in Freundschaft zugetan war. Johann Georg von Hoffmann schreibt:
„Die Sonne des 4. September sollte einen Kampf bescheinen, von dem das Schicksal unserer Stadt abhing, da die Türken alle Anstrengungen machten, sie im Sturm zu nehmen. Bis zu diesem Tage hatten unsere Kommandanten nicht geglaubt, daß man ein Festungswerk in so kurzer Zeit unterminieren könne. Sie hatten zwar die Besatzung der Burgbastei beträchtlich verstärkt, aber doch nicht alle Maßregeln getroffen, die gerade bei solchen Anlässen notwendig sind. Der Morgen war ziemlich ruhig verlaufen, und gegen Mittag

hatte ich mich mit Rhone (einem Offizier), der die Folgen seiner Verwundung schon überstanden hatte, in ein Haus bei der Burg begeben, um kurze Zeit auszuruhen. Gegen 2 Uhr hörten wir die Explosion einer Mine, von der das ganze Haus erbebte. Wir eilten sofort auf die Bastei, wo wir Graf de Souches trafen, der hier das Kommando führte; er hatte seine Besatzung in dem neuen Abschnitt auf der Bastei aufgestellt. Als wir uns der Bresche näherten, sahen wir schon die Spitzen der türkischen Roßschweife, welche die Janitscharen auf der Höhe aufpflanzen wollten. Wir schlossen uns vorerst dem Freiherrn Asty an, der sich bei diesem Sturm als tüchtiger Offizier bewährte, und ließen die Soldaten reihenweise vorrücken, die, nachdem sie Feuer gegeben hatten, wieder zurückgingen. So begann der Sturm, der ohne Unterbrechung mehr als zwei Stunden dauerte. Die Bresche war groß, aber steil, und wir konnten die Janitscharen ohne besondere Mühe bis hinter die großen Mauerstücke zurückdrängen, die unten stehen geblieben waren. Doch nun setzte ein furchtbares Feuer von der ganzen Kontreskarpe ein, gleichzeitig überschütteten uns die Türken mit einem Hagel von Kanonenkugeln, mit Bomben und Steinen aus Mörsern, mit Pfeilen und allen anderen Geschossen, die unsere Reihen zum Weichen bringen sollten. Starhemberg war mit Serényi und allen höheren Offizieren herbeigeeilt; sie alle setzten mit Todesverachtung ihr Lebens aufs Spiel. Die Ablösung, die gerade antreten sollte, kam auch zur rechten Zeit, und St.-Croix, Oberstleutnant des Regimentes Dupigny, besetzte die linke Seite der Bresche mit allen Offizieren seines Regiments und einer Abteilung seiner Leute. Der Angriff dauerte so lange, bis wir breite, auf vier Rädern vorgerollte spanische Reiter und Sandsäcke herbeigebracht hatten, um die Bresche zu schließen. Dieser Sturm kostete uns nicht weniger als 200 Mann, von denen 12 durch eine einzige Bombe zerrissen worden waren, und viele Offiziere. Die Türken, welche ungleich größere Verluste erlitten hatten als wir, haben später erklärt, daß sie fest überzeugt waren, uns an diesem Tage zu überwältigen. Und tatsächlich waren sie von allen Seiten herbeigeeilt, um zu kämpfen oder zuzuschauen. In der Nacht gelang es uns, die Bresche vollständig abzuriegeln."

Wesentlich lakonischer schildert den Hergang ein anderer Chronist, Jacobus Francius, in der „Historischen Beschreibung der denckwürdigsten Geschichten, so sich in Hoch- und Nieder-Teutschland, auch in Italien, Hispanien, Franckreich, Ungarn vor und zwischen jüngst-verflossener

Franckfurter Oster-Mess bis an die Herbst-Mess dieses lauffenden 1683. Jahrs zugetragen, gedruckt zu Franckfurt am Mayn 1683". Dort heißt es:

„Vormittags war Regenwetter; nachmittags aber gegen 3 Uhr ließ der Feind eine Hauptmine an der Burgbastei springen, wodurch nicht allein die halbe Stadt erschüttert wurde und erbebte; es ist vielmehr auch ein großes Stück von der Stadt- und Basteimauer, das wenigstens fünf Klafter (über 9 Meter) betrug, in den Graben gefallen; worauf ein grausamer ernstlicher Sturm erfolgte, welcher anderthalb Stunden gewährt und in welchem sich der Feind an dem Fuß (der Mauer) logiert hat . . . Es wurde auch (seitens der Belagerten) mit Kartätschen und Granaten nicht gespart, wodurch dem Feind auch diesmal, wie alle anderen Male, sooft er gestürmt hat, der meiste Schaden widerfuhr. Die Soldaten unterließen nicht, alsbald die aufgesprengten Lücken mit Schranken, spanischen Reitern (auf Rädern, welche anstatt der Sprießel spitzige eiserne Stangen hatten), Blöcken, Balken, Sand- und Grundsäcken wiederum zu verwahren, so daß sich der Feind endlich wieder zurückziehen und gegen 500 Mann tot liegen lassen mußte, obwohl (auch) auf kaiserlicher Seite 114 verloren oder blessiert wurden."[25]

Sonntag, 5. September, zur Uffamärgaglock (ums Ave-Maria-Läuten)

Itzo war's also die Hauptmine. Bin erwacht und auf der Suleika ein paar Schritt in die stinkend Abendluft, aber bald retour zu den Fratres und Kranken; han nit viel noch zu helfen vermügen, aber dorten mehr erfahren als uf der Gass, wo alls schiergar narrisch umrennet *zum* Wall, *vom* Wall mit Nahrung, Trunk, Munition und Zeug (Waffen). Seind Am Hof (im Bürgerlichen Zeughaus) mit Wehr versehen worden 400 Mann, so sich bishero noch immer verhehlet (verkrochen) gehabt und nit gemeldet – sollten alle hängen! Gestürmt mit Wutgeschrei gegen der Burgbastion 3000 oder 4000 Janitschari, viel Blut gelassen, arg decimiret. Von der Explosion gestern aufs erste 30 Christensoldaten verschütt und erstickt; 's war grad Ablös, destwegen alle Generalitäten oben (auf der Bastei). Den Abend und die Nacht durch ein mörderisch

[25] Beide Zitate nach Walter Sturminger, Die zweite Türkenbelagerung in Augenzeugenberichten (Wien 1976).

Duelliren von Mörser, Stuckh, Bomben und Musket; ist mir nit zu Ohren gelanget, han ein gsunds Schläfle ghätt. Bin aber itzo wiederumb da, schmecket mir das Abendbrod.
Der Löbel an drey Örtern unterminiret; wir schürfen Löcher von oben in die Stollen und Öfen (Sprengkammern), leeren buttenweis Wasser ins Pulver und jagen jung und alt in den Graben zur Arbeit. – Hat dem braven Roßtauscher sein Eiffer und ungewohnt Werken beim Contraminiren ein bös und dannoch lustig Abenteuer eingebracht: sticht er nit mit seim Stollen unversehends eine frische Feindmine an und waren in der halben Finsternus Christ wie Türk also frappiret, daß alle beyd nix wie auf und davon, Zeug und Werkzeug liegen gelassen, wo's hinfallt. Ist der Roßtauscher reumütig und strafgewärtig zum Starhemberg nuff, lacht aber der und verzeiht's allen, weiß wol zu urteilen (zu unterscheiden) zwischen Feigheit und dem Streich, so ein gächer Schröck dem Soldaten spielen kann.
Der Kommandant braucht itzt vieltausend Palisaden neu. Unzählbar schon die getöteten Gäul und Rösser (Arbeits- und Kutschpferde) von denen Fuhrleuten, Klöstern, Spitälern und vom Unter-Kammeramt; werden bald zu wenige seyn fürs Geschütz und Munition transportirn. Parol gestern: St. Dominik und Passau, und ist gestern in der Frueh der Serhadly, des Koltschitzky Gesell, neuerdings zur Armee hinaus, dermalen um 120 Dukaten für den Weg (also nochmals 120 nach der Rückkehr). Ist aber bis dato von drüben noch nit als heil arrivirt vermeldet, sagen alle. Ein Trommelruf mahnet freiweg (ganz öffentlich) die Stadthauptleut, sie möchten gefälligst bey ihren Mannschaften ausharren zu dero würksamerer Ermunterung und Arbeit, nit alle Botlang heim und rasten. Die Officiers tun's ungemahnt, seynd auch die höchsten Chargen beständig vorn zum finden.
Das Bastey-Loch von gestern haben die Unsern überdies mit Balken mit Nägeln dran kreuzweys verlegt und gesperret. Noch ist's nit unser End! Haben den Feind hinabgeschleudert – aber der schneidet sich unterhalb von Wall und Werck gleich wiederum ins nasse Erdreich ein, und ha no, wann wir Stainwürff regnen lassen, so ducket er sich und faltet die Händ fromm überm Hinterhaupt.
Ist der Kurir Michaelowitz den vorigen Donnerstag (2. September) heil zum Lothringen hin, vor zween Stunden heil wieder herein, hat seine 200 (Dukaten) redlich verdient und sey es itzo gewiß, daß Herzog Karl und König Sobieski sich ganz ohne Streitmacht allein

am Ultimo Augusti zu Oberhollabrunn umarmet; 15.000 Mann königliche Pohlen und des Lothringen kayserlich Heer rucken ihnen nach; haben die Herren sogleich bei lustigster Laun an einer nit zu mager gedeckten Tafel sich's gut seyn gelassen, auch des Sobieski Filius Jacob und ein Haufen Magnaten sich delektiret. Kann aber ihrer aller gute Laun nit so guet gewesen seyn als denen Wienern ihre, auch wann nit mehr opulent zu speisen haben. Reichsheer-Hilfstruppen bei Krems über die Bruck! Gesellet der Kayser sich nit auch bald dazu? Findt er denn kein Schiff nit?

Diese Frage des Tagebuchschreibers, der gleich allen anderen in der Stadt auf immer dürftigere, einander nicht selten widersprechende oder maßlos übertriebene und trotz der vor der Nase liegenden Kriegsschauplätze oft verspätete Nachrichten angewiesen war, muß sich wohl auch beim Leser einstellen. Sie sei durch ein Zitat aus Ekkehard Eickhoffs Werk „Venedig, Wien und die Osmanen" beantwortet (Seite 395 f.). Es heißt dort:
„Beide Heerführer (Herzog Karl V. von Lothringen und König Johann Sobieski) waren jetzt natürliche Konkurrenten für den Oberbefehl; aber als sie sich sahen, sprangen sie aus dem Sattel und lagen sich in den Armen. Vom ersten Augenblick an herrschte zwischen ihnen ein glückliches Einvernehmen; man hatte zuvor schon, von Feldlager zu Feldlager, freundschaftlich-respektvolle Briefe gewechselt, jetzt war jeder vom andern eingenommen. Es ist kein geringes Verdienst Karls von Lothringen um die Rettung Wiens, daß er, der den Einsatz- und Schlachtplan dieses Feldzuges schon bereit hatte, den sanguinischen Polen zu nehmen wußte und ihm als dem Ranghöheren ohne Umschweife den Oberbefehl übergab. Obwohl es so vereinbart war für den Fall, daß der Kaiser nicht selber ins Feld zog, ist ihm dies sicherlich nicht leicht gefallen. Auch Sobieski empfand gegenüber dem kriegserfahrenenen Herzog ohne Land keinen Schatten von Neid. Aufrichtige gegenseitige Achtung hat offenbar die Zusammenarbeit der beiden so grundverschiedenen Fürsten erleichtert. In Hollabrunn setzten sich Sobieski, Karl, Prinz Jakob und die Magnaten bald zu einem großen Meinungsaustausch und Festessen nieder, von dem man erst spät in der Nacht in heiterster Stimmung aufbrach.
Die Regelung des Oberbefehls setzte voraus, daß Kaiser Leopold von der Truppe fernblieb. Daß dies erreicht und ein freundliches Einverständnis zwischen den beiden Monarchen erhalten wurde, ist zum großen Teil Pater Marco d'Aviano und damit auch dem Papst

zu danken. Denn Innozenz hatte den Pater bei Beginn der Belagerung Wiens zum Kaiser geschickt, wo er zusammen mit Kardinal Buonvisi eine segensreiche, vermittelnde Tätigkeit aufnahm. In der Korrespondenz mit Marco d'Aviano, der vom Kaiser zum Heer, zu Herzog Karl und zum König geeilt war, hat Leopold unter mühsamem innerem Kampf die Einsicht gefunden, daß er vom Hauptquartier der vereinten Armeen, von Schlacht und Hauptstadt fernbleiben müsse, obwohl ihn alles dort hinzog. Pater Marco und auch Leopold hatten bald erkannt, daß Sobieski die Anwesenheit des Kaisers nicht wünschte – die Ankündigung, daß der Kaiser zum Heer kommen könnte, hatte den Polenkönig in übelste Laune versetzt – und daß zudem der feinsinnige, gewissenhafte, gänzlich unsoldatische Herrscher den stürmischen Bundesgenossen als Oberbefehlshaber in keiner Weise ersetzen könnte. So fügte sich der Kaiser, der seinem Heer Mitte August bis Linz entgegengereist war, während Hofstaat und Prinzen in Passau zurückblieben, schweren Herzens in seine dürftige Rolle. Um den Kämpfen im Wienerwald zu entgehen, fuhr er in seiner Staatsbarke noch auf der Donau bis Dürnstein und Krems und ankerte dort in der Stille des Stromes, um Johann Sobieski freies Feld für dessen schwere Aufgabe zu lassen. Am 3. September stieß Jablonowski, der als Palatin von Reußen seinen eigenen Heeresteil von Krakau gesondert herangeführt hatte, an der Spitze seines persönlichen, prächtig gerüsteten Husarenfähnleins zum König. Am 5. September (dem Tag der vorliegenden Eintragung des Freiherrn) vereinigten sich Kaiserliche und Polen bei Stetteldorf am Wagram, vier Meilen vor Tulln. Vor der Tullner Donaubrücke wurde das Stabsquartier aufgeschlagen."

Ohne seiner oben gestellten Frage – übrigens auch späterhin – noch nachzuhängen, fährt der Tagebuchautor fort:
Schweres Stuckhspielen den ganzen Tag, aber wunderlicher Weis kein Generalsturm. Erst vorhin, ein Viertelstündle nach 6, war von eim mäßigen Sturm an der Burgbastion was zu vernehmen. Ein Naseweis von Patient, Granatsplitter durch beyde Händ, meinte: hätt der Türckh gestern grad nur ein Stündl länger attaquiret, so wär der Mustafa heut Herr der Stadt und seye das schwere Kanonirn tagsüber nur seines Zornes Feuer darob. Der hört noch einmal die Flöh husten.
Halber eilfe. Sitz wiederum bei meiner Funzel. Bin nachm Abendbrod mitm Spectivo lang aufm leeren Dach gelegen. Feuert aus der

Laimgruben drunt eine neue Batterie gegen die Burg, und im Feindlager brennen leichtlich tausend Wachtfeuer: der Heid fürchtet sich vor Überfällen von unserm Succurs. Soll er sich nur. Wir spielen die ganzte Nacht mit unsern Rohren von der Kurtin bei St. Augustin (etwa an der Stelle der heutigen Nationalbibliothek) schräg Nord-West gegen der Türken Galerien vor der Burgbastion; arbeitet da der Feind im Graben dicht am Angle saillant (am vorspringenden Winkel). Seind die dreckigen Wühlmäus aber auch schon unter der schwächern Kurtin zwischen Löbel und Burg vernehmbar, werden gewiß neue Minen treiben. Obenauf schanzen die Unsern ohn Ermüden. Um Mittag soll ein mittleres Feindfornell ausgemacht worden seyn und ihm von uns das Pulver entnommen! – Was mir beim Umblick vom Dach nit gefallen hat und doch wiederum: die Gassen hinterm Löbel, ganz nah bey uns, Hintere Schenkenstraß, Teinfaltstraß, Auf den Anger, Auf den Freythoff, Rosengassl, seind alle verbaut (verbarrikadiert), wann der Feind an der Bastion oder Eskarp etwan durchbräch. Ho visto abbastanza. Gut Nacht. –

Was dem Freiherrn nicht zu Ohren kommen konnte, war, daß es auch im Türkenlager nicht mehr zum besten stand. Der Dauerregen hatte das Operationsgelände in einen Morast verwandelt, der den Soldaten des Großwesirs außerordentliche Anstrengungen abverlangte; von den widerspenstigen Tataren hatte sich ein größeres Kontingent mit zwei Bassas unter Mitnahme der Beute heimlich zur Festung Neuhäusel abgesetzt; die Anzahl der gefallenen oder an der roten Ruhr verstorbenen Streiter belief sich bereits auf zehntausend, sie machte dem kampffähigen, aber nicht mehr unbedingt kampfwilligen Teil der Truppe moralisch zu schaffen; zudem bedrückte den Generalissimus auch noch der Groll des Sultans über die während des Anmarsches sträflich versäumte Belagerung und Einnahme der Festungen Komorn und Raab. Mit hochwertiger Munition war das Türkenheer noch hinreichend versorgt, aber die Güte der Verpflegung ließ allmählich zu wünschen übrig.

Ebenso unbekannt mußte Herrn Anselm bleiben, daß der kaiserliche Resident Baron Kunitz um die Stunde, da der Freiherr an diesem Abend die Feder weglegte, die seinige ergriff und aus dem Zelt in der Laimgrube, im heutigen 7. Wiener Gemeindebezirk, an den in der Gegend von Tulln operierenden Herzog von Lothringen einen Brief schrieb, von welchem er ganz gewiß nach seiner Gewohnheit eine Abschrift in die Stadt zu Starhemberg sandte. Das Schreiben hatte folgenden Wortlaut:

„Am 4. September sprengte der Feind ein Stück von dem Ravelin und ließ von 12 Uhr mittags ununterbrochen stürmen. An demselben Tag ist auch eines armenischen Doktors, namens Sehain, Bedienter mit Briefen aus der Festung gekommen und zum Großwesir gebracht worden, welcher in examine ausgesagt hat, daß der Kommandant nicht mehr denn 5000 Soldaten in der Stadt Wien und höchsten Sukkurs vonnöten hätte. Desgleichen wäre dort eine große Zwietracht zwischen Bürgern und Soldaten, so daß, wenn der Feind gestern mit Stürmen besser angehalten hätte, die Bürgerschaft vielleicht zur Übergabe der Festung bereit gewesen wäre, was den Großwesir dergestalt animiert hat, daß er von 6 Uhr abends die ganze Nacht mit Kanonieren und Stürmen hat kontinuieren lassen. Der Allerhöchste wolle der Festung beistehen und die christlichen Gemüter vereinigen, daß sie den Feind repoussieren mögen. Zuvor aber bitte ich – um Gottes willen –, bei solcher Beschaffenheit und augenscheinlicher Gefahr, mit einem Entsatz oder wenigstens mit einigem Succurs alsbald der Festung beizuspringen. Soviel diene pro aviso aus dem türkischen Feldlager bei Wien in Eile, um 1 Uhr früh, den 6. September 1683."

Gleichzeitig meldete ein anonymer Kundschafter aus dem Feindlager:

„Am 4. September wurde eine Mine an der Burgbastei gesprengt, die guten Effekt tat. Darauf wurde alsbald gestürmt, es wurde aber nichts behauptet und es kamen viele um, darunter der Anführer, ein alter Janitscharenoffizier von siebzig Jahren. Es kam auch ein Überläufer, ein Raize, der Briefe zum Herzog von Lothringen getragen und jetzt wieder einen bei sich hatte. Er sagte, daß nur noch etwa 5000 Soldaten in der Stadt seien. Ebenso sei auch eine große Zwietracht unter den Bürgern und Soldaten, was den Großwesir bewegt, daß er die ganze Nacht hindurch stark kanonieren läßt."[26]

Bei dem „übergelaufenen Raizen" kann es sich nur um Stephan (István) Serhadly, den Diener des Koltschitzky gehandelt haben. Ob der zuvor so zuverlässige Mann freiwillig zu Kara Mustafa ging, also wirklich überlief, oder ob er, von den Türken aufgegriffen, aus Todesangst zum Verräter geworden war, bleibt, wie sein weiteres Schicksal, ungewiß.

[26] Beide Zitate nach Walter Sturminger, Die zweite Türkenbelagerung in Augenzeugenberichten (Wien 1976).

Montag, 6. September, um die Vesperzeit

Dicitur: es habe der Kommandant seit dem gestrigen Tag beständig zwo Stadtverordnete um sich bis in den Abend hinein; einer davon sei der Dr. Rudolph (Johann Albrecht), kenn ihn vom Entzbaum-Schwager. Auch Graf Kaplirs tue ab gestern keinen Schritt mehr ohne einen dritten solchen Ratsherrn – warum? Etwan um directerer, schnellerer Beratung willen zwischen Militär und Magistrat zum Zweck von prompter Hülf oder Abhilf?

In Wahrheit mißtraute Graf Rüdiger Starhemberg seit diesem Tage allen Wiener Stadtvätern: er befürchtete, sie könnten in der allgemeinen Not und durch das Gejammer der täglich mutloser Werdenden die Nerven verlieren und hinter seinem Rücken Verbindung zum Feind aufnehmen, ihm die Festung ausliefern. Starhemberg und Kaplirs aber hatten dem Kaiser bei Leib und Leben ihr Wort verpfändet, die Stadt mit aller Kraft und allen Mitteln zu verteidigen und zu halten. Der besorgte, beschwörende Brief, den Baron Kunitz sicherlich noch während der Nacht durch einen seiner gefinkelten Diener in die Stadt geschleust hatte, mußte die beiden Grafen vollends in ihrem Argwohn bestärken, also mußte der Stadtrat fortan bei allem, was sie entschieden und befahlen, verantwortlich mit dabeisein. Aus der Stadt hinauszuschlüpfen war von Stund an unmöglich gemacht.

Ohne noch weitere Mutmaßungen über die auffällige zivile Begleitung der Kommandanten anzustellen, fährt der Freiherr in seiner Eintragung fort:

Unser Kurir Michaelowitz, den mein Medard beim Apotheker angetroffen, meint, nach ihm würd nun wol keyner mehr zum Lothringen hinüber reisen, wir hätten zu Boten nur mehr die Ragettln von St. Stephans Turm bey Nacht. – Bey dem Sturm gestern Abend hat der Feind sich höher oben an der Burgbastion festsetzen wöllen, die letzte Hürd (Brustwehr) zu nehmen. Haben ihm aber Feuerrohr, Sengsten und Morgenstern sein Vorhaben versalzen, wiewohl uns das scharf gezielte Artilleriefeuer arg zu schaffen gemacht; soll itzt die vordem so schöne neue Burg schon ganz durchlöchert seyn, der Ravelin davor sich aber ausnehmen wie ein fremd Stück Land: eine türkische Festung.

Ja, und dann war ein schlimmster Mittag, um eins: haben etliche Minen unterm Spitz vom Löbel die 24 Fuß starke Face der Bastey 6 Klafter breit (über 10 Meter) vom Fuß bis ganz oben aufgerissen, sei wie ein hoch Tor oder Schlucht oder Klamm anzuschauen – Geläuf, Gejammer, Geschrei vom Volck überall her und hin! Itzo ist es doch so weit gekommen, daß unsere Braven – Soldaten wie Bürger, viel Gesellen vom Handwerk und Kaufmannsstand am Löbel – nur mehr die eigene Brust zum Bollwerck haben. Lägen die niedergestürzten Mauertrümmer nit gleich Felsen durcheinand wie im Gebirg so hinderlich, daß der stürmende Feind teilweis hat klettern gemußt, säß ich vielleicht nimmer unvertrieben die paar Schritt daneben über meim Diario. Waren so viele Türken angetreten, als uns noch Streiter in der ganzen Stadt gesund verblieben, vermochten aber die Viertausend nit in Colonn zu attaquiren, Gott sei's gedankt. Unter den Felsbrocken lieget ein halb Hundert Christenleichen. –

Wieder ist's eilf in der Nacht, und hört ich von eim Officier, wie wir heut mittags den andringenden Feind mit fürchterlichen Stucksalven und härtestem Nahkampf innert zweyer Stund höchst ritterlich geworffen; sollen von uns 100, vom Türken aber anderthalb Tausend tot liegen. Souches, Daun und der Starhemberg in Person hätten das Kommando geführet, itzt baue man über Nacht in der Breschen aus Sand- und Wollsäck ein turmhoch Parapett, setze Palisaden obenauf (auf den noch standfesten Teil der Löbelbastei), mache überm Paradeisgartl (dem kaiserlichen Lustgarten an der Hofburg) eine neue Batterie, eine bsunders starke aber aufm Spanier (dem inneren Bollwerk der Burgbastei). So han ich's bis zur Stund alles erfahren, helf Gott, es stimmt. Graf Daun hat eine Halbkompagnie in den Kampf führen wöllen, sprengt ein verfluchter Kanonenschuß von einer stainernen Stiegen ein Trumm los, verwundt ihn schwer am Kopf; zu uns herein.

Dafür ist's den ganzen Vormittag lang sonderbar ruhig gewesen, nur im Lager gegen die Vorstadt hin ein Gewimmel, die Approchen aber vor der Eskarp schier leer. Starhemberg hinkt, ist ein bißl fußmarod; treff den Rueß, seinen civilen Adjutanten, sagt mir der, bei Nußdorff hätten zwo Türkenschiff hin und her gekreuzt; schwach Kanonirn von der Leopoldstadt herüber; die Donau herauf ein halb Hundert Berittene zu observiren gewesen, seien mit Standarten eilig ins Feindlager eingeruckt, gefolgt von einer Chaise mit sechs Rössern Vorspann, alles ungarisch anzuschauen, alles rätselhaft. Der Kommandant braucht für beyde Breschen allereiligst 150 neue Sandsäck, hat der Adjutant sich selbsten ums Linnen bekümmert und einen Haufen Invalide aufgetrieben, die wären itzt am Nähen und Füllen.

Nachm Abendbrod ist noch der Schottenprior zu mir in die Stub herein, und so mein Fuß und sonstige Constitutio es erlaubten, bäte der Herr Bürgermeister mich herzlich um kurzen Besuch, sey ihme den heutigen Tag leichter und schmerzärmer; er habe auch den jungen Entzbaum und andere Intimi (vertrautere Freunde) ums Besuchen gebeten, nur so halt. Ich han es freudig angenommen, und hat der Prior mich und die Suleika bis zum Hohen Haus (Am Hof 7) geführet, mich auch auf der steilen Stiegen gestützt. Vorm Tor war die Kutsch vom Dr. Sorbait, der Lakai daneben; im Treppenhaus kömmt er uns selber entgegen, nickt, beäugt mein Gehumple, sagt: Bravissimo! und tippt gegen mein Aug: Schmeiß das Schreibzeug weg! – Oben meint der Prior, ich sollt nit zu nahe beim Bürgermeister bleiben, 's wär am End doch kontagiös (ansteckend); han mir's Lächeln nit verbeißen mügen. Den Liebenberg fand ich vergilbt und skelettlich vor, zum Erbarmen – wird uns doch nit zum Abschiednehmen gerufen haben? Sie hänt ihm sein Bettstattl vor ein hinteres Fenster überm Tiefen Graben geruckt, da siehet er aufs Gebirg (zum Kahlenberg hin), harret insgeheim der Raketen oder Wachtfeuer und jeder Blick von ihm sagt: Von da her müssen sie kommen. Sie *werden* kommen, sag ich ihm, und der jung Entzbaum und die andern alle – treten leise ein und aus – sagen es ihm auch. Er ist nit recht da, dünket mich, der liebe Mann. Seine Augen brennen vom Fieber. Der Assistent vom Sorbait, so zur Pfleg bei ihme weilt, weist uns bald nach draußen; der Prior bleibt, er wohnet ja hier. Der junge Entzbaum stützt mich die Trepp hinab, gehet neben meiner und der Suleika bis zu den Mölkern. War vom Löbel her Feuerschein, Kommando und Arbeitsgeschrei zu vernehmen und überall noch immer Gestöhn oder Flennen von Blessirten oder Sterbenden. Dazwischen die Bahrentrager und Totenkarren. Der Neffe schwor mir, er und die Schwester (Witwe Prämer) hätten von meim Krankseyn nix erfahren, hätten mich sonst aufgesucht, mitm Felix. Ich versprech ihm, ich komm morgen zu ihr.

Dienstag, 7. September, ein Stündle nachm Mittagbrod

Zur Tagwach heut ein unerbittlich Kanoniren, will der Herr Großwesir uns bestrafen für die Salv, darmit wir seine Leut gestern vorm offenen Löbel (vor der zerborstenen Bastei) empfangen? Am Vormittag und zur Stund wiederum schwerster Beschuß auf die Bastionen. Arme Teufel da oben und unterbey. Auch viel Stain. Der

verfluchte Türk tuet unverdrossen seine Kismet-Arbeit im Graben, bey denen wieget ein Menschenleben nichts. Soll die Allah-Armee noch alleweil 170.000 Mann seyn.
Im Hühnergässl bey meiner Prämerin lieb gefruehstuckt, daselbst wieder den Bruder getroffen. Gehet der Justitiarius nit umsonst in der Salvatorgassen (im Rathaus) aus und ein, intimiret mir und die Schwester bey verschlossner Tür, es traue der Kommandant, zum tiefsten erzürnt, dem Stadtrat ein hinterrücks Capituliren zu! Gehe das Geschrey, wir, die Stadt, hätten heimlicher Weis zum Großwesir geschickt, ihm eine Delegation mit der Unterwerfung anzukünden, die Festung wär nimmer zu halten, das Leben herinner der Mauer nit zu ertragen. *Wer* da sollte entsendet worden seyn, seye ihm, dem jung Entzbaum, gar nit erklärlich; er wolle auch nit unklug umherfragen, herrsche im gantzen Stadtrat dicke Lufft. In jedem Fall sei's auffällig, daß der Seraskier (Kara Mustafa) den ganzen vergangnen Sonntag nach dem Unglück bei der Burgbastion nit habe generalstürmen lassen, vielmehr Truppenparad abgehalten, als wollt er in der Tat unsere Capitulatio in aller Festlichkeit erwarten; hat destwegen vielleicht auch die Minen unterm Löbel bis gestern Mittag aufgespart, sie hernach desto grimmiger springen gemacht und ihr nachgestoßen.
Ich wollt von Strafgericht für alle Verräter und Kleinmütigen was sagen, war gäntzlich außer der Fassung, mit trockener Kehl. Hat aber die Magdalena uns beyden am Tisch die Hand aufgelegt und gemeint, es wär doch nit gar so schreckbar tadelnswert und unbegreiflich, wann der Bürger, so kein gelernter noch geschworener (vereidigter) Soldat sey, schon gar nit ein responsabler Feldherr, nach anderthalb Monat Blutvergießens, Feuersbrünst, Krankheit, Darben, Angst einmal wieder an ihm selber dächte und wie doch die Stadt vielleicht würklich nit mehr zum derhalten wär und er in ihrm völligen Niederbruch und Eroberung nit allein das Hab und Gut verlör, sondern dazu seins und der Seinigen Leben; seye grad dieses aber vielleicht durch Unterwerffung noch zu retten, sintemal noch vom grimmigsten, bösesten Gegner und Tyrannen ein Quentl Gnad oder Großmut zu erhoffen und erreichen wär, davon vielleicht sogar im Bibelbuch ein Beispiel zu finden?
Da saßen wir und wußten nimmer weiter; verkehrt oft ein Weiberwort unser Empören in ein sorglich Nachdenken. Hat die Magdalen uns Brot und Wein kredenzet und der Bruder sich noch einmal gefragt, wer denn vom Stadtrat uns allen eines sollichen Verrates

Not zuzufügen und auszuhecken im Stande wär, findt aber keine Antwort. Also haben wir's auf die Letzt doch wieder dem Grafen Starhemberg überlassen, ihm und dem Kaplirs, der bösen causa Herr zu werden und allgemeiner Schwäch wie Unlust zu steuern. So oder so, meint der Justiziar am End, die Gefahr gehet über unser Maß, lang kann's nit mehr dauern. Ist hernach mit Gewöhr und Spieß zum Dienst vor der Burg weg, und hat die Schwester ihn unter der Tür gar lang gehalset (umarmt). –

Am Löbel, so sagt mir im Heimreiten ein Mineur, der mit seim Schanzzeug dorthin eilet, feuert es aus unseren Caponnièren an der Bastei und den Seitenwällen oberbey Stund um Stund in den Graben hinunter, der Starhemberg dulde da einfach keinen Feindsturm mehr. So seien auch schon die ganze vergangene Nacht vor der Breschen die Feuer geschüret worden, daß ja kein Guglschwein (Janitschar) sich wo einwühlen kunnt. Der türkische Leichenhaufen begänne trotz dem Regen bereits zu stinken, 's wär unlustig, sich so nah davon in dem steilen Loch (Bresche) verschanzen zu müssen. Das Duell von gestern Mittag, meint er, sei das Gnadloseste gewesen, eine wahre Freud; habe ein jeder Schuß von uns scharenweis getroffen, der Türken Kanonen aber uns nit! Ein Mirakel nennet er es schier respectlich, wie daß der Feind in zween Tägen mit seine Stollen den breiten, breiten Graben vorm Löbel zu queren vermocht hätt, trommelten doch unsere Stuckh schon dazumal ohn Unterlaß ihme entgegen. Ja, und nun schauet es dort herum freylich ein bißl anderster aus, doch sey das adaptirt Häusle *hinterm* Löbel oben noch alleweil intact, dort hätten die Musketir feine Deckung und feuerten, was das Zeug hält.

Wie ich heimkomm, verzählt mir der Henricus, es wären vorige Mitternacht am Sauberg oben 5 Raqueten in den Himmel nuff, der Entsatz also nimmer weit; wünsch's dem Liebenberg aus ganzer Seel, daß er's von seim Bettstattl aus gesehen hätt. Seien auch die Responsfeuer von St. Stephan gleich gesprungen. Passet gut, daß wir heut Parol St. Paulus und Wien haben, ist ein tapferer, weltkundiger Heiliger, Haudegen des Herrn, mir von Kind auf lieb; soll nit nur Wien, soll's ganze Europa schirmen und befreien.

Um die Vesperzeit

Der Löbel-Cavalir (die Plattform) ist wiederum in Stand gesetzt, 6 Karthaunen und 4 Mörser drauf; wird auch aus denen Mordgräben unterbey (aus den Kasematten) fest gefeuert und Stain ausgeworffen, berichten die Blessirten. Vom Cavalir aber schießen sie schräg Süd-West zur zersprengten Burgbastey, seind dort Schanzkörb wie Bettungen allsamt zerfetzt, muß erst alles wieder neu installiret werden; umso eifriger krabbelt der Türk aus seine Gräben mit Wollsäck, Körb und Holtzwerck daher, bringet alles zu der Bastion Fuß und bauet's davor auf, miniret dort auch Täg und Nächt.

Hat mich vorhin, so um vier, die boshaft pur Neugierd von meine Patienten weg hinauf zu der Jesuiten Kirch Am Hof gelotset, allwo daneben, im Haus von Ihro gräflichen Wittib Cäcilia Starhemberg (damals Nr. 415), der Obrist-Lieutenant Balfour auf Consiliums-Ordre noch eine Werbekanzley! eröffnet hat, und war auch richtig ein Auflauf und mordsmäßig Gewurrle von allerhand Gesindel, so Stadtguardia und Rumorwach, dasmal einträchtig und prügelträchtig, aus allerhand Schlupfwinkeln wie die Ratten zusammen getrieben; werden gruppenweis von Officiers zu dero Regimentern abgeholt. Verwegene Gestalten! Mit denen kann eins keinen Krieg gewinnen, grad Munition schleppen, Erd schaufeln und Tote bergen; nur Essen tragen dürfen die nit, stehlen ganz gewiß die Hälft von allem und verkaufen's. Dabey, so hört ich, hat der arme Balfour Befehl, die Rauf- und Saufbold und Hurenböck „mit Güte und notfalls mit Gewalt zu des gemeinen Wesens Diensten zu appliciren, wie es die Notdurft erfordere" – ha, Kotz Bluet, die Scheißkerle kennen doch nur die eigene Notdurft. 's ist um sich die Kugel zu geben.

Mittwoch, 8. September

Der Balfour hat aus seim Gesindel drey Compagnien zuweg gebracht, hat die Kerle nimmer gleich abgegeben, sondern im Haus gehalten, gefüttert und von nebenan (aus dem Bürgerlichen Zeughaus Am Hof) mit Waffen versehen, will noch vor Abend die drey Haufen dem Grafen Kaplirs vorstellen – wahrhaftig das letzte Aufgebot. En avant!

Im Feindlager den vollen Tag Heerschau mit Schwärmen und Confusion; die da drüben haben von unserm Succurs mehr Kundschaft als wir! Um 10 Uhr vor der Kurtine (zwischen Löbel und Burg) eine Petarde (mit Pulver gefülltes Metallrohr) gesprungen, hat aber den feindlichen Minengang nit aufzureißen vermögen. Gleich drauf Alarm: der Türk greift die Berme an (den Niederwall, die Stufe an der Eskarpe im Graben), haben der Chevalier de Sainte-Croix und der Chevalier de Gournay mit einer Abteilung Reyter die

Stürmer verjagt, seind aber beyde Officiers so schwer verwundet worden, daß sie nimmer zu kommandirn vermocht, die Cavalcade führerlos geworden und in desordre geraten, so kunnten die Türken die Berme wieder besetzen. Weil aber an der Stell ein Rückzug von der Kurtine nit gut abzusichern möglich wär, soll der Starhemberg nach persönlicher Visitirung befohlen haben, den Punkt aufzugeben und die Reyter zu retiriren. Der Türk freylich treibet itzo dorten den ganzen Tag seine Stollen bis an die Mauer, soll an fünf Punkten zu spüren seyn. Wann die Kurtine morgen oder übermorgen aufreißt, seynd wir gnadlos im Nahkampf und bald verloren.
Um Mittag mich legen müssen, ist mir im Fuß nit gut. Bin aber um Glock zwey ausm Schlummer aufgeschrecket von eim gräßlichen Tumult ausm Löbelgraben. Bin mitm Eselkarren hin nach Blessirten, hat der minirend Feind neben der ersten eine zwote Breschen erzeugt und stürmet an! Was nutzt es dem Kommandanten, daß er's nit hat dulden wöllen? Zwo schwere Gefecht innert zweyer Stunden mit Säbelhauen, Infanterie-Flinten, Reyterey und Kartätschen, die Horden beide Mal abgeschlagen, aber die Totensaat da wie dorten groß, o Gram, und viel Cavallerie-Officiers schwer verwundt, auch Obrist-Leutenandt Ritter von Gauer, der tapfersten eyner, kenn ihn. Han grad nur zween Blessirte herein gebracht, dann mich wieder legen müssen und dem Rumor aus der Fern gelauschet. Der Medard hat mich ein weniges gepflegt, sagt: Der Kara tobe rein wie der Teufel vorm Jüngsten Tag. Sag ich: Wär's nur *unser* jüngster Tag mit *unserm* Gericht über die Mondbrüder, sollten denen ihre Seelen mir nit mehr auferstehen dürfen. Meinet er: Laß gut seyn und bleib ein Christ. So wörteln wir gern. Seye das neu ausgebrochene Stück vom Löbel fast (sehr) groß, aber so auf ein Hauffen geworffen, daß itzo das Anstürmen noch unbequemer wär; schaffet sich in der Weis der Feind mit Miniren und Sprengen die eigenen Obstakel! – Nebenbey aber wühlen sie im Graben weiter, als fürchteten sie von außerbey gar nichts, stärket ihnen Allah und Muhammed die Herzen, darzu ihr Behaupten auf der Berme. Zielet alles und jedes auf einen Generalsturm zwischen denen Bastionen (Burg und Löbel).
Der Medard hat sich mein Telescopio geliehen, ist aufs Dach ausschauen, der wahre Fürwitz! Seie deutlich zu observiren gewesen, wie der Feind sich in Schlachtordnung aufm Nußberg und sonstwo an den Waldleiten (Waldabhängen) formire, rechnet bereits mit der zweyten Front; unser Starhemberg aber schafft einen neuen Abschnitt nach dem andern, verwandelt jed Haus und Häusle in ein

Bollwerck, die Gassen aber seind in Ketten gelegt (mit Hindernisketten überspannt). Parol: St. Philipp und Madrid, vivat Habsburg! Den ganzen Tag Stain- und Bombenwürff. Zum Abendgebet schicket uns der Muezzin noch ein stärkstes Gewöhrfeuer. War auch stark Kanonirn aus der Leopoldstadt zu vernehmen, auf den Passauerhof her – han der Wasserfront beinah schon vergessen.
Mich spat noch auf ein Viertelstündle zu denen Kranken begeben, hat mir einer von eim christlichen Überlaufer was verzählt: sonach wäre das Feindlager zu Ebersdorff draußen aufgelassen und gantz leer, St. Marx aber sonderbarlich verstärkt – die fürchten wol den Succurs noch immer von zween Seiten? Am Großwesir-Zelt sollen bey 400 Rösser gesattelt beysammen stehen, eine ganze Blätzen (große Fläche), und alle fein frisch (ausgeruht); würden ihrer immer noch mehr dorthin geführet. Das hätt ich gern selber gesehen, wär das eine Beute! Muß morgen mit der Sonn aufs Dach.
Was doch nebensächliche Zeitung durch die Mauern läuft: soll der Pater von Aviano zu Tulln eine Feldmess gelesen haben, mit dem Sobieski als Ministranten. Meßlesen ist gut, schadet nit, marschirn wär mir lieber. Aber 's wird wol noch. Unterweil schreyben wir all unsre Not mit fliegenden Supplicationibus (d. h. Raketen) in die Nacht hinauf. Eine Himmelsschrift.

Donnerstag, 9. September

Die vergangene Nacht im Mölkerhof wie in aller Stadt unruhig durch Haussuchung: Ein jeder würde gebraucht, so ein Gewöhr bedienen könne; einen Moment lang haben sie auch mich arretiren gewollt, hat aber Gelachter verursacht wie auch, daß des Balfour Sbirren unter denen Krankenbetten herumgeschloffen, ob etwan eyn Tauglicher sich da verkrochen hätt. War nix. Hat hernach eyner vom Suchkommando verzählet, sie hätten gestern Nachts aus der Kreuzmine in der Burgbastey mehr dann 20 Tonnen türkisch Pulver herauß holen geholfen, das gab Arbeit!
Bin zum Krankendienst heut nit kräftig genug, aber mit der Suleika hinaus, schauen ob sie die Aufgestöberten vor den Schotten (auf der Freyung) sammeln oder sogleich auf die Bastionen bringen. Tuen so und so, bugsiren aber ein Gutteil zum Sammelhaus Am Hof, han dorten den Khur (Hauptmann Elias Khur) troffen, intimiret mir, es habe sich die Präsentation der 3 Compagnien verzögert, würden erst morgen dem Kaplirs vorgestellt, seien die vagirenden Marodeure von denen Wachtern der Art aus ihren Schlupfwinkeln heraußgeprü-

gelt worden, daß man ihnen teilweis einen Tag Recreation habe verordnen müssen; wäre item von Nöten, ihnen gschwind Umgang mit Waffen und Schanzzeug einzudrillen, würde er (Khur) die 3. Compagnie, die zwo andern aber der Balfour selber und ein Herr von Venediger kommandirn, ehemals General-Adjutant vom Spork (dem Reitergeneral aus dem Dreißigjährigen Krieg, gestorben 1679). Am Fensterkreuz erhängt habe die Rumorwach bishero nur ihrer zweye, so sich mit Händ und Füß und Zähnt gegen's Kämpfenmüssen gewehret – ein Glück, meint er, daß der Stadt Schicksal nit von dem Gesindel abhing, Dieb, Strolch, Lumpen, krätzig, hatschert, krank – hänt seit Anfangs July der Stadt Schutz genossen und fleißig den Proviant verzehren geholfen. Seien auch drey gantz alte hungrige Fischer verhaftet worden, so im Wiener Wasser (Donaukanal) gefischt und Verdacht erreget hätten, sie wären Spione und täuscheten Zeichen aus mit den Türken-Konstäblern am andern Ufer; seien bereits vor der Schranne (dem Gerichtsgebäude am Hohen Markt) ausgefragt worden, aber frey gelassen, und hätten die übereifrigen Stadtguardisti einen Rüffel einstecken gemußt. Sei in der Festung schon alles kopflos, voller Unmut, Unlust, Angst, meint der Khur. Der Seraskier werffe sich allbereits mit merklicher Hast dem deutschen und polnischen Heer entgegen, wölle aber zugleich die Stadt umwürgen wie bisher, habe dennoch schon 5 Dutzend Rohre (Kanonen) aus den Gräben und Batterien zum Wald abgezogen, dazu einige Reiterey; item bey 20.000 Mann Fußvolk zu gleichem Ziel gemustert, alles nach der militari Regula, kann uns noch immer bös mitspielen und dem Succurs ein übel Ende bereiten, schließet der Khur. Servitore! – Trotz allem seynd die Annäherungsgräben wie vordem rammelvoll mit Streitern und Schanzern, die Lufft aber mit Bomben und Stainern.
Dreimal hat der Feind heut vor dem Löbel aufs wildeste gestürmt mit Löwenfuri und -gebrüll; so gnadlos mörderlich sey das Kämpfen verlaufen, so blutig und tosend, daß mancher brave Bürger und Gesell hernach vor Entsetzen auff eine Weil die Sprach eingebüßet. War des Feindes Toben gleich eim Gewitter und hat der Türk sich zum Einbruch der Nacht an der von uns verlassnen Löbelflanken unten betrohlich eingebissen, bohre da, heißt's, an dreyen Örtern zugleich.
Ist aber auch der Feindstuckh Morgenfeuer und das Flintenschießen schon also schröcklich gewesen, als wollte der Wesir die ganze Stadt partout in Staub und Trümmer legen, sein Bestürtzung ob des

nahenden Entsatzes zu maskiren, meinen die beherzteren Zeichendeuter. Viel Bürger-Officiers seynd itzt schon tot oder krank, die Mannschaft unwillig, auch in denen Lazaretten ungut und voller Lässigkeit; hat der Stadtrat ein scharf Decretum erlassen, die Herren Stadthaubtleut sollten die unterstellte Mannschaft bei unausbleiblicher Leibesstraff darzu verhalten, an den assignirten (bezeichneten, befohlenen) Örtern auszuharren. –

Kein Kurir, kein Spion bringet, wie allemal in sollichen Zeiten, so viel gewisse Wahrheit herein als ein Geschrey (Gerücht), tritt eins dem andern auf die Ferschen: St. Marx, Gumpendorff, Wiener Berg, Hundsthurm vom Feind geräumt, das Prater-Lager mit Sack und Pack zum Wald transferiret – der Halbmond weiß nunmehro, woher der Wind wahet, rollet ihm zur rechten Frist Fuhrwerk um Fuhrwerk voll ungrischen Proviants herauf, soll neben des Scharfrichters Platz ein veritabler Bazar sich aufgethan haben. Um des Mustafa Zeltburg aber viel mouvement von reitenden Boten. Aus dem Feindlager gählings eine weiße Tauben aufgeflogen – man denke! Itzt kann es nur mehr gut enden. – Die Janitscharen scheinen nimmer wie vordem zu murren, haben ihnen die Breschen in Burg- und Löbelbastion wieder Hoffnung eingeflößet, bewegen sich in Marschordnung aufs Gebirg zu, haben dort bis zum Abend in gute Stellungen sich eingeschanzt; han's vom Dach nit alles auszunehmen vermögen, ist mir der Kadaverdunst ausm Graben allzu arg in den Riecher gefahren, han hinab und mir's verzählen lassen müssen.

Lieget es noch immer bey dem einen oder andern Gott, ob der Großwesir den letzten, würklichen Generalsturm ordonniren wird, könnt nach der Festung Zustand der Schicksalswürfel ihm zu Gunsten fallen, nach unsrer Generäle Herz und Standhaftigkeit die sechs Augen freylich für uns. Ist dem Himmel der Ausgang schon bekannt? Oder warten alle Engel listig zu, die Händ im Schooß? Ist alles verhangen. Tät gern beym heiligen Vater zu Rom nachfragen.

Um die Vesper noch eine schlimme Zeitung eingeflogen, hat Unruh gebracht: Der Tataren Chan stieße soeben mit starken Kräften unvermutet die Donau herab, über Heiligecstatt zu den Belagerern! Mag's seyn oder nit, wir müssen's nehmen. –

Die Nachricht von diesem Anmarsch entsprach den Tatsachen; ob aber das Eintreffen der Reiterhorden für Kara Mustafas Heer eine Verstärkung bedeutete, darf angesichts der strategischen Lage sowie der tatarischen Kampfweise und Moral bezweifelt werden.

Was sich vor dem Aufbruch des gegenüber der Kremser Donaubrücke stationierten Tatarenchans ereignet hat, ist zu Wien erst Jahrhunderte nach diesem Abend bekannt geworden, als das vom Zeremonienmeister der Hohen Pforte verfaßte Tagebuch in deutscher Übersetzung vorlag, samt den späteren Zusätzen des Pagen Mehmed, des nachmaligen großherrlichen Turbanbewahrers und Silihdars (Waffenträgers). In diesen Zusätzen findet sich unter dem 9. September folgende Begebenheit, eine Militärgroteske:

„Der Chan, der gleich zu Beginn der Belagerung mit seinen Tataren zur Bewachung der sechs Stunden oberhalb von Wien über die Donau führenden steinernen Alexanderbrücke eingesetzt worden war, wäre imstande gewesen, die beim Brückenkopf eintreffenden deutschen und polnischen Truppen am Überschreiten des Stromes zu hindern; aber er trat ihnen nicht entgegen, und so konnten sie in großer Anzahl herüberkommen und gegen die Streitscharen des Islams rücken.

An jenem Tage saß der Chan auf einer Anhöhe im Angesicht der Brücke auf seinem Pferd, die Hand mit dem Griff der Peitsche in die Hüfte gestemmt, und sah zu, wie die Giauren (die „Gottesleugner") herübergezogen kamen. Sein Imam (Vorbeter) näherte sich ihm und mahnte ihn: ‚Mein Chan, wenn Ihr die Giauren, die hier in hellen Haufen herüberziehen, niedermachen wolltet, dann wäre den übrigen der Weg abgeschnitten!'

‚Ach, Effendi', entgegnete der Chan, ‚du weißt ja nicht, welche Schmach uns dieser Osmanli (etwa: Osmanenknecht, gemeint ist Kara Mustafa) angetan hat! Nach der Art und Weise, wie er uns behandelt, genießen wir bei ihm nicht einmal so viel Ansehen wie die Giauren aus der Walachei und der Moldau (die christlichen Truppenteile des Türkenheeres). Wie oft habe ich ihm von der Stärke und von den Bewegungen dieses Feindes da geschrieben und ihm mitgeteilt: Die Anrückenden sind in der Übermacht, ziehe Deine Truppen und die Geschütze aus den Gräben, und dann wollen wir, wenn es so weit kommt, eine Feldschlacht schlagen – oder aber lasse uns den Rückzug antreten und uns in Sicherheit bringen! Er aber hat von seinem Starrsinn nicht abgelassen, und ich konnte mir unmöglich Gehör verschaffen. Er hat mir immer wieder Schmähbriefe geschickt und darin sogar geschrieben, daß wir stinkendes Pferdefleisch äßen! – Den Feind hier abzuwehren, wäre mir, sofern Allah der Allerhabene es wollte, ein leichtes gewesen, und ich bin mir auch bewußt, daß das jetzt ein Verrat an unserem

Glauben ist – aber wahrhaftig, ich kann nicht anders! Jetzt sollen die Türken nur sehen, was ihr Feldherr wert ist, und jetzt sollen sie erfahren, was es heißt, ohne die Tataren kämpfen zu müssen!' Sprach's und gab seinem Pferd die Sporen, holte seine Tataren zusammen und zog mit ihnen vor dem nachrükkenden Feind einher, die Arme schwingend und lachend und frohlockend.

So kam er kurz vor dem Nachmittagsgebet in das großherrliche Heerlager vor Wien, wo er vor der Zeltburg des Großwesirs vom Pferde stieg und seine letzte Nachricht überbrachte: ‚Wie die Hunde kommen die Feinde hinter uns drein gelaufen, und nach der Art, wie sie marschieren, müssen sie am Sonntag (12. September!) hier eintreffen und uns gegenüber Aufstellung nehmen.'

Der Großwesir bewirtete den Chan, als hätte er dem Reich einen unschätzbaren Dienst erwiesen und Dank und Ruhm verdient, und verehrte ihm einen mit feinem Tuch ausgeschlagenen Zobelpelz. Danach begab sich der Chan zu seinem Tatarenheer."

Freitag, 10. September

Die Auxiliarvölcker (Hilfsheere) vereinigen sich hinter dem Sauberg (Kahlenberg), es ist gewiß wie auch, daß es unsagbare Mühen kosten mag, die Geschütze über unwegsame, teuflisch steile Pfade durch den Wald zu befördern mit Gäulen und mit Menschenkraft: wird manch eyner nebenher stampfend in die Speichen greifen und antauchen müssen mit blutigen Fingern, kenn das. Pater Marco d'Aviano soll bald vor der Truppe, bald hinterbey präsent seyn, o Gottesmann – so eyner hat den Himmel einwendig, braucht keynen über ihm. Ist aber auch mein Abraham a Sancta Claren mit seim Geschreibsel nit müßig, hat so manchem von uns im Voraus das Hertz gestärkt, und will's gleich herschreiben, was ich nach meinen jüngsten Krankheitstagen bey wiederum erhelltem Fensterloch in seim Büchl Trostreichs entdeckt.

„Es wär dem Allmächtigen Gott", schreibet er, „gar leicht, durch ein Wunderwerck den Ottomannischen Erbfeind zu vertilgen, ja er konte (hätte können) durch ein Mucken dise ungeheure Bestia in die Flucht treiben; er konnte durch geringen Wind disen auffgeblasenen Christen-Mörder zu Boden legen. Er konte durch einen Schatten disem Ottomannischen Mondschein den Garauß machen. Er konte gar leicht durch ein kleines Würmel disen gifftigen Welt-Trachen überwinden. Es wäre GOTT gar gering, mit dem kleinesten

Geschöpff disen grossen Monarchen obzusigen; und so er nur den mindesten (geringsten) Engel schicken wolte, konte solcher gar leicht die gantze Ottomannische P(f)orten auß dem Angel heben. Unterdessen konnten wir zu Hauß in ruhigem Wolstand das Leben fristen, die Wunden sparen, der Kriegsunkosten enthebt (enthoben) seyn. Ja wir konten unter der Zeit embsig den Gottes-Dienst (Gottes Hilfe) abwarten und in dem zu München getruckten Blumen-Gärtel (einem Erbauungsbuch) betten, damit Gott dises Türckische Unkraut außrotte, in dem zu Prag getruckten Paradeiß-Gärtel betten, damit Gott dise Ottomannische Schlangen tödte, in dem zu Franckfurt getruckten Schatz-Kästel betten, damit GOTT disen Türckes (Türkis) verwerffe, in dem zu Wienn getruckten Hand-Büchel betten, damit GOTT der Türcken Faust von uns abwende. Aber Gottes Vorsichtigkeit (Vorsehung) handlet weit anderst auff Erden: Den Feind schlagen, den Türcken jagen, die Mahometaner zwagen (zwacken), die Muslmanner plagen etc. ist nicht genug (dazu genügt nicht) das Gotts-Hauß, sondern Gottes-Hauß und Zeug-Hauß (Waffenlager) müssen bey einander seyn. Es ist nicht genug der Rosen-Krantz, sondern Schantzen und Rosen-Krantz müsen bey einander seyn."
Sind's ja eh immer gewesen; es möchten die Menschen halt nur gern in desparatester Situation Schießzeug und Schantzzeug einmal wieder fahren lassen dürfen, ist's den Geplagten zu verargen? Hänt die Janitschari nit auch vorlängst heim wöllen? Itzt aber seind ihrer 100.000 ins Gebirg (zum Wienerwald) hinauff, und was dableibt, lässet der Mustafa feuern und stürmen wie gewöhnlich, daß der Starhemberg ihm nit etwa in den Buckel fährt. – Von der Stadt aus sieht man alles nähere Bewegen und Verändern ohne Spectivo, den vermeintlichen Feindbesatz auffm Sauberg aber und um der Leopoldikapellen Ruin (Leopoldsberg) eräuget eins schwer – steht etwan gar kein Türk mehr da oben? Ist auch kein Schuß und Rauch die awiche (hintere) Seiten zur anruckenden Armee hin zu gewahren.
Von gestern auf heut ist uns allen der arme Liebenberg verstorben, aetatis suae 56 Jahr; Ursach Durchbruch, wie beim Entzbaum-Schwager, dazu die Wassersucht, meint der Prior (von den Schotten). Hat 36 Jahr lang der Stadt gedienet, stets offen Haus gehalten mit Freitafel für allerley Hungrige und viel Geld gegeben für aufgeklaubte Türckenkugeln und intakte Bomben, auch einen Obrist-Wachtmeister, beritten, samt einem Fähndlein Leut aus der eigenen Börsen berappt. Muß sich schlimm gegrämt haben, weilen

er die gerettete Stadt nit mehr hat erleben dürfen. Hoff, die Retter kommen nit zu spat vom Gebirg herab.
Viel Häuser seynd gantz ohne Fenstergitter, liegen reihweis als Stolperwerck in denen Straßen, und alle paar Schritt in den Gassen gibt's neue Abschnitt mit Palisaden-Brustwehrn und kunterbunt Mannschaft dahinter, ist manchen Orts der reine Irrgarten. Schon ums Dämmern fliegen von St. Stephans Turm Raketten wie brennende Vögelschwärm so dicht, fegt der Sturmwind sie dahin: Kommt, kommt, Ihr Lieben, schlaget den Feind *vor* der Stadt, nit erst herinnerbey! – Ist mir übel, han die Haxn im Wasserschaff. –
11 Uhr Nachts. Bey starkem Bomben-Duell dannoch schon guet gschlaffe. Itzt aber wach von eim gewaltigen Detonnement: kömmt der Medard mit Würzwein und Talglicht nach mir schauen, sagt, der Feind habe die Approchen tagsüber breiter geschäufelt und unter die Burgbastion eine Hauptmine treiben wöllen, hätten aber die Unsrigen sie ihme den Augenblick noch vor der Face gesprengt. – O Bruder, die Kirchen seynd gsteckt voll und meinen welche, der Pater Marco würd, einmal am Sauberg oben, jeden Tag seine drey Messen lesen, vorm letzten Sturm einen jeden Kayserlichen und Pollacken mit Weihwasser waschen; ganz sonderbar Fromme gläuben gar, der Liebenberg würd uns itzt aus der himmlischen Seligkeit herab gegen den Feind sukkuriren, etwan mit Flügelschlagen einen heiligen Wind machen, so die Türken vertreibet wie das dürre Laub. Mir aber kommen recht gottlose Gedanken, gedenk ich der vielen Herzen, die heut noch schlagen und morgen schon modern – ist nit etwan doch, wie ich oftmals sag, die Erd die Höll und der Mensch des Menschen Teufel? Hat Er nun die Welt erlöset oder nit? Mich dünkt, es ist Ihme nit recht gelungen.

Samstag, 11. September, ein gut Stündle nach Mittnacht

Gehet mir wieder! Han den Stiefel außenseitig der Läng nach aufgeschlitzt und Bändle drüber (Verschnürungen). Wollt mir ja schon lang wieder einen neuen machen lassen. Ist mir der Waden wieder angeschwollen, tuet nix, bin frohgemut, wie sollt ich nit? Seit 4 Uhr des Nachmittags Geschützfeuer vom Gebirg auf die formirten Türken nieder, das Feindlager schier leer, grad aus den Approchen noch eifrig Beschuß, aber nimmer kein Sturm, hosianna! Bin voll der Lust, ach, mein Bärbele, was tät ich dich heut herzen und halsen! Um zehn viel Wachtfeuer und Freudfeuer um der

Kamaldulenser Eremitage-Ruin (Kahlenberg), ingleichen auf dem (damaligen) Kahlengebirg daneben (dem heutigen Leopoldsberg), o Bruderherz, Soldatenherz, der Entsatz rucket aus zween Directionen heran: übers Waldgebirg und unterbey von Neuburg (Klosterneuburg) flußab auf Nußdorf zu, und schreien welche, es würd noch einen dritten Stoß geben ausm Wald über Dornbach die Als (Alserbach) herab – wird schon so seyn, könnt es mitm Telescopio vom Dach eh nit mehr deräugen, bin „voll süßen Weins", den hat ein böhmischer Hofagent mit Namen Raitz aus seim Keller auffahren gelassen: St. Georger Ausbruch, kein Säuerling, mein Lieber, kein Sauerampfer, Bruderherz, nein süß, süß wie der Sieg übers vermaledeite Türckenvolk, an den ich itzo glaub und glaub! Hab Nächtens hinaus und aufsitzen müssen und reiten immerzu; hat der stürmende Waldwind die stinkenden Gassen ausgefegt und bin, die Barrikaden vermeidend, auf einmal an die neue Burg gelangt, ist dort unser Herr Kommandant grad mit einer Ansprach an die Hofbefreiten, Niederlagsverwandten (Kaufleuten) und Gehilfen zu End gekommen: „Alle Wehrfähigen bleiben sonach unter Waffen, sollen als treue Patrioten auf guter Hut stehen und ihre Posten wie bisher tapfermütig defendiren, wie es die Pflicht gegen das allerhöchste Oberhaupt der Christenheit erfordert . . . Meine Kinder ihr und lieben Brüder alle, haltet nur diese eine Nacht noch durch, morgen werdet ihr jubeln und ich mit euch!" Ist dann nach vorn zu der Bastey geritten und auf der Kurtin, über die drunter minirenden Türken hinweg, zum Löbel, überall den Menschen ein gut Wort zu sagen.

Bin hernach, von zwo unbekannten Kameraden dazu invitiret, mit denen in eine kayserliche Antecamera hinauff, han daselbst an eim Ovaltischle mir obbesagten Tropfen schmecken lassen, hat aber der Türk die weiland Burgschanz bereits so hoch planiret, daß er mit Stuckh und Flinten durchs Fensterloch hat anlegen (zielen) und schnurgrad zu schießen vermocht, und will's der hasard, trifft so ein Scheißschütz einem von uns das zum Valettrunk auf die Belägerung erhobne Weingläsl mitten am Stengel – Splitter, Sauerey, unmäßig Gelachter. Haben wir freylich die Kerzen atempo ausblasen, es nit deme Schützen da drüben überlassen, das Tischl umgestoßen, uns nach der türkischen Mod auf die Erd gesatzt, uns an die Sandsäck unterm Fenster gelahnt und es über unsere Köpf pfeiffen gelassen an die Tapetten hin, so einstmals nobel Seiden gewesen, und weiter gesoffen. Der junge Kumpan „vom zerschossenen Glasl"

heißt mit Namen Huhn, ist ein königlicher Regierungs-Assessor aus Breslau, war in Wien da nur wegen einem bey der Böhmischen Hofkanzley anhängigen processus, hat der Krieg ihn überrascht und er sich bey einer Frei-Compagnie gleich einschreiben lassen. Hoff auf gute Freundschaft.
Ha no, gestern beim Medard seiner hinterlassenen Funzel, heut wiederumb, wie all die Zeit her, bey der eigenen hockend. Vermag in *der* Nacht niemand im Haus, auch nit der kränkste Patient, ein Aug zu schließen – die Armee aber, hoff's, schlafet desto tiefer und gesünder. Morgen, morgen! – Die ganze Bergketten *ein* lodernd Wachtfeuer, die torre Santo Stefano *ein* Raquetten-Regen. Am Nachmittag seynd drüben ausm Lager schätzweis 10 bis 12.000 Reyter mit Standarten bergwärts, hat ein scharfer Waldwind ihnen zu schaffen gemacht, ist allemal unguet für eine Cavalcad, treibet auch den Kanonenqualm talwärts, so oft oben eine Salven aufdunnert. An des Gebirges Mündungen (Talausgängen, Bachläufen) formiren sich die Janitscharen, stehen auch am Fuß in Schlachtordnung. Von der Insul (Leopoldstadt) aber wandert der Feind noch immer, teils in Haufen (ungeordnet), teils in Marschordnung, zu der Nußdorffer Schiffsbruggen und hinüber Döblingwärts. Seye auch schon das größte, prächtigste Zeltlager beim Dorf St. Margarethen gantzer zum Wald hin dirigiret. Itzt weiß der Starhemberg so gut als ich, wölchen Generalsturm es nur noch geben wird – auf die Stadt einmal keinen mehr!
Heut morgends noch heftig Kanonirn und Minirn, als wollten sie unsern Fall noch vorm Succurs erzwingen; ab Mittag mehr Ruh. Ums Dämmern vor meim Ausreiten Salutschießen von der Mölkerbastion, hat mein Stüble sauber gewackelt. Im Heimritt dann von der Burg ruft mir der Spitalmeister vom Bürgerspital: er habe einen polnischen Christen-Überlauffer gesprochen, verzählte ihm der, es künnt der Türk es einfach nit fassen, daß 200.000 Mann eine Garnison von 20.000 Soldateska und Zivil nit sollten unterkriegen. Ha, 20.000, da wär Graf Rüdiger noch lang gutes Muts!
In seim palazzo der Herr Festungskommandant, in seim Feldgezelt auffm Berg obe der Herzog von Lothringen, neben seiner wo, gewiß in Sammet und Seiden, der Sobieski, die werden alle drey auch nit mehr viel schlafe heut Nacht, der schwarze Mustafa aber *gar* nit. Soll in eim scharlachroten Tragzelt bey seine Truppen in dero centro logirn. –
Beklaget ein jeder in der Stadt schmerzlich des liebwerten Andreas

Liebenberg allzufrüh Verscheiden; sind dem Oberkämmerer Daniel Fockhy am gestrigen Tag der Stadt Geschäfte zu provisorischer Führung überantwortet worden.[27] Gut Nacht – noi, guten Morgen!

Sonntag, 12. September, unter Mittag

Im Morgengrauen han ich's noch gekonnt, itzt könnt ich's nimmer: mich hinknien. Bin ein wahrer Krüppel. Kann auch nimmer vom Dach auslugen, und wär mir das grad heut über die Maßen important, ertrag stubenhockender Weis kaum die Emotion im Haus und von der Stadt her. Der Medard war zu schummriger Stund schon bey mir, hat gescholten: seit wann denn Weinsauffen und Eselreiten eim geschwollnen Waden opportun wären, fragt er fuchtig, habe mich zu sündhaft später Nacht heimkommen gemerket. Auf einmal aber tut er mir mit gefalteten Händen kund, es seye heut auf den Tag 14 Wochen nach Pfingsten: Kirchfest der Göttlichen Vor-

[27] Stadtschreiber und Syndicus Dr. Nicolaus Hocke vermerkt diese Bestallung Fockys in seinen Erinnerungen mit folgenden Zeilen: „,. . . hat der Stadtmagistrat die Administration des Bürgermeisteramtes einstimmig dem Daniel Focky als Subsenior und Stadtoberkämmerer konferiert. Darauf ist der Rat täglich in dem Rathaus gehalten, die Bürgermeisterkanzlei in Fockys Behausung transferiert und allen Bedienten der Stadt anbefohlen worden, ihm allen Respekt und Gehorsam zu geben." Nach einem kurzen Passus über die vom Grafen Kaplirs „verordnete" Ablöse des dubiosen, im Juli von Liebenberg eingesetzten städtischen Oberstwachtmeisters Nitschky durch Oberstwachtmeister Roßtauscher fährt Hocke mit einem Bericht fort, der für die geistige Kehrseite der großen nationalen Stunde bezeichnend ist, er lautet: „Ihre Exzellenz der Kommandant hat anbefohlen, die bürgerlichen Drechsler, Wagner, Schlosser, Zimmerleute, Büchsenmacher und Tischler zu stellen, auch einen, der die Aufsicht über sie habe, damit sie auf Begehren des Oberstwachtmeisters Roßtauscher in Bereitschaft anzutreffen wären; das ist auch durch den Stadtunterkämmerer geschehen, und die Spezifikationen der beschriebenen Personen sind eingereicht worden. Es haben sich aber bei den hinterlassenen Geheimen und Deputierten Räten die gesamten zurückgelassenen kaiserl. Reichshofratskanzlei-Bediensteten wegen Verschonung von der Einziehung damit gehorsamst entschuldigt, daß sie die Reichskanzlei und Registratur zu verwahren hätten. Es ist der Bescheid erfolgt, wenn diejenigen Personen, die bei gegenwärtiger feindlicher Belagerung von der Wacht und von dem Einzug aus den angebrachten Ursachen befreit sein wollen, so müßten sie diese in specie benennen, worüber fernerer Bescheid erfolgen solle." Dazu Walter Sturminger a. a. O., S. 324: „Sechzig Tage nach Beginn der Belagerung, zu einer Zeit, da die Türken schon die Stadtmauer unterminierten, wollten die Reichskanzleibeamten lieber ihre Akten als ihr und ihrer Mitbürger Leben verteidigen!"

sehung, was am heutigen Morgen ein jeder in also geschundner Stadt für zeichenhafft aufnehmen mög, und knieet im selben Hauch mitten im Stüble nieder, schlägt das Kreuz und hebt ins beten an; hab ihn noch nie so erblickt, und knie blitzplötzlich auch ich neben ihm auf der Erd, weiß nit wie, hab mein Lebtag noch keinmal zu der Jungfrau Maria gefleht, tu's auf einmal, als wär mir's von Kind auf geläufig, ein Saulus ein Paulus über Nacht, und han mitm Medard laut nachm Vaterunser drey Ave Marie hergesagt. Hernach inspiciret mir der Herr Pater Ökonom die Haxn rundum auf und nieder, hat gleich den Chirurgus Blasl geholt, der hat stockfinster dreingeschaut, wohl weil ihm die Stund noch nachtschlafend geschienen, hat mir sitzen verbotten, liegen befohlen und auf die Salben vom Sorbait verwiesen, was gebrummelt, geflucht und gegangen. Der Medard lieb hat mich sogleich dick verschmieret, ins Bett retour geholfen und versprochen, er würd mir verläßlich einsagen kommen, sooft außerbey sich was Remarquables begäb, hat sich auch mein Telescopio geliehen; wird, taxir ich, oft wiederkommen müssen – die Entscheidung, Bruderherz, die Entscheidung! Und so war's denn. Itzo aber hat er in der Kuchl mit Ausspeisen ein Stündele zu tuen, also sitz ich schnell und schreib, seynd ja aller Augen tausendfach zum Waldgebirg hingeflogen, die Zeitungen nit minder tausenfach herein, als gäb's gar keine Mauern und kein verriegelt Tor mehr, wecken bald Hoffnung, bald Bangnis.
Mit der ersten Sonn ein großmächtig rot Fahnentuch am Berg zu sichten gewesen, mit eim weißen Kreuz drinn. Um die Stadt aber ein unvermindert Kanonenschießen, Stain und Bomben; darzu entkräftend Warten auf ein möglich Minengetös von der Löbel-Cortina, stecken ja dort 3, manche reden 7 Minen drunter, wann die aufsprängen, wär noch alles verloren. – Mir pochte das Herz im Fuß bis in den Schritt herauff, hat aber die Armee oben längst Bouteselle gehabt (Befehl zum Aufsitzen) und mit der aufgehenden Sonn bedachtsam Bataillon nach Bataillon die Waldschluchten herabzurucken begonnen, voraus viel fleißig feuernd Geschütz; wartet aber die Artillerie nach etlichen Salven in der Türcken Formation immer unterm eigenen Rauch exact das Nachstoßen von Reiterey und Fußvolck ab, avanciret selber erst nach dero Ankunft weiter – bona disciplina, wie wir sie lieben! Der Medard hat es alles vom Dach aus sehen gedurft, oder haben es ein paar Konstäbler aufm Wall ihm fein ausgeteutscht, treibet ihn ja die Sancta Unruh bald da, bald dorthin, lauff, lauff, mein Kuchlkurir!

Denen Kameraden aufm Gebirg muß es ein sonderbar Vedutten (Anblick) abgegeben haben: 15.000 oder mehr Zelthüsli rund und bunt um die Festung; aber die haben nit viel Muß gehabt zum lang schauen, sind nach des Medard letztem Advis itzo schon bis in die niedrigern Weinrieden herunter, allwo der Feind sich in Schlachtordnung machtvoll, heißt's, entwickelt und stellet, Gott steh uns bey. In der Laimgruben draußt soll sich knapp vor Mittag noch viel frisch türkisch Kriegsvolck gesammlet haben, den andern nachzurucken, wachsen dem Mustafa die Soldaten aus der bloßen Erd, wir aber schicken fest Salv nach Salv aus zehn Rohren hinüber. – Hat Gott, der unsrige, den Türken so verblendet, daß er durch zween Monat die zwo stärkisten Bollwerck berennet an Statt der schwächern zwischen Biber- und Kärntner-Bastey aus lauter Sorg, es möcht des Wienfluß Bette dorten beym Regen sich hinderlich füllen – und hat derselbig GOTT, so Pater Abraham stets keck vertraulich im Munde führet, die Koranisten abermals so verblendet, daß sie nit schon vor Wochen übers Gebirg hinüber getan, uns Christen auf der hintern Waldseiten Weg und Steg zu verhauen und Tullnwärts die Höll zu bereiten mit Übermacht, dann soll derselbig Herrgott uns itzo auch als Draufgab verdienten Sieg bescheren! Werd hernach gewiß die Prämerin heimführen, auch meine Felder und Weiden wiederum in gedeihliche Pfleg nehmen, hat der Türk sie mir ja unterdessen tüchtig umgebrochen, mit Kameel- und Büffelmist gedüngt. – Mueß mich legen, eh der Medard kömmt.

Nach der Uffamärgaglock (der Vesperandacht)

Es ist ausgestanden!!! Te Deum laudamus! Hat der Starhemberg vorhin, des Feindes Irr- und Wirrsal bemerkend, noch einen letzten Ausfall befohlen, alles Lebende in den Approchen niederzuhauen, die sieggewiß Angetretenen aber die Laufgräben alle bereits leer befunden; seynd in eim andern sensus zu Laufgräben geworden, nur ein paar armselig verhockte Minirer noch vorhanden gewesen und tonnenweis Pulver. Gestern Abend waren in den Gräben und bey den Batterien noch 30.000 Mann, wo sind die so schnell hin und weg?
Der Schlacht Ausgang war lang nit sicher, verzählte der Medard – ist schon wieder aufm Dach –, es habe von knieenden und betenden Inwohnern auf den Festungswerken nach West und Nord hin gewimmlet, hänt, der einfallenden Bomben und Pfeil nit mehr achtend, alle 14 Nothelfer imbrünstig um Beystand angerufen. Die

Retter aber seyen, so wollt es dem Medard scheinen, richtig aus dreierley Direction angedrungen und der Feind nach Stunden der Hoffnung und Bangnis ernst ins Wanken gekommen; hätt sich aber noch einmal rekolligiret (gesammelt) und uns Giauren ein härtestes Fechten angeboten, endlich doch zäh, bald aber flüssig sich zur Flucht gewendet! Werden die Lauffer und Galoppirer, meint mein guter Bote, gewißlich auch ihren verwünschten Generalissimus aus der Zeltburg heraus und mitgerissen haben. Schon vor Mittag, so habe man's erspäht, seyen hinterm hintersten Feindlager vieltausend Civile mit Troß, Weibern und Gefangenen ins Ungrische abgezogen. Mir ist vom Fuß herauff speiübel, brauch wol den Arzt?
Wo bleibt der Medard? Es dämmert bald. Itzt müssen doch die Stadttor schon angelweit auf sein, Herrgott von Bentheim! Und Sachsen, Bayern, Fränkische, Schwäbische hereinrucken, und ich kann's alles nit schauen, Bruderherz, muß doch aber unsere Landsleut begrüßen; geht mir der Haxn schon wieder, will vorm Funzelanzünden den Stock nehmen, noch einmal selber hinaus, vom Jubel mein Teil haben, verdammt, denen Kameraden allen Dank sagen und wie daß ich sie (. . .)

Epilog

Zusammengestellt aus dem von Felix Prämer Anno 1689 verfaßten und dem Manuskript angefügten Nachtrag

Mein Großoheim, unser lieber Freiherr von P., hat, nachdem eine jähe Schwäche ihn mitten in der Schrift überfallen und ohnmächtig zu Boden geworfen, noch drei Tage gelebt. Der weiland Pater Ökonom von den Schotten und der gleichfalls verstorbene Chirurgus Blasl hatten ihn wieder zu Bewußtsein gebracht und uns berichtet, der Oheim habe, die Augen aufschlagend, gelächelt und gesagt: er wisse wohl, weshalb der Herr Chirurgus diesen Morgen so finster dreingeblickt, weil doch keine Hülf mehr wäre und amputatio seinen Tod nur beschleunigen würde; es seye ihm aber alles lieb, wie's wär, denn so stürbe er wenigstens an seiner Blessur, nit am Dünnschiß wie die halbe Wienerstadt. War bis zum letzten Atem zu Scherzen aufgelegt. Wir haben alle, die Mutter, ich, der Pater Medard und beinah auch der Chirurgus, bitter geschluchzt, wie er so darnieder lag, er aber gar nit, und hätt doch gern noch eine Weil auf seinen lieben Gütern gelebt und gewirtschäftet, und nit alleinig ...
Am dritten Tag, den 15ten Septembris, ist er dann um die dritte Nachmittagstund sanft gestorben am Brandgift vom unbeschreibbar aufgeschwollnen Bein, dazu sich alsbald ein hitziges Fieber gesellet.
Am zweyten Tag – meine Mutter Magdalena Prämerin, der Pater und ich haben uns in die Pfleg geteilt, es ihm an nichts fehlen lassen, so weit noch was zu verrichten gewesen, auch essen wollt er gar nit mehr – konnt ich dem Oheim noch eine Freud machen. Hat mich namlich der Freiherr gebitt, ich sollt hinüber gehen in die brandgeschwärzte Stiftskirchen von denen Patres Schotten, nachschauen, ob etwan im letzten Bombardement das Altarblatt ärger gelitten hätt, und vor des Meisters Sandrart „Himmlischer Glori" ein Paternoster betten oder deren zweye, wann mir darnach wär, besonders aber zu der Heiligen mit dem Kelch rechts ganz vorn ein wenig hinflehen, ich wär doch ein frommer Bub und würd ihme den Gefallen wohl tuen, auch wenn ich's nit verstünd; die Mutter aber hat's, mein ich, sogleich verstanden, hat voller Weh gelächelt, dünket mich. Bin also über die Gaß hinüber, vors Gemäld treten und hab es schier unbeschädigt erfunden. Aber es war da ein Pater, grauhaarig, mit allerhand Malgerät und einem Gehilfen dabey, der hat nach meinem Beten auf die Weibsgestalt gewiesen, so dem Oheim im Sinn gelegen, und zum Lehrling gesprochen: Die paar

Löchlein in der Barbara kannst schon allein unterlegen und nachfarbeln, mueßt es aber fein sorglich tun. – Heut weiß ich, es war ein Benediktiner aus Bayern, ein Freund des Klosters, so mit der Armee gekommen war, in unsrer beschädigten Stadt dies und jens zu bessern, ein Künstler. Ich hab es alles dem Oheim erzählt, der aber hat sich in Schmerzen jählings aufgesatzt und mich gefragt: Ist's wahr, Bub? Hast dich nit verhört? Geh noch einmal hin, frag den Pater, ob er würklich Barbara gsägt hät. Ich tu's, und der Benediktiner erwidert mir: Ja, ja, sie ist's gewiß, nur malet man sie ordinari mit Schwert, Kelch, Oblate, Kron, Fackel, Palmwedel, Straußenfedern, dreifenstrigem Türml oder Geschützrohr. Sey aber nit nur der Kanonire, auch der Bergleut Patronin, habe doch sogar der Bergmannssohn Luther, da er noch ein anständiger Katholischer gewesen, sie angerufen, als der Blitz im freien Feld neben seiner eingeschlagen. Bloß mit einem Meßkelch in der Hand aber, so wie da, habe er die Nothelferin erst ein einziges Mal erblickt. Ich geh wieder zum Oheim, sag ihm alles, und werden ihm gäch die Augen feucht: So wird mich also mein Bärbele wahrhaftig selber in die Ewigkeit geleiten, flüstert er. Schien mir über die Maßen glücklich.[28]
Viel geredet hat er nit mehr, nur einmal nach einem Paternoster und Ave den Herrgott und die Jungfrau um Vergebung gebeten für die vielen wackeren Gegner, so er in seinem Soldatenleben habe töten gemußt. Heut, da ich sein Diarium gelesen, versteh ich von ihm alles, hab auch mit der Mutter des öftern darüber sinniret. Die Nacht drauf war er schon in der Agonie bis in den Nachmittag, ist still gelegen und nimmer aufgewacht.
Wir haben ihn bald bey St. Stephan neben der Barbara-Tante und seinem Bübl begraben, und kurz hernach sind auf einmal allerhand Leut zu uns ins Hühnergäßl gekommen, der Graf Harrach, ein feiner Mann, dem arg leid gewesen, daß er unsern Freiherrn nimmer hat lebend troffen, ein Obrist von Hoffmann, so es gleichfalls heftig beklaget, auch ein Schwabendragoner, so es eilig gehabt, dieweil seine Schwadron schon wieder marschfertig wär, den Türkenhunden ins Ungrische nachzusetzen. Nit lang, so stellte sich ein Signor Contarini ein, Edelmann aus Venedig, der war von Herzen betrübt, hat alles und jedes genau wissen wöllen, anderthalb Monat später aber ist ein ganz alter schlohweißer Herr in einer soliden Reisekut-

[28] Nach der biographisch belegten Tradition hat Martin Luther die gleichfalls für die Bergleute zuständige hl. Anna angerufen.

schen mit vier Ardennern Vorspann und mit zween Bedienten vorgefahren, für den hat die Mutter gleich die Gastkammer gefegt, gelüftet und behaglich gemacht mit Aufbetten und Ofenheizen, hat nit beim Wirten oder im Kloster logiren dürfen, war des Oheims Bruder aus Pfullingen weit oben im Württembergischen. Ja, und selbiger Herr war stets aus der Weis freundlich gegen uns, ist mit aufs Grab gegangen, hat vier oder fünf Tag lang von früh bis spat bei uns in der Stuben über des Freiherrn Diario verbracht, hat gelesen und gelesen, und manniges Mal hat's ihn geschüttelt, hat es aber nit über sich kommen gelassen, nur die Mutter hat einmal laut dabei aufgeweinet. War als ein Freund bei uns im Haus, recht wie ein Anverwandter. Ist gewiß auch schon gestorben.
Das Tagebuch hat die Mutter ihme gleich nach des Anselm-Oheims Hinscheiden, seinem mündlich letzten Willen gehorsam, nach Schwabenland übersenden wöllen, dessenthalben auch geschrieben, doch hat der Bruder es bei uns abzuholen begehrt, und so ist er hergereiset. Einmal haben er und ich in der Werkstatt lang miteinander geredet über mancherley Ding in der Zeit, hab ihm erzählen müssen, was ich nach dem Entsatz mehristenteils vernommen, kleineren Teils aber auch vom Wall herab und streunender Weis selbsten erschaut: wie daß die Türken beim Auftauchen vom Regiment Heißler noch ein halb Dutzend Kanonen schnell gegen dieses gewendet und abgefeuert, aber drauf eilig weggeflohen, und hat der arme General Souches sein Leben beim letzten Ausfall aus der Löbel-Breschen verlieren müssen, aber den Feind in den verschlungnen Laufgräben nimmer aufzustöbern vermocht, sind ihm allesamt wieselflink davon und ohn Ausnahm durchs ein und selbe Loch oben am Trautsonschen Garten, da aller Approchen gemeinsamer Eingang gewesen, hinaus und fort – hat hergesehen, als würd ein Schwarm Erdbienen ausm Loch ausburren, recht zum Lachen war mir's; und wie noch denselben Nachmittag die Pollacken ins plündern beginnen durften, die Deutschen aber erst am Morgen; sind auch die Stadtbewohner fleißig in die Gräben gewandert, Zelte, Ochsen, Silberzeug etc. zu nehmen. Unterweilen kunnten die Türken sich in einbrechender Nacht leider Gotts reichlich nach Osten salviren; der Sobieski aber und die Seinen haben alsbald draußen unweit vom Dorfe Penzing (auf der Schmelz) in der Lust-Zeltburg vom Großwesir ungemeine Beute gemacht, Gold, Juwelen, Kleider, auch die Armee-Cassa erglänget. Noch im Abend seynd damals türkische Kameelhüter vom Weideland um Petersdorff

herein, gäntzlich verdutzt, ihre Landsleut alle nit mehr vorzufinden, hat man sie gleich samt ihrer Herden in die Stadt arretiret. Den Residenten Baron Kunitz aber hat der Mustafa im Tumult vergessen, ist dieser auf einmal aus der Laimgruben mit der Dienerschaft bequemlich zum Tor hereinspaziret, nach dem Kaiser zu fragen. Der ist aber erst den andern Tag aus Dürnstein und Klosterneuburg zu Schiffe angelangt, sollen ihm beym Anblick seiner neuen Burg die Tränen nur so herfürgeschossen seyn; den Sobieski hat er erst am Mittwoch (15. September) zu Schwechat troffen und seien beyde Herren zu Pferde gegen einander geritten, auf daß keiner vorm andern müßt aufstehen, der König nit vorm Kayser, der Kayser nit vorm siegreichen, aber minder erlauchten König, und hätten beyde ihre Hüt ganz zugleich gezogen, keiner *vorm* andern, soll eine rechte Komödi gewesen seyn; viel Tratsch auch, weil unser Leopold, so in aller Stadt nur mehr „Türkenpoldl" heißet, den Hut vor des Sobieski Sohn *nit* gezogen, nur drangetippt, sei der Vater darob schnell bös weggeritten.
Gefochten aber habe der Pohlen König mit seinen prächtig ritterlich adjustirten Lanzenreitern excellent, sagt jeder, hat aufm Gebirg dem Marco d'Aviano wiederum bey der Meß ministrirt, hernach ein „bescheiden" Fruehstuck eingenommen, dieweil, so spötteln die Leut, man halt grad nur sechzig Kuchlwagen übern Berg zu schieben vermocht habe. Der Pater von Aviano ist hernach mit einem hoch erhobnen kleinen Holzkreuz[29] der Armee vorangeschritten; sind am Nachmittag schon zehn Tausend oder mehr Türken tot gelegen, Christen zwo Tausend; hat der Feind alles Gezelt verloren, auch alles Geschütz (300 Kanonen) eingebüßt; um 9 Uhr des Nachts war die Stadt gantz deliberiret, kein Türk mehr zu sehen außer den gefangnen Kameelhütern und allen Heiden, so schon zuvor von uns in Haft und Dienst genommen gewesen.
Der Sobieski ist den andern Morgen mit güldenem Zaumzeug durch der Schotten Tor eingeritten, recht als ein Imperator, soll unsern Kayser weidlich gekränkt haben, daß er nit wenigstens pari hat daneben reiten dürfen, aber er war ja nit da. Der Pollackenkönig ist sogleich hinauff Am Hof zu der Jesuiten Kirchen, hat hernach in der Augustiner Lorettokapelln selber das Tedeum angestimmet, sodann mit seinen Magnaten und Feldherren beim Grafen Starhem-

[29] Dieses Kreuz wird heute im Franziskanerkloster zu Kotor (Cattaro) von den Mönchen gehütet und den Reisenden gerne gezeigt.

berg im Palais „unbescheiden", sagt man, zu Mittag gespeiset, hernach den gesamten Stadtrat zum königlichen Handkuß empfangen, später aber wegen des horriblen Gestanks von Kot und Leichen und der vielen Fliegen in den Gassen und um den Wall sein Lager außerhalb zu St. Marx bezogen; ist aber bald darauf (7. Oktober) als Vorhut vor der nachsetzenden Armee allzu selbstherrlich vorpreschend an der ungrischen Feste Párkány vom Türken grausig geschlagen worden, mit nur mehr 7000 Mann (von 24.000 am Morgen der Entsatzschlacht) ins Winterquartir, weiß nit wohin. – Meiner Mutter liebe Schwester, die Eilers-Tant, ist samt ihrem Gemahl bis heut, sechs Jahre darnach, nit mehr wiedergekehrt, Gott mag wissen, wo die ihr Grab gefunden.
Der Starhemberg hat noch am Abend des Sieges einen Kurir in alle Wiener Weiberklöster gesendet, den frommen Frauen Dank sagen zu lassen für ihr beständig Beten Tag und Nacht, so gewiß zum glücklichen Entsatz das Ihre beygetragen, auch bald den Bürger-Kanoniren an der Wasserfront (Donaukanal) Dank und Anerkenntnis handschriftlich übermittelt; der Kayser aber hat den Grafen auf der Stell (15. September) zum Feldmarschall gemacht, ihme 100.000 Reichsthaler samt einem unschätzbaren Ring überreicht, dazu ein gnad- und huldvoll Decretum betreffend sein Wappen, in welchem er von Stund an den doppelten Adler wie auch St. Stephans Turm zu führen berechtigt wäre; ist so generös wie verdient, dünket mich.
In der Weis haben wir dazumal miteinand geplaudert, des Freiherrn Bruder und ich, und hat er beym Abendbrod zu der Mutter gesagt, er würde, anderer dazu würdiger Erben ermangelnd, gerne uns beyden das Diarium da lassen wie auch alle Briefschäften des Verewigten an uns senden, wir sollten's zum Manuscriptum darzu tuen und es alles liebvoll hüten. Richtig ist auch nach Weihnachten eine Extrapost angelangt, und hat der Schwager (Postillion) der Mutter ein dick Paket überreichet. Sie hat's lang nit aufgeschnürt, einmal aber doch und viel Abende lang alles darinn gelesen, Blatt für Blatt, und so mir die Arbeit einstens wird Muße gönnen, werd auch ich es lesen.
Sechs Jahre sind es seit damals, ich war noch ein Bub, will aber versuchen, des Oheims Erinnerungen abzurunden durch die eigenen samt dem, was ältere Leut mir verzählt, etwan daß man den Kara Mustafa noch Anno 83 zu Belgrad mit einer vom Sultan ihm übersendeten gründseidenen Schnur habe erdrosselt unter Aufsicht

und Kommando vom eigenen Janitscharen-Aga am 25. Decembris, Christtag, was nit wenigen Frommen hoch bedeutsam erschienen. Der Leichnam sey aber dennoch ehrenhaft in der Moschee beigesetzt worden.[30] Zuvor aber habe der Großwesir selber den Pascha von Ofen hinrichten lassen, indem dieser in der Befreiungsschlacht als erster sich geschlagen gegeben und zur Flucht gewendet. Welcher Gott mag den Türken einen solchen Hasen in den Busen gesteckt haben, daß sie, ihrer noch einhundert Tausend Mann stark, wie von Sinnen alles abandonniret (liegen und stehen gelassen), endlich aber auch der Seraskier, so in währender Schlacht sein Zelt bei der Spinnerin am Kreuz aufgeschlagen gehabt und es heftigst verteidiget, sich plötzlich in den Sattel geschwungen und davongesatzt. Die letzten mehrtausend Janitschari in denen Gräben aber, ob auch ihre Gefährten im Gefecht draußen ersichtlich schon ins Wanken geraten, haben die arme Stadt noch beharrlich mit Bomben behagelt, erst des Obristen Grafen Heißler Auftauchen am Glacis mit dem Regiment machte sie laufen. Seien in der Folge alle 30 Reichsfürsten im Succurs-Heer jeder ausnahmslos an der Tête vor ihren Truppen einhergesprengt, wird mancher geblieben (gefallen) sein. Die Fahne vom Wesir, mit einem grünen Seidenlappen aus des Propheten Fahne im Tuch, hat der Sobieski im Lustgezelt (auf der Schmelz, Wien 15) erbeutet, sie gleich zum Vorzeigen dem Papst nach St. Peter hinab gesendet; ist zugleich des Leibpferds und des Mustafa kostbaren Köchers habhaft geworden samt zween Millionen Goldes und 600 Sack prallvoll mit Piastern. Den furiösen Sukcess mit seine vieltausend Lanzenreyter aber, so alle Jungweiberherzen in der Stadt schier zum Zerspringen schlagen gemacht, den, sagen welche, habe der Polenkönig dem Lothringerherzog zu danken gehabt: habe dieser ihm des Nachmittags, da der König von den anstürmenden Türken in eine tödliche Bedrängnis gestürzt worden, vom linken Flügel aus Heiligenstatt her schnell ein Bataillon Deutsche geschickt, worauf die Polen wiederum sich sammeln, über Neuwaldegg mächtig angaloppiren und zu des Feindlagers Säuberung glorios beyzutragen vermocht. Ihnen allen und denen Stadtbürgern ward, wie vermeldt, Plündern sogleich erlaubt, den andern braven Soldaten aber bei Leibesstraff nit, erst den andern Morgen, da

[30] Nach der Einnahme Belgrads durch Kurfürst Max Emanuel von Bayern im Jahre 1688 trennte man von Kara Mustafas Leiche das Haupt ab und sandte es an Bischof Kollonitsch. Der Schädel, dessen Echtheit von einigen bezweifelt wird, befindet sich heute im Museum der Stadt Wien.

nix wahrhaft Preciöses mehr zu erraffen gewesen: hat namlich geheißen, der Türk hab es in der Gewohnheit, zum Scheine wegzuflüchten, mit eins aber umzukehren und neu zu attaquiren, darum! Die Polen haben bis Sonnenaufgang tausend Lagerfeuer geschürt, jed Goldstück, Juwel oder Geschmeid recht zu erspähen.
Am Dienstag drauf (14. September) ist als ein zweyter Triumphator, aber mit übergroßem Herzjubel empfangen, endlich der Kayser eingezogen; 50 Stürme und 40 Minen haben ihm Stadt und Residenz bös zugericht, aber nit eigentlich zerstöret; in der Kurtine waren noch Löcher zahlreich zum Sprengen parat, ein jedes 12 Ellen tief, aber leer. Es hat zu St. Stephan gleich ein neuerlich Tedeum gegeben, hernach Festmahl und herzliche Truppenbeschau, dem Starhemberg aber hat der Leopold noch den Orden vom Goldenen Vlies umgehangen, ob auf der Stell oder erst später, ist mir fremd. Den Samstag drauf (18. September) ist die Armee dem Feind nachgeruckt, weiß nit warum so spat: haben manche gemurrt, 's wär besser gewesen, noch am Abend (des Entsatzes) den feigen Hunden nachzuhetzen, sie allseits zu packen, zu vernichten, solang sie noch in der Angst wären, statt plündern, fressen, saufen, huren, auf den Kayser warten und Tedeum singen. Hätt der Oheim anders geredet? – Der Sobieski, sagt mir wer, habe unsern Poldl schon destwegen nit leiden mögen, weil er ihm seine Maria Antonia nit für den Prinzen Jacob zum Gemahl hat geben wöllen. Der König aber hat, des nahen Sieges übermütig gewiß, noch vor der Schlacht auf dem Gebirg oben den Prinzen zum Ritter geschlagen.
Itzt weiß ich nit mehr viel, nur daß von denen 16.000 Mann Soldateska zu Wien herinnen am Tag der Bataille nur mehr 9000 kampfgesund gewesen, 5000 tot und begraben, 2000 spitalkrank. Von den angestammten (eingesessenen) Civil-Inwohnern seind mehr dann anderthalbi Tausend gestorben, von der Bürgerwehr und denen Freikompanien die Hälft zu Tod gekommen.
Im Lager draußen war sogleich Wassernot, haben die Wachen es von den Zubringenden groschenweis kaufen müssen. Die Beutemacher haben einhundert Zentner Pulver zugleich in Brand gesteckt aus Unachtsamkeit, haben das Getös und Feuerschein gar viele erschrocken, weil gegläubt, der Türk sey wieder da. 20.000 verreckte Rösser hat der Feind uns hinterlassen, darzu seine Verwundeten alle, davon er freylich den Mehrteil vorm Wegflüchten erschlagen, ist eine wohlfeile Art zu kuriren; die Bürgersleut aus der Stadt aber haben denen Toten die Kleider abgezogen und selber angelegt,

war in kurzem kein Stückl mehr zu haben, nit für gut Geld, wollt ein jeder türkisch einherstolziren. Die Straßen und das umgewühlt Vorfeld mußten wieder sauber und eben gemacht werden, die Festungswerckh in Stand gesetzt, sind die Schanzer nit anders als in der Belägerung Tagen wieder viel mit Schaufeln und Krampen umher, mannige aber haben ihr magistratisch Geräte verkauft und sich absentiret, haben sonach Stadtrat und Militär wieder auf ein rigoros Regiment achten müssen. Von der Bürgerwehr haben etliche den polnischen Befreiern in der Beutenacht die Rösser aus denen Unterständen hinweggestohlen, zu eigenem Gebrauch oder zum Versilbern. Von den Hausbesitzern haben nit wenige die fremden Kranken zum Tor hinausgejagt, die nit Gehfähigen aber aufs Pflaster gelegt und Adieu. Der Kollonitsch hat seine verlassenen 500 Kinder aufgelesen und mit Stadtrats Hülf gerettet, auch austrommeln lassen, man möge der Türken zurückgelassene Schriften und Bücher aus dem Feindlager zu ihm senden, es sei von Wichtigkeit, dieweil darinn etwan das ein oder andre über des Feindes künftig Kriegsplanen zu finden wäre, doch war das meiste schon verkommen, haben unsre Christen im Zorn mit dem Papier Feuer gemacht, sich auch die Ärsche damit geputzt. Arbeitsscheu Gesindel ist noch lang viel umhergelungert und hat ein Ruf die bürgerlichen Bader zum Rathaus beordert, sie möchten die hinterbliebnen lausigen Christenmenscher aus den Türkenbordellen zu kuriren anfangen, seien mehristenteils alle krank.
Zur Entsatzschlacht angetreten seien schätzweis 80.000 Mann, davon 35.000 beritten, und circa 160 Kanonen, sagt mir ein Konstabler; beim Feind waren's um die 120.000 oder einiges mehr; vom Beginn bis zur Flucht gefallen oder sonstwie krepirt seien Türken ihrer 60.000, prüfen kann es aber alles keiner. Zu Ende Septembris (am 25.) ist der Graf Starhemberg der Armee nach, hat wieder die kayserlich Infanterie übernommen und mit ihr bei Párkány (am 9. Oktober, zwei Tage nach der Niederlage Sobieskis) siegreich gegen den Türken gefochten. Später sind Gran (1685), Ofen (1686), Mohács (1687) erobert worden, im verwichnen Jahr aber (September 1688) die Feste Belgrad; dort hat unseres Starhemberg einer Sohn sein Leben lassen müssen, haben viele darob Trauer und Tränen gehabt. (Starhembergs zweiter Sohn fiel 1691 bei Szlankamen.)
Zu Wienn hat es bald nach dem Entsatz ein kurios Liedlein getruckt zu lesen gegeben, die Mutter bewahrt es auf, ist betitelt „Frolockend Aria an den Römischen Adler":

Vor den hocherhabnen Türmen,
die das freie Wien beschirmen,
sinket Stambul auf die Knie,
und des schwarzen Meeres Wellen
beten an der Donau Quellen,
opfern ihnen spät und früh.

Leyder ist mit dem Türken noch kein End abzusehen, behüt uns der gnädige Himmel vor dero Zurückkunft. –
Nun will ich's gut sein lassen, haben ja die Jahre her viel klügere Leut schon alles ausführlich und historisch in Büchern gesammlet und erzählt, was zu meiner Kindszeit und späterhin sich zugetragen, ist meines Aufschreibens kein Bedarf. Bin nur ein einfacher Wildwercher, zwar ehrsam, aber nit gelehrsam, mein Anhängsel in des Oheims Redeweis zu beschließen.

Senden Sie Ihre Prospekte
auch an folgende Anschrift:

____

____

____

Verzeichnis der hauptsächlich benützten Literatur

Alfred Arneth, Das Leben des kaiserlichen Feldmarschalls Grafen Guido Starhemberg, Wien 1853

Ludwig Baur, Berichte des hessen-darmstädtischen Gesandten Justus Eberhard Passer an die Landgräfin Elisabeth Dorothea 1680/83

Allgemeine deutsche Biographie, München – Leipzig ab 1875

Christoph Boethius, Ruhm-Belorberter und Triumph-leuchtender Kriegshelm etc., Nürnberg 1686

Albert von Camesina, Wiens Bedrängnis im Jahre 1683, Band VIII der Berichte und Mitteilungen des Alterthumsvereines zu Wien 1865

Felix Czeike, Das große Groner-Wien-Lexikon, Wien 1974

Curiöse Denckwürdigkeiten des österreichischen triumphirenden Adlers etc., Nürnberg 1683

Glaubwürdiges Diarium und Beschreibung dessen, was Zeit währender Türckischen Belagerung der Kayserl. Haupt- und Residentz-Stadt Wien vorgegangen. Von einem Kayserl. Officirer, so sich vom Anfang biß zum End darinnen befunden etc., Regensburg 1683

Ekkehard Eickhoff, Venedig, Wien und die Osmanen, München 1970

Joannes Constantinus Feigius, Adlers-Krafft oder Europaeischer Heldenkern. Das ist: Wahrhaffte und ausführliche Beschreibung der hohen Tapfferkeit, welche die christlichen Helden, Ritter und Soldaten wie auch Jedermänniglichen in Wehr und Waffen erwisen etc., Wien 1685

Nicolaus Hocke, Kurtze Beschreibung dessen, was in wehrender Türckischen Belägerung der Kayserlichen Residentz-Stadt Wienn vom 7. Julij bis 12. Septembris deß abgewichenen 1683. Jahres sowohl in Politicis & Civilibus als Militaribus passiret. Wien 1685

Kara Mustafa vor Wien. Das türkische Tagebuch der Belagerung Wiens 1683, verfaßt vom Zeremonienmeister der Hohen Pforte, München 1967

Onno Klopp, Das Jahr 1683 und der folgende große Türkenkrieg etc., Graz 1882

Das Kriegsjahr 1683. Nach Akten und anderen Quellen des k. k. Kriegsarchivs, Wien 1883

Johann Newald, Beiträge zur Geschichte der Belagerung von Wien durch die Türken im Jahre 1683, Wien 1883/84

Johann Georg Wilhelm Rueß, Wahrhaffte und gründliche Relation über die den 14. Julii Anno 1683 angefangene, den 12. Septembris aber glücklich aufgehebte Belägerung der Kaiserl. Haupt- und Residentz-Stadt Wienn etc., Wien 1684
Walter Sturminger, Die Kundschafter zur Zeit der zweiten Türkenbelagerung Wiens im Jahre 1683, Wien 1952
Walter Sturminger, Die zweite Türkenbelagerung in Augenzeugenberichten, Wien 1976
Walter Sturminger, Bibliographie und Ikonographie der Türkenbelagerungen Wien 1529 und 1683, Wien 1955
Karl Teply, Die Einführung des Kaffees in Wien, Wien 1980
Gottfried Uhlich, Geschichte der zweyten türkischen Belagerung Wiens bey der hundertjährigen Gedächtnisfeyer, Wien 1783
Joannes Petrus Vaelckeren, Wienn von Türcken belägert, von Christen entsezt etc., Linz 1684
Zusätzliches Material aus Zeitungen, Zeitschriften, Katalogen, Kalendern, Festschriften, Flugblättern, Heimatbüchern, Straßenverzeichnissen, Plänen, topographischen und kunstgeschichtlichen Werken sowie aus Gesprächen mit dem Archivar des Schottenstiftes und den Herren und Damen des Wiener Stadt- und Landesarchivs bzw. der Wiener Stadt- und Landesbibliothek, deren steter kollegialer Hilfsbereitschaft sich der Autor dankbarst verpflichtet fühlt.

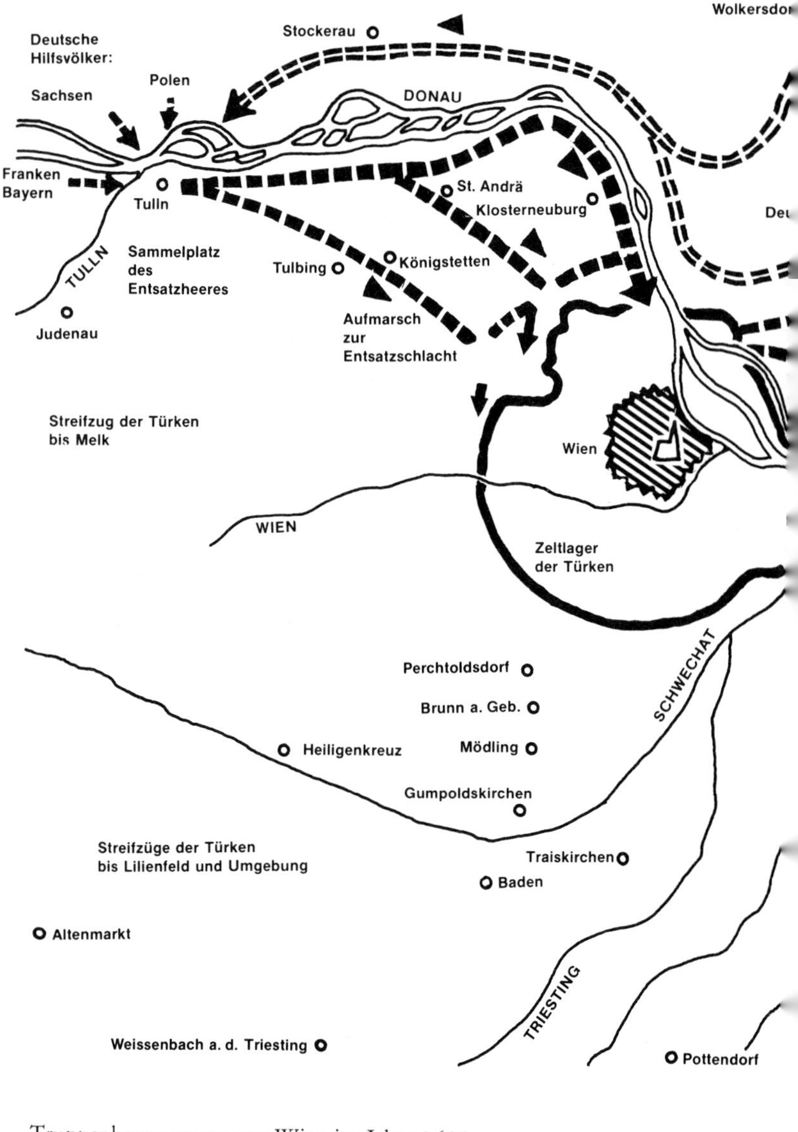

Truppenbewegungen um Wien im Jahre 1683